21世纪普通高等院校系列教材

财务管理

CAIWU GUANLI

（第二版）

主　编　陈万江

副主编　张　丽　程秋芳　张　玲

郭　江　王爱娜　杜　萌

西南财经大学出版社

中国·成都

图书在版编目(CIP)数据

财务管理/ 陈万江主编 .—2 版.—成都:西南财经大学出版社,2020. 6
ISBN 978-7-5504-3365-6

Ⅰ. ①财…　Ⅱ. ①陈…　Ⅲ. ①财务管理—教材　Ⅳ. ①F275

中国版本图书馆 CIP 数据核字(2018)第 004000 号

财务管理(第二版)

主　编:陈万江
副主编:张丽　程秋芳　张玲　郭江　王爱娜　杜萌

责任编辑:王青杰
封面设计:杨红鹰　张姗姗
责任印制:朱曼丽

出版发行	西南财经大学出版社(四川省成都市光华村街 55 号)
网　　址	http://www. bookcj. com
电子邮件	bookcj@ foxmail. com
邮政编码	610074
电　　话	028-87353785
照　　排	四川胜翔数码印务设计有限公司
印　　刷	郫县犀浦印刷厂
成品尺寸	185mm×260mm
印　　张	13. 75
字　　数	322 千字
版　　次	2020 年 6 月第 2 版
印　　次	2020 年 6 月第 1 次印刷
印　　数	1— 2000 册
书　　号	ISBN 978-7-5504-3365-6
定　　价	36. 00 元

1. 版权所有,翻印必究。
2. 如有印刷、装订等差错,可向本社营销部调换。
3. 本书封底无本社数码防伪标识,不得销售。

21 世纪普通高等院校系列教材
编 委 会

名誉主任：张邦富

主　　任：蒋远胜

副 主 任（以姓氏笔画为序）：

李成文　张　华　周　佩　赵鹏程　董洪清

傅江景

委　　员（以姓氏笔画为序）：

马　胜　王官诚　毛　亮　邓　健　吕峻闽

刘丁豪　刘晓红　杜　漪　李进军　李益彬

杨启智　吴秀敏　张旭辉　陈一君　卓武扬

季　辉　郑元同　钟大辉　郭志钢　黄　萍

曹邦英　淳伟德　傅忠贤　傅新红　谢合明

总序

为推进中国高等教育事业可持续发展，经国务院批准，教育部、财政部启动实施了“高等学校本科教学质量与教学改革工程”（下面简称“本科质量工程”），《国家中长期教育改革和发展规划纲要（2010—2020）》也强调全面实施“高等学校本科教学质量与教学改革工程”的重要性。这是落实“把高等教育的工作重点放在提高质量上”的战略部署，是在新时期实施的一项意义重大的本科教学改革举措。“本科质量工程”以提高高等学校本科教学质量为目标，以推进改革和实现优质资源共享为手段，按照“分类指导、鼓励特色、重在改革”的原则，对推进课程建设、优化专业结构、改革培养模式、提高培养质量发挥了重要的作用。为满足本科层次经济类、管理类教学改革与发展的需求，培养具有国际视野、批判精神、创新意识和精湛业务能力的高素质应用型和复合型人才，迫切需要普通本科院校经管类学院开展深度合作，加强信息交流。在此背景下，我们协调和组织部分高等院校特别是四川的高校，通过定期召开普通本科院校经济管理学院院长联席会议，就学术前沿、教育教学改革、人才培养、学科建设、师资建设和社会科学研究等方面的问题进行广泛交流、研讨和合作。

为了切实推进“本科质量工程”，2008年的第一次联席会议将“精品课程、教材建设与资源共享”作为讨论、落实的重点。与会人员对普通本科的教材内容建设问题进行了深入探讨并认为，在高等教育进入大众化教育的新时期，各普通高校使用的教材与其分类人才培养模式脱节，除少数“985”高校定位于培养拔尖创新型和学术型人才外，大多数高校定位于培养复合型和应用型经管人才，而现有的经管类教材存在理论性较深、实践性不强、针对性不够等问题，需要编写一套满足复合型和应用型人才培养要求的高质量的普通本科教材，以促进人才培养和课程体系的合理构建，推动教学内容和教学方法的改革创新，形成指向明确、定位清晰和特色鲜明的课程体系，奋力推进经济管理类高等教育质量的稳步提高。与会人员一致认为，共同打造符合高教改革潮流、深刻把握普通本科教育内涵特征、满足教学需求的系列教材，非常必要。鉴于此，本编委会与西南财经大学出版社合作，组织了30余所普通本科院校的经济学类、管理学类的学院教师共同编写本系列教材。

本系列教材编写的指导思想是：在适度的基础知识与理论体系覆盖下，针对普通本科院校学生的特点，夯实基础，强化实训。编写时，一是注重教材的科学性和前沿性，二是注重教材的基础性，三是注重教材的实践性，力争使本系列教材做到"教师易教、学生乐学、方便实用"。

本系列教材以立体化、系列化和精品化为特色。一是除纸质教材外，还配备课件、视频、案例、习题等数字化教学资源；二是力争做到"基础课横向广覆盖，专业课纵向成系统"；三是力争把每种教材都打造成精品，让多数教材能成为省级精品课教材、部分教材成为国家级精品课教材。

为了编好本系列教材，我们在西南财经大学出版社的协调下，经过多次磋商和讨论，成立了首届编委会。首届编委会主任委员由西华大学管理学院院长章道云教授担任。2017年，由于相关学院院长职务变动，编委会的构成也做了相应调整。调整后的编委会由西南财经大学副校长张邦富教授任名誉主任，蒋远胜教授任主任，李成文教授、张华教授、周佩教授、赵鹏程教授、董洪清教授、傅江景教授任副主任，20余所院校经济管理及相关学院院长或教授任编委会委员。

在编委会的组织、协调下，该系列教材由各院校具有丰富教学经验并有教授或副教授职称的教师担任主编，由各书主编拟订大纲，经编委会审核后再编写。同时，每一种教材均吸收多所院校的教师参加编写，以集众家之长。自2008年启动以来，经过近十年的打造，该系列现已出版公共基础、工商管理、财务与会计、旅游管理、电子商务、国际商务、专业实训、金融经济、综合类九大系列近百种教材。该系列教材出版后，社会反响好，师生认可度高。截至2017年年底，已有30多种图书获评四川省"十二五"规划教材，多个品种成为省级精品课程教材，教材在西南地区甚至全国普通高校的影响力也在不断增强。

当前，中国特色社会主义进入了新时代，我们要建设教育强国，习近平总书记在党的十九大报告中对高等教育提出明确要求，加快一流大学和一流学科（简称"双一流"）建设，实现高等教育内涵式发展。"双一流"建设的核心是提升学校自身的办学水平，关键是提高人才培养质量和学科建设水平，同时办学声誉得到国际社会的认可。为此，高等学校要更新教育思想观念，遵循教育教学规律，坚持内涵式发展，进一步深化本科人才培养模式改革。而教材是体现高校教学内容和方法的知识载体，是高等院校教学中最基本的工具，也是高校人才培养的基础，因此，高校必须加强教材建设。

为适应"双一流"建设的需要，全面提升高校人才培养质量，构建学术型人才和应用型人才分类、通识教育和专业教育结合的培养制度，满足普通本科院校教师和学生需求，需要对已出版的教材进行升级换代。一是结合教学需要对现有教材进行精心打造。具体而言，贯穿厚基础、重双创的理念，突出创新性、应用性、操作性的特色，反映新知识、新技术和新成果的学科前沿；利用数字技术平台，加快数字化教材建设，打造立体化的优质教学资源库，嵌入可供学生自主学习和个性化学习的网络资源模块。二是根据学科发展的需要，不断补充新的教材，特别是规划旅游类、实训类、应用型教材。

我们希望，通过编委会、主编和编写人员及使用教材的师生的共同努力，将此系列教材打造成适应新时期普通本科院校需要的高质量教材。在此，我们对各经济管理学院领导的大力支持、各位作者的智力成果以及西南财经大学出版社员工的辛勤劳动表示衷心的感谢！

21 世纪普通高等院校系列教材编委会

2018 年 5 月

▶▶ 第二版编写说明

本教材第一版自出版以来，得到了许多兄弟院校相关专业的使用。各兄弟院校的同道们在使用本书时，首先对本教材的创新编写方式给予了充分的肯定。对于本教材强调以小案例形式引入和强化相关章节的重点要点的做法，均认为能够有利于教师的教学内容的组织，从而有利于提高教师的教学效果，也有利于学生把握各个知识点以及知识点之间的联系。其次，同道们也积极地给本教材提出了宝贵的修改意见。

我们根据本教材的使用实践经验，结合同道们的各种建议及意见，在对本教材的体例、内容、结构做出全面反思的基础上，对本教材进行了全面的修订。

修订本教材，我们仍然坚持理论联系实际、理论为实践服务的基本指导思想。本教材的基本服务功能定位是培养应用型人才。修订后的第二版，更加注重理论与实际相结合，注重引进实务过程中的第一手资料，并将其改编为各种适用案例，加入教材的适当位置，以期收到理论与实际结合的效果。

本教材第二版的编写由陈万江、张丽、程秋芳、张玲、郭江、王爱娜和杜萌共同完成。由陈万江提出修订的总思路，并具体负责改编第一章。程秋芳具体负责第二章和第六章改编工作，张丽具体负责改编第三章和第七章，张玲具体负责第四章改编工作，王爱娜具体负责第五章改编工作，郭江具体负责第八章改编工作，杜萌具体负责第九章改编工作。

▸▸ 目录

第一章 总论

■导入话语

大学生小王在大学毕业后，立志创业——投资建立一家企业。通过一段时间的市场调研和对国家相关政策的学习，小王明白必须要解决如下关键事项：

企业以何种形式存在？

企业的经营内容——产品和服务的市场定位是什么？

企业应该形成什么规模水平？

若要与所建立的规模相适应，应该投入多少资源总量？

所投入的全部资源在企业中应该以何种具体形态存在？结构如何？

所投入的全部资源应该如何运用？

如果产生了经营成果，应该如何处理这些成果？

这些问题归纳起来，不外乎是企业的经营模式和所需要的资源如何取得的问题。前者其实就是企业的营销问题，后者就是企业的财务问题。

第一节 财务活动的性质

一、资本

资本是指企业经营活动所必需的各种相关经济资源。

任何一个企业，其存在和发展——企业经营活动的进行，总是以拥有或者控制一定的资源为前提的。企业所需要的资源，包括人力资源和物质资源。人力资源又包括体力型的劳动力资源和以知识与技艺为内容的脑力劳动力资源。物质资源则包括各种设备、机器、厂房、原材料等。

企业所需要的各种资源，必须在企业开始运行之前就准备好。这种在经营活动运行之前就准备好的资源，通常称为垫支资本。每一个企业的注册资本就是垫支资本的主要内容。

投入企业经营活动中的资本，总是处于运动变化状态之中。资本的运动表现为其存在形态的规律性转变。并且，企业资本的运动又是一个循环周转的过程。资本的循环周转是指资本投入时的初始形态，经历一系列相关形态后，回到初始形态的运动变化过程。资本的运动性是资本的本质特征之一。

企业资本具有增值性。资本的增值性表现为资本在经过一个循环周期的运动变化之后，回收的资本在数量上可能大于原投入的数量。资本增值性的实现，必须既以投入资本分别形成各种不同的形态为基础，还必须以资本处于有规律的运动变化为前提。

投入企业经营活动中的资本还具有风险性。资本的风险性主要表现为：一方面，资本有规律的运动过程的完成只是一种可能；另一方面，资本的增值目标的实现也是一种可能。

资本是企业经营的前提条件和基础。没有资本，就不能够建立企业，没有资本的运动，也无从谈及企业经营活动的进行。企业经营的核心内容就是资本及其运动。企业的经营活动表现为各种经济资源的运动变化。

二、企业财务管理

资本运动是实现增值的基础，资本只能在运动中实现增值。但是资本运动不是一个自发的过程，而是一个被置于特定主体意志的控制下，按照该主体对资本运动结果的主观预期所进行的过程。

企业财务管理就是对企业资本的管理。其本质就是管理主体按照特定的结果预期，对资本运动过程所施加的源于主体自身主观意志的影响。具体的财务管理工作包括工作内容和工作环节两个方面。

（一）企业财务管理的工作内容

企业财务管理的工作内容包括广义的筹资和广义的投资两项基本内容。

1. 筹资

企业的筹资是企业取得资本使用权的经济行为。这一行为的动因是企业资本运动必须以一定量的资本实体存量为前提。没有一定量的资本实体，就无从谈及资本的运动和增值。这一行为的结果是使得企业获得一定量资本的使用权。

我们在这里所论及的筹资，是广义的筹资。它不仅包括一般意义的外部筹资，还包括内部筹资。外部筹资是典型的筹资，其特点是资本使用权在两个互相独立的市场主体之间商业化的转移。而内部筹资则是企业自己的留存收益被实质上地作为资本使用，从而导致事实上的资本量的增加。这一筹资涉及企业的收益分配，导致企业投入使用的资本量的增加，因而是一种资本的筹集。这一筹资的特点是，资本的使用权并无前述的在两个主体间转移的现象，而仅仅只涉及企业自身的收益分配政策。

2. 投资

企业的投资是企业对所筹集的资本的使用价值（有用性）进行具体使用的经济行为。企业投资行为的动因是获得资本的增值。为了实现这一目的，企业必须行使资本的使用权，也就是对资本的使用价值进行具体的使用和消费。因为资本的增值性只有在被使用的过程中才能得以实现。

同理，这里所论及的投资也是广义的投资。广义的投资包括外部投资和内部投资。外部投资是一般意义上的典型投资。其主要特征是企业将自身所控制的资本使用权商业化地让渡给需要资本使用权的另一市场主体，所以外部投资也具有资本使用权在两个市场主体间商业化转让的特征（事实上，投资和筹集是同一件事情，只是从不同的主体立场出发，得到不同的表达概念而已）。而内部投资则是企业自身对资本的使用。如前所述，企业自身的经营活动在财务观念中就体现为一定量的资本的运动。而企业的资本运动过程就是企业自身使用所筹集资本的过程，这一过程本质上是对资本的使用价值的直接消费过程，是资本的有用性在企业这一空间范围得以实现的过程。

（二）企业财务管理的工作环节

财务管理活动是一种专门对企业资本进行管理的活动。从企业的经营活动过程来看，管理活动的内容表现为一个循环。而企业管理的循环包括如下几个环节：预测、决策、预算、控制、分析和评价。同理，企业财务管理也主要表现为这些环节。

1. 财务预测

财务预测主要是对企业的资本进行预测。企业资本预测是依据企业资本运动的规律，对企业未来所需的资本总量、资本结构和分布做出合理的预计与测算。企业在一定的经济环境中，基于资本的运动所处的内在和外在条件，其资本运动总是存在着一个相应的最佳总量和相应的结构。这正是需要财务管理工作者加以了解和掌握的。有了对这些内容的了解和掌握，财务工作者就可以对企业未来的资本总量和结构做出科学、合理的预计。因此，资本的预计测算，首先需要财务工作者了解和把握企业资本运动的规律，并建立相应的预测模型，从而使预测工作得以科学化和合理化。

企业的财务预测通常还要基于企业的财务决策。

2. 财务决策

财务决策是企业对企业资本的使用方式和具体用途、资本的运动过程和速度、资本回收方式等关键而又重要的问题，做出决定并且将其方案化。其具体内容是对关于资本的使用方式、具体用途、具体运作和回收方式等问题的各种方案，进行可行性研究和优劣比较，并最终做出抉择，以确定一个对于财务活动主体而言的最佳方案的管理行为。

3. 财务预算

财务预算是将经财务决策所确定的最优方案在时间和空间两个方面进行数量化的具体落实。具体地说，企业将业务活动量分解在各个相关时点，确定在相关的每个时点应该完成的资本运动量和运动所产生的结果，把这些内容数量化并形成特定的形式，这一结果就是财务预算。编制财务预算的依据是财务决策。因此，对财务预算而言，财务决策是关键，只有基于好的财务决策才能产生好的财务预算。

4. 财务控制

财务控制是依据财务预算的有关数量限定，对资本运动过程进行制约或促进，力求使资本运动过程严格按照预算所限定的轨迹运行，从而保证预期的资本运动结果的实现。财务控制的具体内容：首先，确定控制标准，这种标准主要是预算的各项指标；其次，依据控制标准，对资本的运动过程进行纠偏，对低于预算要求的应予促进，对超越预算标准的应予制约；最后，保证资本运动过程按照财务预算所预定的资本运动轨迹运动并实现财务预算所预期的结果。

5. 财务分析

财务分析是依据财务预算标准和技术方法，对记录资本运动的实际情况的数据进行的特定分析。财务分析的具体内容主要是对企业基于其资本的各项财务能力的分析。首先，财务分析要确定标准，没有一定的标准，分析就是毫无意义的事。财务分析的标准包括资本运动规律和具体的财务预算。其次，由于财务分析是一种专业领域的分析，这就需要特定的技术分析方法。没有这样的技术分析方法，分析的目的就无法达到。财务分析的方法包括逻辑分析和数量分析。最后，财务分析的对象是记录资本运动的实际情况的数据，这些数据主要来自会计记录。会计记录本身已经在一定程度上表达了资本运动的实际情况。但是，限于现代会计的技术结构局限性，深一层次的信息必须依靠对已有数据的进一步加工才能得到。

6. 财务评价

基于财务分析，还应该对资本运动过程及结果的状态进行评价。财务评价是基于一定的财务理念，对企业资本运动的结果进行的评价。财务评价的主要意义在于为企业的经营活动进行准确的定位，并为后续经营活动提供参照。

显然，财务管理就是要以预测、决策、预算、控制、分析、评价等管理手段，对企业取得和运用资本的全过程进行管理，以期最大化地实现企业目标的管理活动。

第二节　企业财务活动的目标

一、企业的目标

企业是以持有或控制一定资源为其存在基础、独立进行以盈利为目的的经营活动的社会组织。企业本质上是一个社会主体，基于企业的经济性质，企业还是市场主体。而作为一个社会主体，企业同自然人一样既拥有其社会权利，也需承担相应的社会责任。一个社会主体，必然有其社会活动的目标。而一个经济主体的目标也必然表现出经济性质。企业的经济性目标，主要表现为要实现盈利。而盈利的实质是回收的资本量大于投入经营活动中的资本量，这首先要求要完整地回收所投入的资本，并在此基础上，回收超过原始投入的资本。企业的这一目标，具体表现为生存和发展两个层次的活动内容。

（一）生存

与发展相对而言的生存，是指企业在规模不变的情况下的持续存在。其理论实质就是企业的简单再生产过程得以连续进行。

从会计活动的意义上说，企业生存要具有的基本条件是收支平衡。也就是说，企业的经营活动所取得的经营收入要能够满足其成本费用开支的需要。从财务活动的意义上说，企业要生存，就必须实现所回收的资本应该等于所支付的资本，尤其是所回收的货币资本一定要等于所支付的货币资本。

要实现收入足以抵减成本费用，就要求企业通过销售商品或提供服务所获得的资产要等于所付出的资产；否则，企业就将出现亏损，也就是企业所拥有的资产总量减少。如果企业的资产总量持续减少，这就意味着企业在走向死亡，而死亡是对生存的背离。更严格地说，企业要生存，必须取得足够下一期间须支付的货币。只有实现这一要求，企业资本才具有足够的流动性，因而才具有支付能力和偿债能力。如果没有足够的货币从市场换取必要的维持企业再生产所需要的资源，企业经营活动就会萎缩乃至停止，资本的运动也相应停止。同样，企业如果不能按期偿还债务，就可能被债权人接管或被法院判定破产。这也是企业的死亡。

企业只有生存，才可以获利。投资者投入资源建立企业，目的是获得盈利。但是盈利是企业经营活动进行的产物，只有在企业运行状态下，才有可能实现。

（二）发展

作为数量规模扩大的发展，是指企业所拥有的用于生产经营活动的资源总量的扩大。企业的数量规模扩大的发展，有两种实现途径，即企业对外获取其所需增加的资源量和将企业自己通过经营活动而赚取的利润转化为其经营活动所需的资源量。这两种途径通常称为外延式规模扩大方式。外延式的数量规模扩大，通常可以带来产出规模的扩大。

企业的发展，还可以体现为以质量水平提高的方式来实现。这一方式是通过现有资产系统的结构优化，来提高资产系统的系统功能，从而在不增加投入资源数量的情况下，提高现有资产的产出水平（率）而得以实现的。这一途径通常称为内涵式规模扩大方式。

企业是在发展中求生存的。为了发展，企业必须在以下两个方面下功夫：一是加强研究与开发，推出更好、更新、更受顾客欢迎的产品；二是加强市场营销的力度，不断提高企业的市场占有额。

企业的发展需要投入大量的资金，因此筹集企业发展所需要的资金，是对财务活动的第二个要求。

二、财务管理的目标

财务活动是企业经营活动在资本管理意义上的表现，财务活动目标则是企业经营活动目标在资本管理意义上的表现。财务管理目标是企业进行财务管理的根本目的，是企业展开一切财务活动的基础和根据，决定着财务活动的基本方向。

在理论意义上，对财务管理目标有不同层次的理解，从而形成不同的财务管理目标。而不同的财务管理目标必然导致不同的财务管理行为和财务管理结果。判断一项财务活动是否符合以上要求，主要有以下几种观点：

（一）销售最大化

这种观点认为，企业作为一个市场主体，其所有的存在价值都通过销售的实现而得以实现。首先，实现商品销售额最大化，企业的市场份额最大化，从而最大化地提高企业的竞争地位，也就最大化地提高了企业的生存能力。这就为企业之生存、发展确定了一个前提。其次，以销售最大化为目标，也是企业实现盈利的基础。没有销售的最大化，就不可能实现企业的盈利。

但是，销售只是企业经济指标的一个方面，难以全面反映企业经营活动过程的综合整体情况。而如果仅仅只是强调销售最大化，就可能忽视成本、费用的开支情况，最终可能导致企业整体经营活动结果水平降低。这是不可取的，也是销售最大化这一目标的致命缺陷。

（二）利润最大化

利润是以总收入与总成本费用的差额为其内容的，所以利润的实质是企业通过经营活动而实现的资产增加，代表了企业新创造的财富。利润越多，说明企业的财富增加得越多。这是符合企业的经济性质要求的。利润指标也在相当程度上表达资本的利用效率信息。这种信息也有利于资源的有效配置。

但是，基于现行会计体系的利润指标，也具有明显的局限性。首先，利润指标的信息真实程度值得商榷。在以权责发生制为指导思想下确认的利润，符合特定的逻辑判断标准，但是不一定符合实际情况。其次，按照会计分期思想所确认的利润，是反映每一特定期间的经济指标。这种指标并不能把经济活动作为一个持续完整过程的整体情况反映出来。因此，分期的利润指标信息存在导致管理视野短期化的弊病。再次，利润指标是基于历史成本原则确认的，是一个结果性指标。这种指标难以传达管理活动所需要的关于未来经营活动的相关信息。最后，利润指标还是一个在企业内部会计活动中形成的非市场化指标。

（三）股东财富最大化

在利润最大化目标出现上述不足时，股东财富最大化就是企业的另一个财务管理目标选项。

股东财富最大化的具体内容有三个层面的理解。

首先，企业的净资产是一种常见的股东财富。因为企业的全部资产来自股东投入和债权人投入。因此，把企业的全部资产在扣除了要用于归还债权人的部分后，剩余的资产当然属于股东。不过，这一理解虽然具有法理上的合理性，却并不具有经济实质上的意义。因为股东其实并无任何控制、支配和使用净资产的权利。

其次，企业的净利润是股东财富的另一种常见理解形式。就法理逻辑而言，企业通过经营活动所赚取的净利润应该归属股东。所以，将净利润理解为股东的财富，是符合法理逻辑的。这一理解仍然具有偏于重视法理形式而忽略经济实质的特征。因为一个企业的净利润与实际要分配给股东的股利并不相等。而对股东有实际意义的不过是董事会决定分配给股东的那一部分利润。

最后，对于股东最具实质性意义的财富，应该是股权（票）在市场上的变现所得。因为股权变现所得的财富，是以货币形式为股东实实在在所持有的财富，股东对其具有实在的支配权、使用权。而且，在充分市场的条件下，这一部分财富完全是基于股东自身意志而实现的。

股东是企业的投资者，股东向企业投资的动因是企业能给其带来财富。在现代市场经济环境下，股东希望获取资本性收益首先是符合经济发展规律要求的，同时客观上还具有促进经济发展的意义。因此，让股东这一社会资源贡献者最大化地获取财富，当然也是合理的。以股东利益最大化作为财务管理目标，有利于宏观的资源配置，从而由于经济的顺利运行，最终有利于经济的发展。

同理，股东财富最大化目标也有其缺点。这一目标以公司属于股东这一理念为指导思想。因此，这一目标只是在强调股东的财富最大化。而现代经济理论已经证明，向企业投注资源的绝不仅仅只是股东。事实上，企业还存在各种各样的资源投入者，这些资源投入者，也同样应该获得其相应的权益和财富。而置其他利益相关者的利益于不顾，只是一味地强调股东的利益最大化，势必导致侵害其他利益相关者的正当权益。这就不利于建立企业内部的利益制衡机制，从而不利于充分调动有关资源投入各方的积极性，就难以形成企业的有机系统结构，更难以优化这种结构关系，最终不利于企业的正常运行。

（四）企业价值最大化

为了克服股东财富最大化目标的局限性，理论界提出了企业价值最大化的财务管理目标。企业价值是指基于企业作为一种特定形式的资本商品的有用性，在充分的资本市场上所获得的市场评价。

企业基于其具有有用性而表现出商品的属性，而企业作为商品的有用性决定了企业的性质就是资本。企业的有用性本质上就是资本的有用性，即资本的增值能力。而商品的市场评价也就是在充分交易的前提下，由利益对立的双方对特定有用性的评价共识，即共同形成的交易价格。

因此，企业价值其实就是基于企业有用性而产生的市场价格。显然，以企业价值最大化为财务活动目标，就是要最大化地提升企业的盈利能力，更深入地说是要最大化地提升企业的资本回收能力。这一目标在经济逻辑上具有最高层次的意义。它涵盖了几乎所有其他目标的合理性。在实务中，企业价值变现为企业未来的收益的现时价值，也就是未来现金净流量的现值。企业价值的大小不仅仅取决于企业目前的利润结果，更应看重的是企业未来潜在的获利能力。

由于企业价值最大化是着眼于提升整个企业的盈利能力，实质上就是把企业这一个蛋糕做大，企业价值最大化有利于利益相关者实现利益最大化，也就有利于克服股东财富最大化这一目标的局限性。同时，由于企业价值是一种未来能力的表述，因此企业价值最大化目标在理论层次上高于利润最大化目标。因为利润是一种结果，而企业价值是一种能力。同时，企业价值是以经济活动全过程的经济指标作为目标内容的，因而，企业价值最大化目标还可以避免管理视野短期化的局限，进而由于着眼于在充分长的时间范围，并以相应的市场利率作为考量背景，企业价值指标就可以综合地考量相应的风险以及必要的时间价值补偿。可以说，企业价值本质上就是一种公允价格，表现出典型的市场性，这就使得企业价值指标可以克服利润指标的非公允性局限。

但该目标在执行过程中，可能出现以下问题：①影响企业价值的因素有很多，很多外界因素是财务部门无法控制的，这就有违目标的可控性特征；②该目标是一个很抽象的目标，计算起来有很强的主观预期，而且很难实行分解，落实标准不好确定。

财务管理目标是一个企业的财务战略问题。总体来讲，企业应该使用什么样的财务目标没有绝对统一的标准，应该是能够准确体现企业经营战略和财务战略的目标，就是企业应该确定的目标。财务目标应该具有整体性、前瞻性，强调财务成果最大化、财务状况最优。而财务目标具体执行过程则应该强调具体性、可理解性、可操作性，便于从企业的筹资、投资、营运和利润分配等几个方面实施。

三、财务管理目标的矛盾与协调

基于资源的投入和使用，企业将和各个资源投入者结成特定的经济利益关系。而各个资源投入者在经济利益关系上，彼此存在利益的矛盾乃至于对立冲突。基于此，企业需要对其进行协调。

（一）所有者与经营者的矛盾和协调

经营者与所有者之间的主要矛盾就是经营者希望在提高企业价值和股东财富的同时，能得到更多的报酬利益，而所有者和股东则希望以较小的支出带来更大的企业价值或更多的股东财富。为了解决这一矛盾，企业应采取让经营者的报酬与绩效相联系的办法，并辅之以一定的监督措施。

1. 解聘

这是一种通过所有者约束经营者的办法。所有者对经营者予以监督，如果经营者未能使企业价值达到最大，就解聘经营者，经营者害怕被解聘而被迫实现财务管理目标。

2. 接收

这是一种通过市场约束经营者的办法。如果经营者经营决策失误、经营不善，未能采取一切有效措施使企业价值提高，该公司就有可能被其他公司强行并购，相应经营者也会被解聘。经营者为了避免这种接收，就必须采取一切措施提高股票市价。

3. 激励

激励是将经营者的报酬与其绩效挂钩，以使经营者自觉采取能提高股东财富和企业价值的措施。激励通常包括股票选择权方式和绩效股形式。①股票选择权方式，即允许经营者以固定的价格购买一定数量的公司股票，股票的价格越高于固定价格，经营者所得到的报酬就越多。经营者为了获得更大的股票涨价利润，就必须主动采取能够提高股价的行动。②绩效股形式，即公司运用每股利润、资产报酬率等指标来评价经营者的业绩，视其经营业绩大小给予经营者数量不等的股票作为报酬。如果公司的经营业绩未能达到经营目标，经营者将部分丧失原先持有的绩效股。这种方式使经营者不仅为了多得到绩效股而不断采取措施提高公司的经营业绩，而且为了使每股市场价格最大化，也要采取各种措施使股票市价稳定上升。

（二）所有者与债权人的矛盾和协调

所有者（股东）财富最大化的目标不一定符合债权人的利益。债权人将资金贷给企业的基本目的是获得利息收入并到期收回本金。而所有者（股东）为实现财富最大化的目标，在实际操作上可能通过经营者做出违背债权人的事情。其主要有以下方式：

（1）所有者改变原定资金的用途，将资金用于风险更高的项目。

如果高风险的项目侥幸成功，超额利润将归股东单独所有；如果高风险项目投资失败，企业无力偿还，债权人和股东将共同承担损失。对债权人来说，风险与收益是不对称的。

（2）所有者在未征得债权人同意的情况下发行新债券或举借新债。

这些行为将会使企业的负债增加，旧债的偿还保障能力降低。若是企业破产，新的债权人将和旧的债权人一起分配企业破产财产。由于相应的偿债风险增加，旧债的相对价值就降低了。

债权人为了解决与所有者（股东）之间的矛盾，除寻求法律保护（如破产时优先接管、优先于股东分配剩余资产等）之外，往往采取以下方式进行协调：

（1）在借款合同中加入限制性条款。

如要求发行债券的企业规定筹集资金的用途、担保方式、信用条款等。规定不得发行新债与举借新债或者限制发行新债与举借新债的规模、条件等。

（2）拒绝进一步合作。

如债权人发现企业有剥夺其资产的意图、增加其风险时，可以拒绝进一步合作。如采取提前收回债权或不再提供新债权的方式，从而来保护自身的权益。债权人也可以要求较高的报酬率作为风险的补偿。

因此，如果企业试图损害债权人的利益，将会失去与信贷市场的联系或者将会承受高额资金成本。为了实现企业目标，企业必须与债权人搞好关系，恪守借款合同。

第三节　企业财务活动的经济关系

一、企业财务活动的经济关系概述

财务活动的经济关系体现着财务活动的本质特征，并影响财务活动的规模和运行速度。正确处理财务活动的经济关系，是市场经济条件下财务管理的一个重要方面。

（一）企业财务活动的经济关系的含义

企业财务活动是以企业为主体来进行的，企业作为法人，在组织财务活动过程中，必然与企业内外部有关各方发生广泛的经济利益关系，这种经济利益关系就是企业财务关系。企业财务关系，从根本上来讲，是基于企业资本的所有权和使用权相分离而形成的经济利益关系。

财务活动是一种社会活动，因此，财务关系首先是一种社会关系。同时，财务活动是在商品经济条件下、在市场中进行的一种活动，因此，财务关系还是一种市场关系。最终，财务关系是基于财产权利而产生的人际关系，是基于资本的有关权益商品化解后，在不同的资本权益行使人中间所形成的经济利益关系。所以，财务关系是人与人之间的经济利益关系。企业财务活动的经济关系具有社会性，它体现着生产关系的性质与特征。财务关系作为一种市场关系，意味着财务活动必须符合市场运行的规则。

（二）企业财务活动的经济关系的特征

企业财务活动的经济关系与企业所处的经济环境有着密切的联系。在不同的社会经济环境下，企业的财务关系有所不同。市场经济的不断发展以及现代企业制度的不断完善，必然引起企业财务关系的变化。在市场经济条件下，企业财务关系之所以区别于其他经济关系是因为有其自身的特点。

1. 企业是市场主体

在市场经济条件下，企业作为自主经营、自负盈亏的市场活动主体，必须合理组织各种财务活动，正确处理财务关系，以便实现企业的财务目标。追求企业利益最大化是建立财务关系的根本目的。企业作为财务关系的主体，要积极发展能够给企业带来实质性经济利益的财务关系，尽量避免损害企业利益的财务关系。

2. 以市场为媒介

市场的基本功能是实现资源的配置，以便实现社会经济的合理运行。企业作为市场主体，在经济利益的驱使下，与其他经济行为者发生的各种财务关系均是通过市场才得以实现的。市场成为缔结企业财务关系的媒介，在经济利益上把彼此独立的市场参与者联结成一个有机的整体。

3. 以科学分配为基础

科学、合理地处理收益分配关系是企业处理财务关系的重要内容，所有者和经营者之间、生产和消费之间、固定资产和流动资产之间的分配比例都是通过财务关系进行的。

4. 以平等、公正为前提

企业与其他市场参与者之间发生财务关系，是以平等地行使权利并承担相应义务为前提的。企业财务关系错综复杂，将直接关系到各个相关主题的经济利益。企业在处理财务关系时，应采取有效的措施以便反映公正、公平、公开的原则，在利益分配上要按照权责明确、产权清晰的原则进行。

5. 以法律为准绳

企业与其相关的经济行为者之间的财务关系，是通过市场在经济利益的驱动下建立起来的。法律是维持这些财务关系相对稳定，并及时协调其利益冲突的保障。在市场经济条件下，各个市场参与者都必须以法律为依据，通过各种具有法律效力的契约或协定作为稳定其财务关系的保证。企业对银行及其他债权人要及时处理债务问题，认真履行经济合同，承担对债权人应尽的义务，严格守法。

6. 以经济效益为目的

企业与其他经济行为者之间发生的各种财务关系，都来源于不同经济行为者对各自经济利益的追求。财务管理的中心环节是追求企业经济效益的最大化，实现企业资本保值增值是企业财务运作和处理财务关系的内在要求。企业经营者对所有者所承担的资本保值增值的责任最终将通过财务关系表现出来，这是企业财务关系与其他经济关系的根本区别。

二、企业财务活动的经济关系的内容

企业财务活动的经济关系，即财务关系，是企业在财务活动过程中与有关各方所发生的特定经济关系。也就是说，财务活动是财务关系形成和发展的载体。财务活动的经济关系主要包括以下几个方面：

（一）企业与投资者之间的财务关系

企业与投资者之间的财务关系，主要是指企业的投资者向企业投入资金、企业向投资者支付报酬所形成的经济利益关系。这里的投资者是指权益（或者股权）投资者。

在企业所有权与经营权相分离的情况下，所有者不直接参与企业的经营管理。他们通过会计报表和其他信息了解企业情况，做出相应的决策。所有者感兴趣的信息是资本的安全性、收益率以及资金运转情况等。投资者通过股东大会等对企业有一定的控股权。投资者参与企业利润的分配。

企业的资本除来自国家投资者以外，还来自社会法人企业、单位、个人及外商等，从而形成了企业与这些投资者之间的财务关系。现行的有关法律明确规定，投资者凭借其出资，有权参与企业的重大经营管理决策，分享企业的利润并承担企业的风险；被投资企业必须依法保全资本，并有效地运用资本实现盈利。这种财务关系是体现所有权性质的投资者与受资者的关系。

（二）企业与债权人之间的财务关系

企业与债权人之间的财务关系主要是指企业向债权人借入资金，并按借款合同的规定按时支付利息和归还本金所形成的经济关系。

企业除了利用资本进行经营活动外，还要借入一定数量的资金，以便降低资金成本，扩大企业经营规模。企业的债权人主要有本公司债券的持有人、金融信贷机构、商业信用提供者及其他出借资金给企业的单位和个人。企业利用债权人的资金，要按照约定的利率，及时向债权人支付利息。债务到期时，要合理调度资金，按时向债权人归还本金。债权人主要关注企业债务的偿还能力和支付利息的能力，并做出相应决策。企业与债权人之间的财务关系在性质上属于债务与债权的关系。

（三）企业与受资者之间的财务关系

企业与受资者之间的财务关系主要是指企业以购买股票或直接投资的形式向其他企业投资所形成的经济关系。

随着市场经济的不断深入发展及企业经营规模和经营范围的不断扩大，企业收购、兼并其他企业和对其他企业进行参股、控股的经济行为越来越普遍。企业向其他单位投资，应按照约定履行出资义务，并根据其出资额参与受资者的经营管理和利润分配。

企业与受资者之间的财务关系在性质上属于所有权性质的投资与受资的关系。

（四）企业与债务人之间的财务关系

企业与债务人之间的财务关系主要是指企业将其资金以购买债券、提供借款或商业信用等形式出借给其他单位所形成的经济关系。企业将资金出借后，有权要求债务人按照约定的条件支付利息和归还本金。企业与债务人之间的财务关系体现的是债权与债务的关系。

（五）企业与国家之间的财务关系

企业与国家之间的财务关系主要是指国家作为社会管理者，强制和无偿参与企业利润分配所形成的经济关系。

企业与国家之间的财务关系，主要体现在两个方面：一是国家为了实现其职能，以社会管理者的身份，无偿参与企业收益的分配。企业必须按照法律规定向国家缴纳各种税费，包括所得税、流转税、资源税、财产税、消费税、矿产资源补偿费和教育费附加等。二是国家作为社会公共福利产品的提供者，通过向全社会提供公共福利产品的同时，也在事实上向企业投入资本。这正是国家向企业征收税赋的理论依据。这种征收税赋和缴纳税赋的关系，体现着资源投资与受资的关系。

（六）企业内部各单位之间的财务关系

企业内部各单位之间的财务关系，主要是指企业内部各单位之间在生产经营各环节中相互提供产品或劳务所形成的经济关系。企业是一个系统，所属各职能部门是否协调，直接关系着企业的发展和经济效益的提高。

企业在实行内部经济核算制和内部经营责任制的条件下，企业供、产、销各个部门以及生产单位之间，相互提供的劳务和产品也要计算价格进行结算。这种在企业内部形成的资金结算关系，体现了企业内部各单位之间的利益关系。处理企业内部各单位之间的财务关系，要严格分清有关各方面的经济责任，以便更有效地发挥激励机制和约束机制的作用。

（七）企业与职工之间的财务关系

企业与职工之间的财务关系主要是指企业向职工支付劳动报酬过程中所形成的经济关系。职工是企业的人力资源投入者，他们以自身提供的人力资源作为参加企业资本收益分配的依据。企业根据所消费的职工人力资源的情况，用其收入向职工支付工资、津贴和奖金，并按照规定提取公积金等。为此，职工会关注企业的稳定性、获利情况及福利待遇的变化等。

可见，企业与职工之间，就形式而言，首先是提供人力资源与分配报酬的关系，但实质上是基于资源的投入的经济利益关系。

在企业与各有关方面财务活动的经济关系处理上，一方面，企业要处理好各种经济利益关系；另一方面，各利益主体为了自身的利益也会对企业提出各种要求。如企业的投资者为了避免企业提高开支、减少他们的收益而对企业进行监督，为了鼓励经营者努力工作给予他们激励，债权人在借款合同中加入限制性条款等，这些都是为了处理好企业财务活动的经济关系而采取的一系列措施。

市场经济条件下企业财务关系的发展变化，对企业财务管理提出了更高的要求，财务管理人员对此必须有清醒的认识。企业财务人员必须密切关注财务关系的发展动向，正确处理财务关系，这对于进一步加强企业财务管理、提高企业经济效益等，都具有极其重要的意义。

第四节　企业财务活动的环境

一、财务活动环境的概念及分类

环境构成了企业财务活动的客观条件。企业财务活动是在一定的环境下进行的，必然会受到环境的影响。

（一）财务活动环境的概念

财务活动环境是指企业财务活动赖以存在和发展的各种因素的集合。企业资本的取得、运用和资本收益的分配会受到环境的影响，资本的配置和利用效率会受到环境的影响，企业成本的高低、利润的高低、资本需求量的大小也会受到环境的影响，企业兼并与收购、破产与重组和环境的变化仍有密切的联系。企业通过环境分析，能提高企业财务行为对环境的适应能力、应变能力和利用能力，以便更好地实现企业财务管理目标。

（二）财务活动环境的分类

1. 按照财务活动环境的范围，财务活动环境可以划分为宏观环境和微观环境

财务活动的宏观环境包括政治环境、经济环境、法律环境、金融市场环境等。宏观环境是作为企业外部的、影响企业财务活动的客观条件而存在的。财务活动的微观环境包括企业的生产环境、企业的组织体制和财务组织结构以及企业生产经营状况和企业人员环境等。

2. 按照财务活动环境与企业的关系，财务活动环境可以划分为企业内部财务活动环境和企业外部财务活动环境

企业内部财务活动环境是指企业内部影响财务活动的各种因素，如企业的生产情况、技术情况、资产构成、生产经营周期等。企业外部财务活动环境是指企业外部影响财务活动的各种因素，如企业面临的市场状况、国家政治形势、经济形势、法律形式以及国际财务活动环境等。企业内部财务活动环境一般均为微观财务活动环境。而企业外部财务活动环境有的属于宏观的财务活动环境，如经济、政治等；有的则属于微观的财务活动环境，如企业的产品、销售市场、企业资源的供应情况等。

3. 按照财务活动环境的变化情况，财务活动环境可以划分为静态财务活动环境和动态财务活动环境

静态财务活动环境是指那些处于相对稳定状态的影响财务活动的各种因素，如财

务活动中的地理环境、法律制度等。动态财务活动环境是指那些处于不断变化状态的影响财务活动的各种因素，它们的变动性较强、预见性较差，如商品市场上的销售量及销售价格、金融市场的资金供求状况及利息率的高低等。

二、财务活动的宏观环境

（一）经济环境

财务活动是经济活动的组成部分，经济环境是财务管理的重要环境。经济环境主要有经济政策、经济周期、通货膨胀、经济结构、国际经济环境以及其他的经济相关环境等。

1. 经济政策

经济政策是国家进行宏观调控的重要手段。经济政策环境包括国家的财政税收政策、货币政策和产业政策等。国家的产业政策、金融政策、财政政策对企业的筹资活动、投资活动和分配活动都会产生重要影响。如：金融政策中的货币发行量、信贷规模会影响企业的资本结构和投资项目的选择；价格政策会影响资本的投向、投资回收期以及预期收益。国家对某些地区、行业、经济行为的优惠、鼓励和倾斜政策构成政府政策的主要内容。从反面来看，政府政策也是对一些地区、行业、经济行为的限制。企业在财务决策的时候，要认真研究政府的政策，按照政策导向行事，才能扬长避短。政府的政策经常会因为经济状况的变化而调整，企业在做出财务决策时应该科学地预见这些变化及其发展趋势，这样对企业理财会很有益处。

2. 经济周期

在市场经济条件下，经济发展和运行带有一定的波动性，大体上经历复苏、繁荣、衰退和萧条几个阶段的循环，这种循环叫作经济周期。企业的筹资、投资和资产运营等理财活动都要受这种经济波动的影响。

比如在经济繁荣阶段，一般来说市场需求旺盛，企业的销售量大幅度上升。为了扩大生产，企业要增加投资，增加设备、存货和劳动力投资，这就要求财务人员迅速筹集资金。而在经济衰退阶段，市场需求开始疲软，产销量也开始下降，企业采取停止扩张战略，停止长期采购，削减存货，停止生产不利产品，并出售多余设备，这就要求财务人员要合理安排资金流向，保证资金的安全。因此，企业财务人员应对经济周期的影响有正确的认识，事先做好预测工作，及时调整财务策略。

3. 通货膨胀

通货膨胀不仅仅对消费者不利，也给企业理财带来很大困难。其主要原因是：大规模的通货膨胀会引起资金占用的迅速增加；通货膨胀还会引起利息率的上升，增加企业的筹资成本；通货膨胀会引起利润的虚增，造成企业利润的流失。

在通货膨胀初期，货币面临贬值的风险，这时企业进行投资可以避免风险，实现资本保值；应与客户签订长期购货合同，以减少物价上涨造成的损失；取得长期负债，保持资本成本的稳定。在通货膨胀持续期，企业可以采取比较严格的信用条件，减少企业债权；调整财务政策，防止和减少企业资本流失等。企业财务人员必须对通货膨胀有所预测，从而采取相应的措施，减少损失。

4. 经济结构

经济结构是企业所在地区的生产力布局情况，包括产业结构、部门结构、地区结构等。经济结构环境对企业财务管理有重要影响。企业所处的产业或者地区一定程度上影响甚至决定了企业财务管理的决策。另外，产业结构的调整和地区生产力布局的变动要求企业的财务管理决策做出相应的调整。

不同行业要求的资金结构不同。第一、第二产业的企业，长期资金需要量比第三产业企业的长期资金需要量多。产业结构的调整和地区经济结构的变动是通过竞争和资本转移自动实现的。企业跟上这些调整和变化，必然要进行资金重组和资本转移，在这个过程中会获得超额利润。总之，不同经济结构的类型关系到公司理财活动的范围和程度，也直接影响到公司筹资规模、投资方向以及获利状况等。

5. 国际经济环境

国际经济环境是指国际经济的变化对企业财务管理的间接影响和企业直接参与国际竞争时的财务管理环境。国际经济变化会通过国际投资、汇率等间接影响企业的筹资以及投资等财务活动。外向型企业必然会受到国际经济变化的影响和制约。

6. 其他的经济相关环境

企业除了受到以上经济环境因素的影响外，还会受到其他相关的经济环境影响。例如，外汇市场中的外汇汇率变动，金融市场机构的完善程度，金融政策、财税政策的变动，外汇经济贸易政策的变动，产业政策的变动等。

（二）法律环境

法律环境是指对企业财务活动产生影响的各种法律因素。广义的法律概念包括各种法律法规和制度。企业财务活动的法律环境具体包括企业组织法规、税收法规、证券法规以及财务法规等。

法律环境对财务活动的影响和制约主要表现在以下几个方面：首先，法律法规会对企业筹资决策产生影响。它规范了不同类型企业筹资的最低规模和结构，规范了不同组织类型企业的筹资渠道和筹资方式，规范了不同类型企业筹资的前提条件和基本程序。其次，法律法规会对投资产生影响。它规范了企业的投资方式和条件，规范了企业投资的程序和投资方向，规范了投资者的出资期限和违约责任。最后，法律法规会对分配决策产生影响。它规范了企业成本开支的范围和标准，规范了企业应缴纳的税种及计算方法，规范了利润分配的前提条件和利润分配的程序。

（三）金融环境

金融环境是企业最为主要的环境因素，对企业的财务决策有着重大的影响。其一般包括银行以及非银行金融机构、金融市场、利息率等因素。

金融市场是指资金供应者和资金需求者双方通过信用工具融通资金的市场，即实现货币借贷和资金融通、办理各种票据和进行有价证券交易活动的市场。金融市场的主要类型如图 1-1 所示。

- 金融市场
  - 外汇市场
  - 资本市场
    - 短期资本市场
      - 短期证券市场
      - 短期借贷市场
    - 长期资本市场
      - 长期证券市场
        - 一级市场
        - 二级市场
      - 长期借贷市场
  - 黄金市场

图 1-1　金融市场的主要类型

从总体上来看，建立金融市场，有利于广泛地积累社会资金，有利于促进地区间的资金协作，有利于开展资金融通方面的竞争、提高资金使用效率，有利于国家控制信贷规模和协调资金流通。从企业财务管理的角度看，金融市场作为资金融通的场所，是企业向社会筹集资金必不可少的条件。财务管理人员必须熟悉金融市场的各种类型的管理规定，有效地利用金融市场来组织资金的筹措和进行资本投资等活动。

利息率简称利率，是利息占本金的百分比。资金的利率通常由三部分组成：纯利率、通货膨胀补偿率、风险报酬率。利率的计算公式一般可以表示为：

$$利率=纯利率+通货膨胀补偿率+风险报酬率 \tag{1.1}$$

纯利率是指没有通货膨胀情况下的均衡点利率。通货膨胀补偿率是指由于持续的通货膨胀会不断降低货币的实际购买力，为补偿其购买力损失而要求提高的利率。风险报酬率包括流动性风险报酬率、违约风险报酬率和期限风险报酬率。其中，流动性风险报酬率是指为了弥补因为债务人或者被投资人资产流动性不强而带来的风险，由债权人或者投资人要求提高的利率；违约风险报酬率是指为了弥补因借款人无法按时还款而带来的风险，由资金提供者要求提高的利率，违约风险越大，投资人要求的报酬率就越高；期限风险报酬率是指为了弥补因偿债期长而带来的风险，由债权人要求提高的利率，一般而言，因受期限风险的影响，长期利率会高于短期利率。

银行利息率的波动以及与此相关的股票和债券价格的波动，既给企业带来机会，也给企业带来挑战。在为闲置资金选择投资方案时，利用这种机会可以获得额外收益。比如，购买长期债券后，市场利率下降时，按照固定利率计息的债券价格上涨，企业可以出售债券获得预期更多收益。同时，当预期利率持续上升时，以当前较低的利率发行长期债券，就可以节省资本成本。但如果将来事实上利率下降了，企业则要承担比市场利率更高的资本成本。

三、财务活动的微观环境

财务活动的微观环境是指影响企业财务活动的各种微观因素，如企业的生产环境、企业的组织体制和财务组织结构以及企业生产经营状况与企业人员环境等。微观环境是作为企业内部的、影响企业财务活动的客观条件而存在的。微观环境包括两个方面：一是有形的环境，如企业组织形式、生产状况、产品销售市场状况、资本供应情况等。有形的环境主要影响和制约企业财务行为的选择。二是无形的环境，如企业内部的各项规章制度、企业管理者的水平、企业素质等因素。微观环境的变化一般只对特定企业的财务管理活动产生具体影响。

其中，企业生产环境主要指由生产能力、厂房设备、生产组织、劳动生产率、人力资源、物质资源、技术资源所构成的生产条件和企业产品的寿命周期。根据生产条件，企业可以分为劳动密集型企业、技术密集型企业和资源开发型企业。劳动密集型企业需要的工资费用比较多，可能需要更多短期资金；技术密集型企业则在固定资产上占用的资金比较多，工资费用比较少，企业财务人员必须筹集到足够的长期资金以满足固定资产投资的需要；资源开发型企业则要投入大量的资金用于勘探、开采，资金回收期比较长。同时，在产品寿命周期的不同阶段，资金需要量的额度也各不相同。

企业组织体制包括企业所有制形式、企业类型、企业经济责任制和企业内部组织形式等。不同所有制形式的企业财务管理的原则、方法、目标等不同，所以财务活动也都不同。不同的企业类型，财务管理的程序也不同。企业内部组织形式的不同也会影响财务管理计划制订、策略选择等财务活动的实施。财务组织结构则是指组织领导财务工作的职能部门组成情况，包括各个职能部门的设置及其相互之间的理财职能分工和组织程序。财务组织结构的建立要有利于形成企业内部的金融环境，如组建内部银行、财务公司、项目融资等机构；要有利于企业生产部门或者环节相互的财务活动高效、顺利地进行；要有利于企业经营战略的实施，以实现生产经营管理和理财的科学化。

企业生产经营状况是指企业物资采购的供应能力、产品的生产能力及其销售能力的大小和对其管理水平的高低。企业的经营管理状况则是指企业经营管理水平，即物资采购、物资供应以及物资的销售能力等。企业经营管理水平高，会营造一个很好的财务管理环境；否则，会阻碍财务工作的顺利进行。

可见，企业的财务管理环境对企业的财务活动有重大的影响，企业应该适应财务管理环境的状况及其变化。在实践中，企业要及时了解宏观财务环境和微观财务环境的变化，增强财务管理的应变能力，选择正确的决策，以便顺利实现企业的理财目标。

第二章 财务管理的基本理论和方法

■导入话语

强烈希冀成功的企业老总们，总是为下面这些问题所困扰：

企业的经营活动过程，投入资源究竟处于一种什么样的状态？同样的企业，盈利水平却不同，企业的盈利水平究竟应该达到一个什么水平才是合理的？已经设定的企业目标，是否能够实现，实现的可能性又有多大呢？

第一节 资本运动理论

导入案例：

BM 公司是一个注册资本为 5 000 万元的制造公司。现有总资产为 6 000 万元。其中固定资产为 3 500 万元，各种存货共计 2 000 万元，应收账款为 300 万元，短期投资为 120 万元，现金为 80 万元。该公司为了维持正常的经营活动，必须进行采购和准备下一期的有关费用支付。将要进行采购的金额是 550 万元且必须于下期期初付出，要支付的有关费用为 160 万元，将于下期内均匀支付。

产成品存货在下一期的正常销售额为 800 万元。正常的现销金额是总销售金额的 60%，其余的 40% 为赊销金额。赊销金额的收现时间为下期期末。

简单分析：

1. 该公司下一期具有充分的支付能力吗？
2. 如果该公司支付能力不足的话，请拟订该公司下期的财务措施。

一、传统资本运动理论

作为投入企业的营运活动中的资源，企业的所有资本都处于运动过程中。资本在其运动过程中，表现为资本的形态转化。资本在投入企业之初，正常的逻辑形态是货币形态。然后，货币形态资本将转化为各种实物形态的资本。这些实物形态的资本内容，包括机器、设备和建筑物等长期性质的资产和原材料一类的短期资产。这些实物性的资产，在生产经营活动中被投入使用，发生磨损和消耗，形成生产形态，进而形成完工产品形态，通过对完工产品的销售，收回货币，相当于投入的资本在经历了一系列的相关形态后，最后重新回到货币这一初始形态。

资本的这一运动过程，通常以下述示意图表示（图 2-1）：

货币形态资本—[长期资产形态资本（每一经营周期转移其价值的 $1/n$）
流动资产形态资本（每一经营周期转移其价值的 100%）]—
生产形态资本—商品（完工产品）形态资本—货币形态资本

图 2-1　资本的运动过程

图 2-1 中：货币形态资本是指以货币形式存在于经营活动中的资本；长期资产形态资本则是指以货币资本换回的投入生产过程的各种机器设备建筑等生产资料；流动资产形态资本则是指各种以货币购买并拟投入生产过程的原材料、燃料之类的资产；生产形态资本则是指各种在产品和半成品等资产内容；商品形态资本则是指已经加工完毕，并形成预期使用价值形态的资产。

资本运动还是一个遵循严格规律性的过程。资本运动的规律性主要表现为这一过程是一个不可逆的顺序过程。上述各形态的先后顺序是确定的，而且决不允许被打乱。

资本按照严格规律所进行的形态转换运动，就是资本的循环周转。

资本运动过程的时间长短就是资本运动性。由于资本运动是从货币—现金形态开始，最后又回到货币—现金形态，所以也称资本的运动性为变现性，习惯上还称之为资本（资产）的流动性。资本的流动性高低同资本所采取的形态相关。资本采取长期资产形态时，需要若干经营周期才能完成一次完整变现，这就是说每一经营周期只能变现 $1/n$ 的资本。而在资本采取流动资产形态时，只需要一个经营周期就可以实现一次完整变现。资本的流动性决定着企业的财务能力。

资本的增值性以资本的运动性为基础。资本从货币形态开始，顺序经历其他形态后再次回到货币形态。只有完成这一过程，投入资本的数量发生改变——增加才是可能的。由于投入资本的增值是一种可能状态，所以，资本增值是一个风险事件。

资本的运动过程，逻辑上以货币形态资本为初始形态，这就意味着企业的经营活动必须以货币形态资本为基础。资本运动过程以货币形态资本为逻辑结束形态，则意味着企业的经营成果必须体现为货币，如果停留在非货币的其他形态上，则这种结果属于尚未完成资本运动过程的结果，因而就是无财务意义的结果。

资本运动从现金形态开始，又以现金形态结束。这就表明资本运动是一个闭合的循环过程。正因为这一闭合的逻辑循环过程，才使得企业的存在及企业的经营活动可以持续不断地进行下去成为一种可能。

在经济实务中，上述资本运动进程是严格按照时间的继起性和空间的并存性来进行的。这一含义的示意图如图 2-2 所示。

货币形态—长、短期资产形态—生产形态—商品形态—货币形态
长、短期资产形态—生产形态—商品形态—货币形态—货币形态
生产形态—商品形态—货币形态—货币形态—长、短期资产形态
商品形态—货币形态—货币形态—长、短期资产形态—生产形态
货币形态—货币形态—长、短期资产形态—生产形态—商品形态

图 2-2 资本运动进程

资本运动的时间继起性，是指资本的各形态按照时间顺序，在运动过程中，顺次从上一阶段进入下一阶段，并放弃上一阶段的相应形态，而顺次采用下一阶段的相应形态。时间上的顺序是这一概念的核心。资本运动的时间继起性是一个不可改变的规律，包括运动顺序不能改变、过程不可逆和不能间断。

资本运动的空间并存性，是指在资本运动过程的每一个时点，都同时存在各种资本形态。资本运动的空间并存性，是资本各个形态实现功能互补，以形成一个资本有机系统的前提。资本运动的空间并存性发生改变，就意味着资本运动模式发生改变，从一种运动模式转化为另一种运动模式。这也就意味着企业的经营活动模式发生改变。

资本的运动以及资本运动的时间继起性和空间并存性是生产经营活动的连续性的必要条件。

二、现金流理论

现金流是指基于企业的经营活动而导致的货币收支现象。

现金形态资本是企业各资本形态中最特殊的一种形态。现金形态资本可以随时不受经营活动阶段限制转化为其他任意一种资本形态。这就表现出现金这种资本形态具有最高的流动性。企业的经营活动，逻辑上以支付货币—现金形态开始，以收到货币—现金形态为逻辑的结果。货币—现金的收支运动，体现着企业的经营活动的过程和实质。货币—现金的收入支付量，体现着企业经营活动的规模。

准确地描述现金流和现金流量，就成为企业财务活动的核心工作内容。以现金形态为核心内容的资本运动图示如图 2-3 所示。

从图 2-3 中我们看到一个重要的事实，就是现金在资本运动诸形态中的特殊性。在上述以现金形态为核心内容的资本运动图示中，唯有现金形态是二次出现。这就表明货币—现金是资本运动过程的逻辑起点和逻辑终点。在现金流量循环图示中，存在一个基本循环和若干个其他活动循环。然而每一个循环都是以现金作为循环的起点和终点。这一现象说明，现金是企业所有经营活动的基础，企业中的任何经营活动都不能离开现金。同时，资本循环的终点也采取现金形式，表明企业的经营目标也必须以现金形式来体现。基于这些分析，我们可以说现金及其流动是企业资本运动的核心，现金的流转制约着整个企业的经营活动。企业通过对现金的配置和运作，可以实现对企业总体资本的管理运作；同样，通过对现金的控制，也可以实现对企业资本运动总过程的控制，从而实现对企业经营活动的过程总控制。基于资本循环过程的逻辑起点和逻辑终点的一致性，我们还可以得到一个极为重要的结论：资本循环过程的逻辑起点和逻辑终点在性质上是完全一样的，所以这个过程是一个闭合的过程。也就是说，资本运动的起点就是终点，终点也就是起点。于是，资本运动过程就是一个从逻辑上

讲没有结束时点的过程，因而是一个连续不断的持续过程。

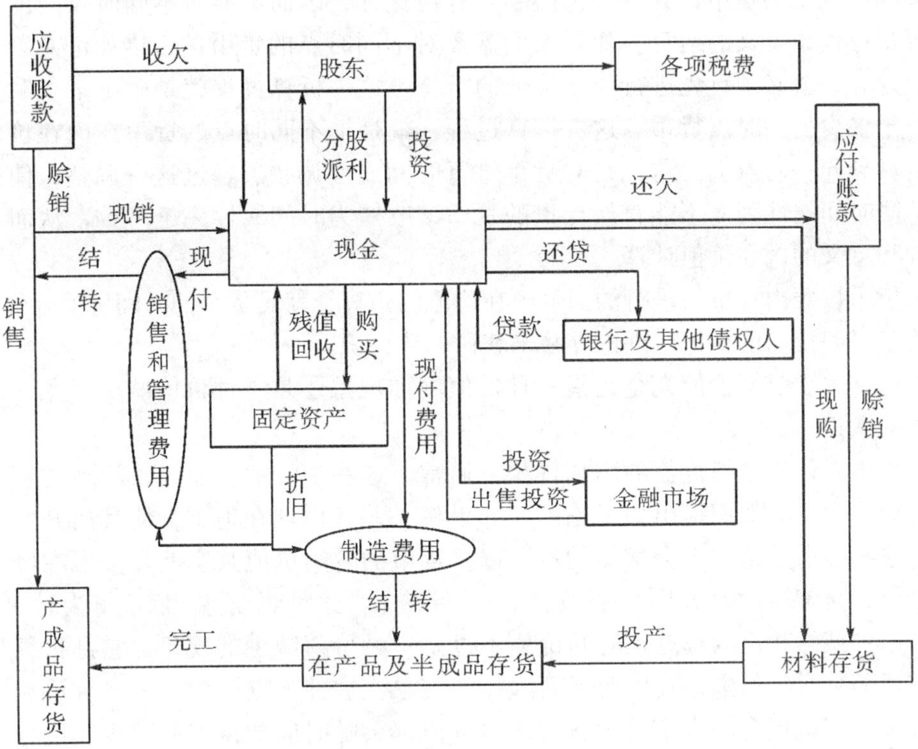

图 2-3　以现金形态为核心内容的资本运动图示

注：这一图示依据小克利夫顿等所著《财务管理》改编而成（中国财政经济出版社 1981 年版）。

现金的这种特殊性表明了现金是一种比其他资本形态更为重要的一种形态。所以理论界称此种状况为现金至上。

第二节　货币时间价值

导入案例：

A 公司总资产为 5 000 万元。公司通过一年的运行，获得净利润 400 万元。公司的股东们非常关心的问题是，在当前资本市场上一般投资利润率为 10% 的情况下，公司取得的这一利润是否值得嘉奖？

一、时间价值基本命题

时间价值的一般意义是指人们对不同时点上的同一有用性具有不同效用强度感受，从而具有不同的主观评价。通常表现出典型时间价值经济内容的是货币。因此，人们以货币为基础论述时间价值时，就形成货币时间价值的基本命题。对货币时间价值基本命题的表述是：

不同时点上的货币，其内在价值不同。

在这一命题中，内在价值其实就是与货币名义价值相对而言的货币真实价值。

基于货币时间价值基本命题，我们可以得出如下推论：

不同时点上的货币，其名义价值不具有可比性，因而不能对不同时点上的货币直接进行初等代数意义的运算。如果人们需要对不同时点的货币进行诸如汇总、扣除等的价值计算，就必须首先进行内在价值的折算。这一折算过程就是确定某一时点的货币相当于多少另一时点货币。这一折算过程，就是把不同时点的货币在内在价值的意义上折算到同一时点上。这也是对货币进行时间属性调整。经过这一调整，使得原来具有不同时间属性因而不能直接计量的货币，改变为时间属性完全一致，从而可以进行代数和意义的内在价值计算。

对货币按照内在价值进行的当量内在价值的折算，就是货币的时间价值计算。

关于时间价值的认识，理论界并未获得一致认识。

首先，关于时间价值究竟是指一种价值增加现象还是一种价值减少现象，就未能获得统一认识。

一些学者认为是指价值的增加现象。通常，这些学者把企业经营活动的利润解释为时间价值现象。他们提出如下论断：如果将一些货币埋在地下，使其离开经营活动过程，这些货币是绝对不会增值的。所以，货币的时间价值其实就是资本在经营活动中的增值，是资本增值的基于时间而言的一种结果。这种观点将利润理解为时间价值。

另一种截然相反的观点是时间价值不过是一种价值减少的现象，它是指某种有价值的东西随着时间的推移其价值逐渐降低的现象。这种观点认为一定量货币无论其保存在哪里，其所包含的真实价值——内含价值都会随时间的推移而减少。这种观点提出如下论断：利润并不是一种时间价值。由于利润只是发生于不同时点的货币收付金额，所以利润必须被时间价值所调整，从而成为时间价值调整的对象。如果将利润解释为时间价值的话，就会形成以时间价值调整时间价值的逻辑矛盾。时间价值是调节价值的工具，因而时间价值就决不能是价值。

其次，关于产生时间价值的基础内容是否仅仅只是货币也是一个未定之论。

关于这一问题，现在的主流理论通常将时间价值定义为货币的价值量变化现象。由此得出的结论就是仅仅只有货币才具有时间价值现象。对此，最早出现的反对声音是将货币这一概念修正为资本，他们认为只有资本才具有时间价值现象。

但如果按照主观感受理论，则应该是所有具有有用性的物品都具有时间价值问题。因为只要存在有用性这一审美因子，就会给人们带来基于审美的主观感受，就会因此而产生审美评价。而基于人们审美的规律性而言，这种审美评价必然将随着时间的推移而降低。

最后，关于时间价值的性质究竟应该如何理解，仍是一个争论中的问题。关于时间价值这一现象性质的理解，包括客观价值论和主观价值论两种。

客观价值论认为，时间价值就是投入经营环境中被作为资本使用的货币所产生的增值。这里的增值是独立于主观而客观实在的价值额。而主观价值论则认为，时间价值不过是对于客观存在的某种效用的不同主观评价结果。这里的不同评价结果，以相关主体的主观感受为其存在基础。

二、时间价值计算的原理

（一）时间价值计算的技术基础

时间价值计算的基本原理就是将不同时点的货币按照内在价值折算至同一时点上。

在时间价值计算中，涉及以下基本概念。

1. 时间数轴

时间价值涉及一个时点至另一个时点的时间过程。以横坐标来形象地表现这一时间过程，就形成时间数轴概念。在时间数轴上，要将整个时间价值变化过程完整地表达出来。通常，数轴的左端称为初始点，也称为现在时点。数轴的右端（理论上可以有右边的终端，也可以从右边无限延伸）称为终结时点，简称终点。同时，还要把整个时间价值变化过程等分为若干个时段，并以序号加以标示。时间段落可以有不同的长度。通常，对时段长度的规定是一年。

图 2-4 是一个包含五个时段（年）的时间数轴。

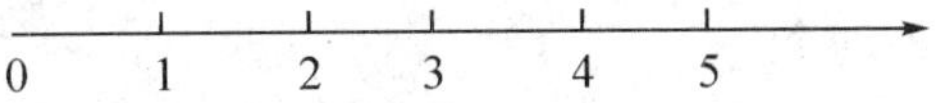

图 2-4

确定整个时间价值变化过程的时段数，其关键意义在于确定时间价值变化次数。时间价值的变化方式是，按照一定的变化水平（变化率）每一时段变化一次，而变化之后的结果就成为下一时段变化的基础。所以，时段数的确定，其实是在确定时间价值的变化是一种复利式的变化，进而确定变化时段数其实就是在确定时间价值变化的复利次数。

2. 现值计算与终值计算

这是关于时间价值的折算形式的认识。时间价值计算的实质就是将某一时点的货币价值折算至另一时点。通常将后一时点的计量货币价值折算至前一时点的折算结果称为现值计算，其结果称为现值；而将前一时点的货币价值折算至后面时点的折算称为终值计算，其结果称为终值。在实践中，将现值计算确定为将现在时点以后的任何时点货币价值折算至现在时点的计算；而将终值计算确定为将整个时间过程的最后时点以前的任何时点货币价值折算至最终时点的计算。

图 2-5 表示将一个现在时点的计量货币金额折算至第四时段（年）末时点的终值计算。

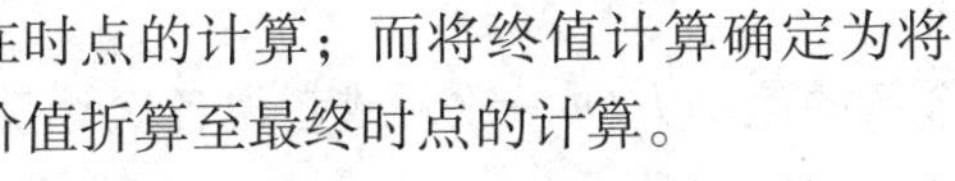

图 2-5

图 2-6 表示将一个第四时段（年）末时点的计量货币金额折算至现在时点的现值计算。

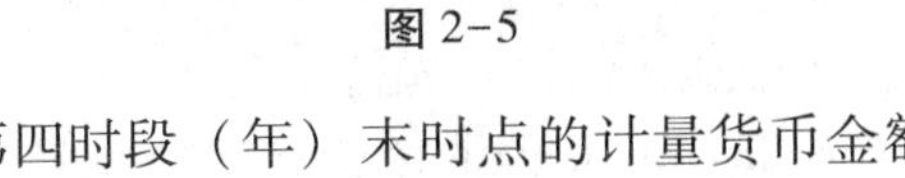

图 2-6

3. 时间价值变化率

时间价值变化率是关于时间价值折算的工具。时间价值变化率的实质就是某一时点的货币价值同另一时点的货币价值，按照单位时间确定的对比比率。通过这一比率的确定，即可将不同时点上的货币价值折算为另一时点的货币价值，从而实现不同时间货币价值的折算。实践中，通常以利息率来具体表现货币时间价值变化率。具体地，将这一指标用于终值计算时称之为增值率，将其用于现值计算时称之为折现率。

4. 时间价值变化方式

时间价值变化方式是指某一时点的计量货币金额再折算到另一时点时，由于时间价值变化率是借用利息率形式来表现的，所以存在一个其变化是按照单利还是按照复利来确定的问题。就实质而言，资本运动的增长变化是以复利形式得以实现的，因而在确定时间价值变化方式时，就据此认定时间价值变化是一个复利的变化过程。这是进行时间价值折算应该遵守的一个原则。

时间价值折算的基本原理可以归纳为某一时点的货币计量金额按照时间价值的变化率和复利变化次数，折算至另一时点的当量价值即终值或现值的计算过程。

（二）时间价值计算的对象

时间价值计算的对象就是时间价值变化过程中特定时点上的货币。通常，这种收入或支出的货币被称为现金流量。依据货币金额的出现频度，我们将货币金额分成两大类：

（1）在整个时间价值变化过程中只出现一次的货币金额；

（2）在整个时间价值变化过程中出现若干次的货币金额。

对第二类计量货币金额，依据其本身特征，我们又可将其分成规则的计量货币金额和不规则的计量货币金额两种。其中，规则的计量货币金额通常称为年金。

计量货币金额具有如下特征：

（1）各次计量货币金额相等；

（2）各次计量货币金额对应地出现于各个时段的固定时点上，从而每次计量货币金额的出现时间间隔相同；

（3）每次计量货币金额的流动方向一致，或者说各次计量货币金额的收或付是相同的。

通常，我们将以下四种形式的年金作为年金的典型具体类别：

（1）普通年金。普通年金是指各次计量货币金额对应地出现于各相应时段的最后时点上的年金。所以，普通年金通常也称为后付年金。

（2）预付年金。预付年金是指各次计量货币金额对应地出现于各相应时段的初始时点上的年金。所以，预付年金通常也称为先付年金。

（3）递延年金。递延年金是指时间价值变化过程的前若干时段货币计量金额缺损的普通年金，或者说普通年金的货币计量金额依次往后递延若干时段的结果。

（4）永续年金。永续年金是指时间价值变化过程中所包含的时段数无穷大，同时时间价值变化过程的货币计量金额出现次数亦无穷大的普通年金。

在系列性的货币计量金额中，还有两种特殊的形式：一种为各次计量货币金额构成一个等差级数数列的形式，习惯上将其称为等差年金；另一种为各次计量货币金额表现为等比级数数列的形式，习惯上将其称为等比年金。

年金的规则特征使得年金形式的时间价值计算具有独特的规律性。而对于时间价值变化过程出现的不规则系列计量货币金额，在进行时间价值计算时，通常将其分别作为一次性计量货币金额加以处理。

三、时间价值的计算

（一）一次性货币金额的时间价值计算

如前所述，整个时间价值变化过程中只出现一次的货币金额，就是所谓一次性货币金额。而对一次性货币金额所进行的时间价值折算就是一次性货币金额的时间价值计算。按照折算的方向不同，一次性计量货币金额的时间价值计算包括终值计算和现值计算两种基本内容。

1. 一次性计量货币金额的终值计算

这一计算的基本内容就是将时间价值变化过程的某一时点的计量货币金额折算至该过程的最终时点，以确定该计量货币金额折算之后相当于该过程最终时点的多少金额。而折算过程实质上是确定某一时点的计量货币金额按照某一特定时间价值变化率增值，经过若干（时段数）次复利增值后的当量价值结果。

据此，有计算公式如下：

$$F=P\times(1+i)^{n} \tag{2.1}$$

式中：F——终值；

P——现值；

i——时间价值变化率；

n——复利增值次数；

$(1+i)^{n}$——复利终值系数。其含义为一个单位计量货币金额（通常为1元）按照时间价值变化率 i 复利增值 n 次后的当量价值。

【例2-1】在年资本增值率为6%的市场背景下，现在的2 000元货币，五年后的复利终值应该是多少？

依据前述公式计算如下：

$F=2\ 000\times(1+6\%)^{5}=2\ 676.451\ 2$（元）

2. 一次性计量货币金额的现值计算

这一计算的基本内容就是将时间价值变化过程的某一时点的计量货币金额折算至该过程的初始时点，以确定该计量货币金额折算之后相当于该过程初始时点的多少金额。而折算过程的实质是确定某一时点的计量货币金额按照某一特定时间价值变化率折现，经过若干（时段数）次复利折现后的结果。

据此，有计算公式如下：

$$P = F\times1/(1+i)^{n} \tag{2.2}$$

式中：P——现值；

F——终值；

i——时间价值变化率；

n——复利增值次数；

$1/(1+i)^n$——复利现值系数。其含义为一个单位计量货币金额(通常为1元)按照时间价值变化率 i 复利折现 n 次后的当量计量货币金额。

【例 2-2】第四年年末的 50 000 元，如果在市场资本市场增值率为 8%的背景下，折算至现在时点，其折算的现值应该是多少？

依据前述公式计算如下：

$P=50\ 000\times1/(1+8\%)^4=36\ 751.49$（元）

（二）普通年金的终值与现值计算

依据普通年金的特征，从技术角度而言，普通年金的时间价值计算不过是一次性计量货币金额的时间价值计算的若干次重复进行之结果的合计而已。

1. 普通年金的终值计算

这一计算的内容就是确定若干数额相等的计量货币金额，按照同一增值率和不同的增值次数，折算至过程最终时点的当量价值合计金额。

据此，有普通年金终值的计算公式如下：

$$F_A=A\times\{[(1+i)^n-1]/i\} \tag{2.3}$$

式中：F_A——年金终值；

A——年金金额；

i——时间价值变化率的增值率；

n——复利增值次数；

$\{(1+i)^n-1\}/i$——年金终值系数。其含义为分别处于若干个不同时段的单位计量货币金额(通常为1元）按照统一的时间价值变化率 i 和对应不同的复利增值次数复利增值至过程最终时点的当量计量货币金额的合计。

【例 2-3】设在未来五年中，每年年末有 40 000 元的流量。在市场一般资本增值率为 7%的背景下，将这一普通年金折算至第五年年末时点，将相当于一笔数额为多大的货币金额？

依据前述公式计算如下：

$F_A=40\ 000\times\{[(1+7\%)^5-1]/7\%\}=230\ 029.560\ 4$（元）

2. 普通年金的现值计算

这一计算的内容就是确定若干数额相等的计量货币金额，按照同一增值率和不同的增值次数，折算至过程初始时点的当量价值合计金额。

据此，有普通年金现值的计算公式如下：

$$P_A=A\times\{[1-(1+i)^{-n}]/i\} \tag{2.4}$$

式中：P_A——年金终值；

A——年金金额；

i——时间价值变化率的增值率；

n——复利折现次数；

$\{1-[(1+i)^{-n}]/i\}$——年金现值系数。其含义为分别处于若干个不同时段的单位计量货币金额（通常为1元）按照统一的时间价值变化率 i 和对应不同的复利折现次数复利折现至过程初始时点的当量计量货币金额的合计。

【例2-4】设在未来六年中，每年年末有25 000元的流量。在市场一般资本增值率为8%的背景下，将这一普通年金折算至现在时点，将相当于一笔数额为多大的货币金额?

依据前述公式有计算如下：

$P_A = 25\,000 \times \{1-[(1+8\%)^{-6}]/8\%\} = 115\,571.991\,6$（元）

(三) 普通年金终值与现值计算的逆运算

1. 偿债基金计算

偿债基金计算是年金终值计算的逆运算。年金终值计算是已知年金、年金终值系数，求解年金终值的计算。而作为年金终值计算的逆运算，偿债基金计算则是已知年金终值、年金终值系数，而求解年金的计算。这里求解的年金，被比拟为偿债基金，故称此种计算为偿债基金计算。

由于偿债基金计算是年金终值计算的逆运算，故而有计算公式如下：

$$A = F_A \times 1/\{[(1+i)^n-1]/i\} \tag{2.5}$$

式中：$1/\{[(1+i)^n-1]/i\}$——偿债基金系数。其含义为在未来的第 n 期期末时点收入或支出一个单位计量货币额。如果在增值率为 i 的背景下，按照复利的条件将其平分为 n 份，每一份是多少金额。偿债基金系数亦称为准备率。这就是假设在未来第 n 期期末时将支付一个单位计量货币债务。而在一定的复利增值率条件下，n 期每期均等地准备一个金额，这个金额应该是多大，这就是为偿债而进行的金额准备。

其余符号含义同前。

【例2-5】设某公司在未来第六年年末拟构建一条生产线。预计届时该生产线价格为120万元。为减轻该期间的财务压力，该公司将于今年起每年年末等额地准备一定数额货币，并将这一准备金额置于可以产生9%的增值率的经济环境中，以使六次准备额及相应的增值部分合计起来正好可以用于支付拟购生产线的价格。求解，这一准备额应该是多少。

依据前述公式计算如下：

$A = 1\,200\,000 \times 1/\{[(1+9\%)^6-1]/9\%\} = 159\,503.739\,9$（元）

2. 资本回收计算

资本回收计算是年金现值计算的逆运算。年金现值计算是已知年金、年金现值系数，求解年金现值的计算。而作为年金现值计算的逆运算，资本回收计算则是已知年金现值、年金现值系数，而求解年金的计算。这里求解的年金，被比拟为资本的每期回收额，故称此种计算为资本回收计算。

由于资本回收计算是年金现值计算的逆运算，故而有计算公式如下：

$$A = P_A \times 1/\{[1-(1+i)^{-n}]/i\} \tag{2.6}$$

式中：$1/\{1-[(1+i)^{-n}]/i\}$——资本回收系数。其含义为在现在时点存在一个单位计量货币额。如果在增值率为 i 的背景下，以复利增值为背景条件将其本身以及相应的增值等额平分为 n 份进行回收，则每一份回收是多少金额。资本回收系数亦称为回收率。这就是假设现在投资一个单位货币，而于未来 n 期每期末对该投资以及增值部分进行等额回收，则求解这一回收金额应该是多大。

其余符号含义同前。

【例 2-6】设某公司现有货币 20 万元，拟投入一个 AB 投资基金，时间一共是四年。该基金承诺给予这一投资以 6%的回报，回报形式是在今后的四年中，每年年末等额地支付 20 万元以及相应的增值。求解这一每年的等额回报额是多少？

依据前述公式计算如下：

$A=200\ 000\times1/\{[1-(1+6\%)^{-4}]/6\%\}=57\ 718.298$（元）

3. 普通年金时间价值计算的折现率和复利期数的推算

普通年金时间价值计算的折现率和复利期数的推算其实也是一种普通年金时间价值计算的逆运算。这种计算是在已知年金、年金终值或年金现值的条件下，求年金的时间价值系数，从而推算出时间价值系数中的折现率（i）或复利期数（n）的推算。显然，这一计算的关键内容是求解年金的时间价值系数。而决定时间价值系数的因素就是增值率（折现率）i 和复利期数 n。所以，确定了时间价值系数，就可以在已知 i 的情况下推算出 n，或者在已知 n 的情况下推算出 i。

在具体求解 i 或 n 时，涉及求解高次方程的问题，为了简化，实践中通常采用验误法（逐次测试）结合插值法进行这一推算。

【例 2-7】设有一投资项目，需于现在时点投入资本总额为 303 734 元。该项目历时四年，回报方式是在项目的四年中，每年年末将回报货币 100 000 元。求解该项目的资本报酬率。

对于该案例资料，依据前述基本原理进行分析可知，该项目是一个已知年金现值，年金和时间价值系数的复利增值期数而求解折现率的问题。因此，这是一个以资本回收计算方式求解时间价值系数进而求解折现率的问题。因此有计算如下：

首先求解该项目的时间价值系数：

该项目的时间价值系数值 $=303\ 734/100\ 000=3.037\ 34$

其次求解该项目的折现率：

$[1-(1+i)^{-4}]/i=3.037\ 34$

以验误法解之，得：

$i=12\%$

基于同样的原理，在求解复利增值的期数时，所用技术程序完全一样。

【例 2-8】设有一投资项目，现在需投入资本 399 271 元。在今后的若干期间内，每期期末给予 8%的回报，每期具体回报金额为 100 000 元。求解按此条件需要多少期间回报才能收回投资和获取 8%的投资报酬。

对于该案例资料，依据前述基本原理进行分析可知，该项目是一个已知年金现值，年金和时间价值系数的复利增值率，而求解增值次数的问题。因此，这是一个以资本回收计算方式求解时间价值系数进而求解折现期数的问题。因此有计算如下：

首先，求解该项目的时间价值系数：

该项目的时间价值系数值 $=399\ 271/100\ 000=3.992\ 71$

其次，求解该项目的折现期数：

$[1-(1+8\%)^{-n}]/8\% = 3.03734$

以验误法解之，得 $n=5$

（四）特殊年金的时间价值计算

特殊年金主要包括先付年金、递延年金和永续年金。这些年金同普通年金具有显著的共性，同时也存在明显的特殊性。依据特殊年金同普通年金的规律性关系，就可以依据普通年金的时间价值计算模式总结出特殊年金的计算模式或方法。

1. 预付年金的终值和现值计算

预付年金同普通年金的规律性联系是：预付年金不过是将普通年金的每一时段内的计量货币金额提前了一个时段。因此，在预付年金的终值和现值计算上，主要是将普通年金的时间价值系数做提前一个时段的处理，由此得到相应的预付年金时间价值折算系数，从而进行折算。

（1）预付年金的终值计算。

依据将普通年金的时间价值系数做提前一个时段即可得到相应预付年金时间价值系数的原则，将普通年金的时间价值系数做提前一个时段的具体方法如下：

①在普通年金终值系数上乘以（$1+i$）即可得到相同时段数的预付年金终值系数。

由此有：

预付年金终值系数 $=\{[(1+i)^n-1]/i\}\times(1+i)$

【例 2-9】设自现在起的五年中，每年年初投资 8 万元到 AB 投资基金中，该基金承诺对该项投资给予 8%的报酬。求解，第五年年末应该获得回报额是多少？

依据上述公式计算如下：

预付 $F_A=\{[(1+8\%)^5-1]/8\%\}\times(1+8\%)\times 80\,000=506\,874.3229$（元）

②将 $n+1$ 时段数的普通年金终值系数上扣除 1，即得到 n 时段数预付年金终值系数。这一方法也简称为：年数加一，系数减一。

由此有：

n 时段数预付年金终值系数 $=\{[(1+i)^{n+1}-1]/i\}-1$

仍以【例 2-9】为例来加以说明：

预付 $F_A=(\{[(1+8\%)^6-1]/8\%\}-1)\times 80\,000=506\,874.3229$（元）

（2）预付年金的现值计算。

同预付年金的终值计算的原理一样，预付年金的现值计算也以下述两种方法而得以实现：

①在普通年金现值系数上乘以（$1+i$）即可得到相同时段数的预付年金现值系数。

由此有：

预付年金现值系数 $=\{[1-(1+i)^{-n}]/i\}\times(1+i)$

【例 2-10】设自现在起的五年中，每年年初投资 8 万元到购买 WM 企业发展基金，该基金承诺对该项投资给予 8%的回报。试评价该项投资的现在价值。

依据上述公式计算如下：

预付 $P_A=\{[1-(1+8\%)^{-5}]/8\%\}\times(1+8\%)\times 80\,000=344\,970.1472$

②将 $n-1$ 时段数的普通年金终值系数上加上 1，即得到 n 时段数预付年金现值系

数。这一方法也简称为：年数减一，系数加一。

由此有：

n 时段数预付年金现值系数 $=\{[1-(1+i)^{-(n-1)}]/i\}+1$

仍以【例 2-10】为例来加以说明：

预付 $P_A=\{[1-(1+8\%)^{-4}]/8\%\}+1\times 80\ 000=344\ 970.147\ 2$

2. 递延年金的时间价值计算

递延年金的特征决定了递延年金终值计算与普通年金终值计算无异，故而递延年金的时间价值计算只有现值计算的讨论。依据递延年金的特征，其现值计算可以由如下两种方式得以实现：

（1）由于递延年金的特征就是整个过程的前 m 个时段的计量货币金额缺损，所以，递延年金的现值计算就是将缺损的计量货币金额补上后使其变化为标准形式的普通年金，计算出这一普通年金的现值后，再从中扣除补上部分的现值即成递延年金的现值。

由此有计算公式如下：

$$递延\ P_A=\{[1-(1+i)^{-n}]/i\}-\{[1-(1+i)^{-m}]/i\}\times A \quad (2.7)$$

式中的 m 是指在包含有 n 个时段的过程中，前面缺损计量货币金额的时段数。

【例 2-11】设有一投资机会，在现在时点投资以后，将于第四年年末至第七年年末每年年末给予投资者 50 000 元的等额回报。请在资本市场资本报酬率为 8%的背景条件下，评价该项投资的现在价值。

依据上述公式计算如下：

递延 $P_A=\{[1-(1+8\%)^{-7}]/8\%\}-\{[1-(1+8\%)^{-3}]/8\%\}\times 50\ 000$

$=131\ 463.653\ 5$（元）

（2）由于递延年金是普通年金的计量货币金额依次往后推移 m 个时段，因此将初始时点往后推移至 m 个时段，使递延年金变成标准的普通年金，计算这一普通年金的现值，再将这一年金现值按照一次性计量货币金额折算至初始时点即得递延年金的现值。

递延 $P_A=\{[1-(1+i)^{-(n-m)}]/i\}\times 1/(1+i)^m$

仍以【例 2-11】为例来加以说明：

递延 $P_A=\{[1-(1+8\%)^{-(7-3)}]/8\%\}\times 1/(1+8\%)^3\times 50\ 000$

$=131\ 463.653\ 5$（元）

3. 永续年金时间价值计算

永续年金的最大特点是其时间价值变化过程所包含的时段数和相应的计量货币金额次数是无穷大的。这一特点表明，作为年金，无论在进行终值还是现值计算时，其复利增值或折现的次数 n 趋于无穷大。

在终值计算时，年金终值系数的 $n\longrightarrow\infty$，则年金终值系数$\longrightarrow\infty$，年金终值也就是无穷大。

在现值计算时，年金现值系数的 $n\longrightarrow\infty$，则年金现值系数$\longrightarrow 1/i$，年金现值就等于 $A\times 1/i$。

第三节　风险与收益

导入案例：

A公司最近三年的利润指标分别为90万元、100万元、95万元。公司总经理因此认为，公司来年的利润应该在95万元左右，并基于此而确定来年的经营目标。请分析，该公司总经理的目标制定得是否合理。

一、风险的概念

通常，把可以用概率来描述其可能性大小的不确定性称为风险。

风险是一种不确定性。所谓不确定性，是指事物的一种状态或属性。这一属性包括在未来，将有几种可能的结果、每种结果的出现可能性有多大。如果我们能够估计一个不确定事物在未来有几种可能的结果、每一种可能结果的可能性大小，那么，这里的不确定性，就是风险。显然，风险的核心是可能性。因而，在很多时候，我们也把一个事物在未来出现某种结果的可能性大小——目标的实现的可能性大小，称为风险。

风险是客观存在的。但是否去冒风险或冒多大风险，则是决策者是可以自己选择的，因而是主观的。风险是由于缺乏信息和决策者不能控制未来事物的发展过程而引起的。但是主要表现为时间长短对信息的可控性的影响。风险的大小会随着时间的推移而变化。因为随着时间的推移，事件结果的不确定性也在缩小，当事件结束时，结果肯定了，风险也就没有了。

风险可能会给投资者带来超出预期的损失，也可能会给投资者带来超出预期的收益。然而，风险的关键并不是这些结果，而是本身的不确定性。不确定性使得人们为了实现预定目标，需要付出额外的代价。这种代价实质上就是风险管理成本。由于不确定性本身总是要导致人们付出额外代价，因此，人们对风险总是排斥的。

风险可以进行如下分类：

从个别投资主体的角度看，风险分为市场风险和公司特有风险两大类。

（一）市场风险

市场风险是指那些对所有的公司产生影响的因素引起的风险，又称为系统风险或不可分散风险，如经济周期波动、利率变化等。市场风险是与市场的整体相关联的，这类风险来源于宏观因素变化对市场整体的影响，因而亦称为宏观风险。

（二）公司特有风险

公司特有风险是指发生于个别公司的特有事件造成的风险，又称为非系统风险或可分散风险。这类事件只与个别企业即个别投资对象有关，其发生对于各企业来讲基本上是随机的，因而可以通过多角化投资来分散，即发生于一家公司的不利事件可以被其他公司的有利事件所抵消。由于这类风险来自企业内部的微观因素，因而亦称为微观风险。公司风险具体包括：

（1）经营风险。经营风险是指因生产经营方面的原因给企业盈利带来不确定性。影响企业经营方面的原因有来源于企业内部和外部的众多因素，具有很大的不确定性。所有生产经营方面的不确定性，都会引起企业的经营目标及其目标实现水平的高低变化。也就是说，经营风险使企业的经营目标实现变得不确定。

（2）财务风险。财务风险是指由于举债而给企业经营成果带来的不确定性。这是筹资决策给企业带来的风险，也叫筹资风险。它是指企业财务结构不合理所形成的风险。

企业取得的全部资本由两部分构成，即债务资本和权益资本。负债会对企业自有资金的盈利能力造成影响；同时，借入资金需还本付息，一旦无力偿付到期债务，企业便会陷入财务困境甚至破产。因此，企业一旦举债，就存在不能还本付息的可能性，也就具有了财务风险。

二、风险的计量

作为其可能性可以计量的不确定性，当对其可能性大小进行描述时，就形成风险的计量。而描述可能性大小的基本工具，就是概率（百分数）。

（一）确定概率分布

随机事件有若干种可能结果，其每一种结果都有一定的出现可能。概率是度量随机事件各种可能结果的发生可能性的大小的数值。一般用 X 表示随机事件的各种可能结果。X_i 表示随机事件的第 i 种结果，P_i 表示第 i 种结果出现的概率。通常，把必然出现结果的概率定为 1，把不可能出现结果的概率定为 0，即若 X_i 出现，则 $P_i=1$；若 X_i 不出现，则 $P_i=0$。一般随机事件的概率在 0 和 1 之间，即 $0 \leqslant P_i \leqslant 1$，$P_i$ 越大，表示该事件发生的可能性越大；反之，P_i 越小，表示该事件发生的可能性越小。所有可能的结果出现的概率之和一定为 1。因此，概率分布必须符合以下两个要求：

（1）$0 \leqslant P_i \leqslant 1$；

（2）$\sum_{i=1}^{n} = 1$。

【例 2-12】某企业有 A、B 两个投资项目，两个投资项目的收益率及其概率分布情况详见表 2-1。

表 2-1　A 项目及 B 项目投资收益率的概率分布

项目实施情况	该种情况发生的概率	投资收益率	
		A 项目（%）	B 项目（%）
好	0.3	90	20
一般	0.4	-60	10
差	0.3	15	15
合计	1.0		

从表 2-1 中可以看出，项目实施情况好的概率为 30%，此时投资两个项目都将获得很高的收益率。项目实施情况一般的概率为 40%，此时投资两个项目的收益都适中。而项目实施情况差的概率为 30%，此时投资两个项目都将获得低收益，投资 A 项目甚

至会遭受损失。

（二）计算期望值

随机变量的各个取值，以相应的概率为权数的加权平均数，叫作随机变量的期望值。它是反映随机变量集中趋势的一种量度。其计算公式为：

$$\hat{r} = \sum_{i=1}^{n} P_i r_i \tag{2.8}$$

式中：$\hat{r}$——期望值；

r_i——第 i 种可能结果的取值；

P_i——第 i 种可能结果的出现概率；

n——可能结果的个数。

期望值的本质是平均数，反映在各种不确定因素的影响下随机变量的最一般水平，因而代表着投资者的合理预期。

【例 2-13】承【例 2-12】。

A 项目的期望收益率的计算过程如下：

$\hat{r} = P_1r_1+P_2r_2+P_3r_3$

$=0.3×90\%+0.4×15\%+0.3×（-60\%）$

$=15\%$

B 项目的期望收益率的计算过程如下：

$\hat{r} = P_1r_1+P_2r_2+P_3r_3$

$=0.3×20\%+0.4\%×25\%+0.3×10\%$

$=15\%$

两个项目的期望收益率相等，都为 15%。但 A 项目各种可能收益率的变动范围在 60%～90%，比较分散。B 项目各种可能收益率的变动范围在 10%～20%，比较集中。这说明两个项目的收益率虽然相同，但风险不同。

本例仅假设可能出现三种情况：项目实施情况好、一般、差。实际上，项目实施情况可以分布在好与差之间，有无数种可能。如果找出每种可能的实施水平对应的概率（概率之和为 1），并找到每种实施水平下的项目收益率。如前例一样，能够得到一条描绘概率与结果近似关系的连续曲线，如图 2-7 所示。

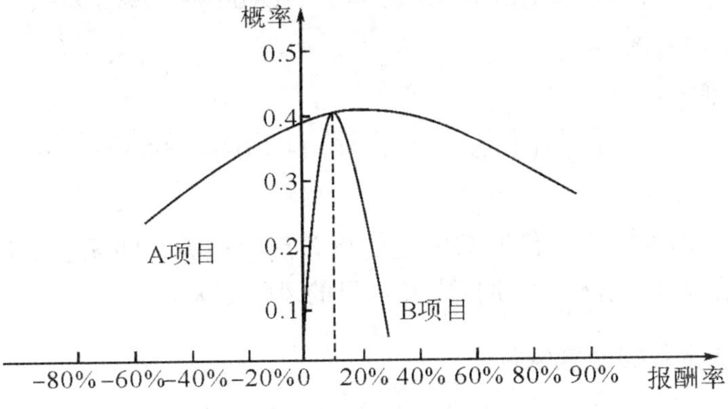

图 2-7　A 项目及 B 项目收益率的连续概率分布图

上述概率分布图越尖，表示概率分布越集中，实际结果接近期望值的可能性越大，其背离期望收益的可能性则越小。由此，概率分布越集中，项目对应的风险越小。比起A项目，B项目的投资收益的概率分布更为集中，因此其实际收益率将更接近15%的期望收益率。

（三）计算标准离差

概率分布的概念能够衡量风险，即预期未来收益的概率分布越集中，则该投资的风险越小。为定量地衡量风险大小，还要使用统计学中衡量概率分布离散程度的指标。离散程度是用以衡量风险大小的统计指标。一般说来，离散程度越高，风险越大；离散程度越低，风险越小。标准差的计算过程如下：

（1）计算期望收益率。其计算公式为：

$$期望收益率 = \hat{r} = \sum_{i=1}^{n} P_i r_i \tag{2.9}$$

（2）计算离差。每个可能的收益率（r_i）减去期望收益率（$\hat{r}$）得到一组相对于$\hat{r}$的离差。其计算公式为：

$$离差 = d_i = r_i - \hat{r} \tag{2.10}$$

（3）计算方差。求各离差平方，并将结果与该结果对应的发生概率相乘，然后将这些乘积相加，得到概率分布的方差。其计算公式为：

$$方差 = \sigma^2 = \sum_{i=1}^{n} (r_i - \hat{r})^2 P_i \tag{2.11}$$

（4）计算标准离差。求出方差的平方根，即得到标准离差。其计算公式为：

$$标准离差 = \sigma = \sqrt{\sum_{i=1}^{n} (r_i - \hat{r})^2 P_i} \tag{2.12}$$

标准离差反映了各种可能的收益率偏离期望收益率的平均程度。标准离差越小，说明各种可能的收益率分布得越集中，各种可能的收益率与期望收益率平均差别程度就小，获得期望收益率的可能性就越大，风险就越小；反之，获得期望收益率的可能性就越小，风险就越大。

【例2-14】承【例2-12】，计算A、B两项目的标准离差。

A项目的标准离差为：

$$\sigma = \sqrt{(90\%-15\%)^2 \times 0.3 + (15\%-15\%)^2 \times 0.4 + (-60\%-15\%)^2 \times 0.3}$$

$$= \sqrt{33.75} = 58.09\%$$

B项目的标准离差为：

$$\sigma = \sqrt{(20\%-15\%)^2 \times 0.3 + (15\%-15\%)^2 \times 0.4 + (10\%-15\%)^2 \times 0.3}$$

$$= \sqrt{0.15} = 3.87\%$$

A项目的标准离差更大，说明其收益的离差程度更高，即无法实现期望收益的可能性更大。由此，可以判断，A项目比B项目的风险更大。

（四）利用历史数据度量风险

前面描述了利用已知概率分布的数据计算均值与标准差的过程，但在实际决策中，更普遍的情况是已知过去一段时期内的收益数据，即历史数据。此时收益率的标准差可以利用如下公式估算：

$$估计\sigma = \sqrt{\frac{\sum_{t=1}^{n}(r_t - \bar{r})^2}{n-1}} \tag{2.13}$$

式中：r_t——第 t 期所实现的收益率；

$\bar{r}$——过去 n 年内获得的平均年度收益率。

【例 2-15】甲项目过去三年的收益状况如表 2-2 所示。试估计该项目的风险。

表 2-2　甲项目过去三年的收益状况　　单位：%

年度	r_t
2008	20
2009	-10
2010	35

$$\bar{r} = \frac{20\%-10\%+35\%}{3} = 15\%$$

$$\sigma = \sqrt{\frac{(20\%-15\%)^2+(-10\%-15\%)^2+(35\%-15\%)^2}{3-1}} = 22.91\%$$

历史的 σ 通常用作未来 σ 的一种估计，由此，我们可以通过历史收益数据来估计投资风险。

（五）计算标准离差率

标准离差是反映随机变量离散程度的一个指标，但它是一个绝对值，而不是一个相对量，只能用来比较期望收益率相同的项目的风险程度，无法比较期望收益率不同的投资项目的风险程度。如果两个项目期望收益率相同，标准差不同，理性的投资者会选择标准差较小的，即风险较小的那个。类似地，如果两项目具有相同风险（标准差），但期望收益率不同，投资者通常会选择期望收益率较高的项目。因为投资者都希望冒尽可能低的风险，而获得尽可能高的收益。但是，如果有两项投资，一项期望收益率较高而另一项标准差较低，投资者该如何抉择呢？这需要引入另一个风险度量指标——标准离差率。标准离差率是标准离差同期望收益率的比值，也称为变异系数，要对比期望收益率不同的各个项目的风险程度就采用标准离差率。其计算公式为：

$$V = \frac{\sigma}{\hat{r}} \tag{2.14}$$

式中：V——标准离差率；

σ——标准离差；

$\hat{r}$——期望收益率。

承【例 2-12】，A 项目的标准离差率为：

$$V = \frac{58.09\%}{15\%} \times 100\% = 387.27\%$$

B 项目的标准离差率为：

$$V=\frac{3.87\%}{15\%}\times100\%=25.80\%$$

当然，在【例 2-12】中，两个公司的期望收益率相等，可以直接根据标准离差来比较风险程度。但如果期望收益率不等，则必须计算标准离差率才能对比风险程度。例如，假设【例 2-12】中 A 项目和 B 项目预期收益率的标准离差仍为 58.09% 和 3.78%，但 A 项目的期望收益率为 40%、B 项目的期望收益率为 10%。那么，究竟哪种股票的风险更大呢？这时就不能用标准离差作为判别标准，而要使用标准离差率。

A 项目的标准离差率为：

$$V=\frac{58.09\%}{40\%}\times100\%=145.23\%$$

B 项目的标准离差率为：

$$V=\frac{3.78\%}{10\%}\times100\%=37.80\%$$

这说明在上述假设条件下，A 项目的风险要大于 B 项目的风险。

三、风险和收益的关系

从理论上说，企业在纯粹的无风险环境中进行经营活动，也是能够获得收益的。在纯粹无风险的环境中获得收益，就是无风险收益。而在现实的经济环境中，企业总是要在一定的风险条件下进行经营活动。这时企业不仅要求获得无风险收益，还要求获得因为冒了风险而应该得到的收益。这是因为，风险作为不确定的性质状态，既可能带来收益也可能带来损失。而风险的收益不过是对风险的损失的一种补偿。投资者冒着风险投资是为了获得更多的收益，风险越大要求的收益率越高。收益是风险的补偿，风险是收益的代价。

在风险的背景下考察投资者在现实的投资活动中获得的全部收益，则全部收益总是包括纯粹投资收益（无风险收益）和风险收益两个部分。

无风险收益是指无须冒风险就可以获得的收益。因此，无风险收益的特征是，当将无风险收益置于以风险为自变量的背景中时，无风险收益是一个常数。也就是说，无风险收益并不随着风险的变化而变化。

风险收益则是因为冒了风险才获得的收益。所以，在风险和风险收益之间存在密切的对应关系。在投资收益率相同的情况下，人们都会选择风险小的投资，结果是选择竞争使其风险增加。在风险相同的情况下，人们会选择投资收益率高的投资，结果是选择竞争使得收益率下降。最终，高风险的项目必须有高收益，低收益的项目必须风险很低。这种竞争最终使得投资者总是严格按照每冒一个单位的风险，就总是要求获得相应收益来进行投资。这就使得风险收益表现出与风险这一自变量呈现正比例变化关系的特征。

把握风险收益性质的关键指标是单位风险收益（率）。单位风险收益（率）是指投资者每冒一个单位风险，而应该获得的收益（率）。风险收益与风险之间的函数关系表达如下：

$$Q = CV \quad (2.15)$$

式中：Q——风险收益；

C——单位风险收益；

V——标准离差率。

从而，总收益与风险之间的函数关系则为：

$$T = CV + A \quad (2.16)$$

式中：T——总收益；

A——无风险收益；

C、V 的含义同上。

上述各式中的收益指标均是绝对值。若对上述各式中的收益指标以投资额除之，则上述各式中的收益指标转换为相对数指标，从而有：①风险收益系数。风险收益系数是指每冒一个单位风险而应该获得的收益率 。②风险收益率。风险收益率是指所冒风险应该获得的总风险收益率。

此时，风险指标与风险收益率之间的函数关系可以表达为：

$$R_P = bV \quad (2.17)$$

式中：R_P——风险收益率；

b——风险收益系数；

V——标准离差率。

而投资的总收益率可以表示为：

$$R = R_F + R_P \quad (2.18)$$

式中：R——投资的收益率；

R_F——无风险收益率；

R_P——风险收益率。

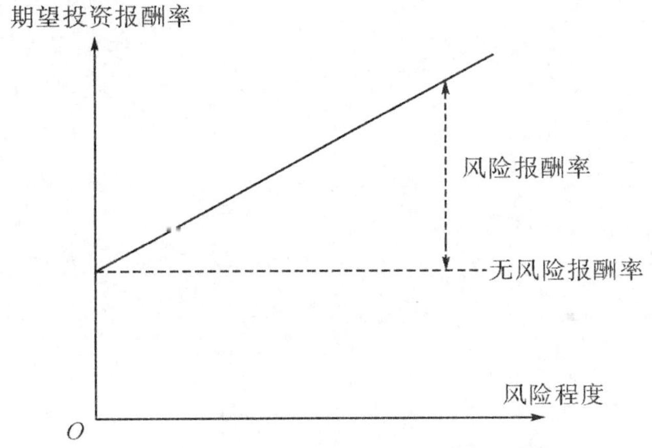

图 2-8　期望投资收益率

【例 2-16】假设风险收益系数为 10%，则【例 2-12】中两个项目的风险收益率分别为：

A 项目：

$R_P = bV = 10\% \times 387.27\% = 38.73\%$

B 项目：

$R_P = bV = 10\% \times 25.8\% = 2.58\%$

如果无风险收益率为 6%，则两个项目的投资收益率应分别为：

A 项目：

$R = R_F + R_P = 6\% + 38.73\% = 44.73\%$

B 项目：

$R = R_F + R_P = 6\% + 2.58\% = 8.58\%$

第三章　企业筹资方式

■导入话语

张先生拟发起设立一家制造公司，经营规模确定为2亿元人民币。接下来张先生主要考虑的问题如下：

首先，邀请哪些个人、社会团体或公司来为所拟设立的公司投入这一笔所需资本。

其次，这些愿意为初设公司出资的个人、社会团体和公司，应该以何种合法的方式具体投资。

同时，张先生及其团队还应该考虑，不同的出资人希望或愿意以何种方式出资，投资者预期的投资收益水平是多高。

而这些对于这家初设公司意味着什么呢？

第一节　筹资概述

导入案例：

王先生发起设立了A公司，投资规模设计为8 000万元人民币。现在，以王先生为组长的A公司设立工作小组面临的主要问题是：从何处获取这些资金；在从别人处获取资金时，他们将形成怎样的关系？

经过一段时间的工作，上述问题有了如下答案：

王先生及其公司设立小组的成员，可以投入3 000万元人民币。另外，他们还必须向其他的社会公众筹集4 000万元人民币；还将向银行申请贷款1 000万元人民币。

这是A公司设立小组的工作方案。请问，这一方案是否可行？有瑕疵吗？

一、企业筹资的含义与分类

（一）企业筹资的含义

企业筹资是指企业根据其经营活动规模之所需，商品化地获取所需资本使用权（使用价值）的活动。

现代企业的财务活动，筹集资本在于为经营活动之所用。所以，使用是筹资的逻辑动因。因而，资本的使用价值——使用权就是现代财务活动的关键。

（二）企业筹资的分类

企业筹集的资金可按多种不同的标准进行分类。

1. 按企业所取得资金的权益特性不同，我们可将企业筹资分为权益性筹资和负债性筹资

权益性筹资也可称为自有资金，是指企业通过发行股票、吸收直接投资、内部累积等方式筹集资金。在这一筹资形式下所形成的投资者与企业之间的经济关系，性质上属于主权关系。企业采用权益性筹资的方式筹集资金，一般不用还本，财务风险小，但付出的资金成本相对较高。

负债性筹资也可称为借入资金，是指企业通过发行债券、向银行借款、融资租赁等方式筹集资金。在这一筹资形式下所形成的投资者与企业之间的经济关系，性质上属于债权债务关系。企业采用负债性筹资的方式筹集资金，到期要归还本金和支付利息，一般需承担较大风险，但相对而言，付出的资金成本较低。

2. 按所筹资金使用期限长短，我们可将企业筹资分为短期资金筹集与长期资金筹集

短期资金是指使用期限在一年以内或超过一年的一个营业周期以内的资金。短期资金通常采用商业信用、短期银行借款、短期融资券、应收账款转让等方式来筹集。

长期资金是指使用期限在一年以上的资金。长期资金通常采用吸收直接投资、发行股票、发行债券、长期借款、融资租赁和利用留存收益等方式来筹集。

这一筹资的分类，同样在于揭示不同形式所筹集的资本，具有不同的风险和代价。可以长期使用的资本，风险较小，但代价较高。而只能短期使用的资本，代价较低但风险则相对较大。

3. 按筹资是否涉及企业之外的市场主体，我们可将企业筹资分为内部筹资和外部筹资

内部筹资是指企业将自身经营活动所赚取的净利润的一部分转化为资本，并自然地进入企业的经营活动中，从而导致企业的资本增加。这一筹资仅仅只涉及企业自身，而与其他市场主体无关。

而外部筹资则是指一个市场主体从另一个市场主体手中获取资本使用权的筹资。这一筹资一定涉及两个市场主体。

这一分类仍然在揭示不同形式的筹资，具有不同的风险和代价。外部筹资既要支付因为使用了资本应该支付的代价，还要支付筹资环节上因为处理两个主体之间的经

济关系而必须支付的代价。内部筹资仅仅只是支付使用性代价而无须支付在筹资环节上需要支付的代价。

二、筹资渠道与方式

企业筹集资金需要一定的渠道，采用一定的方式，并将两者合理地配合起来。

（一）筹资渠道

筹资渠道是指筹措资金来源的方向与通道，体现资金的来源与流量。这一问题的实质是：哪些社会主体可以成为企业的资本供应者。目前我国企业筹资渠道主要包括：银行信贷资金、非银行金融机构资金、其他企业资金、居民个人资金、国家财政资金和企业自留资金。

1. 银行信贷资金

银行对企业的各种贷款是我国各类企业最主要的资金来源。银行一般分为商业银行和政策性银行。商业银行为各类企业提供商业贷款，政策性银行主要为特定企业发放政策性贷款。银行信贷资金有居民储蓄、单位存款等经常性的资金来源，贷款方式多种多样，可以适应各类企业的多种资金需要。

2. 非银行金融机构资金

非银行金融机构主要有信托投资公司、租赁公司、保险公司、证券公司、财务公司等。它们所提供的各种金融服务，既包括信贷资金投放，也包括物资的融通，还包括为企业承销证券等金融服务。

3. 其他企业资金

其他企业资金也可以为企业提供一定的资金来源。企业在生产过程中往往形成部分暂时闲置的资金，并为一定的目的而相互投资，这都为投资企业提供了资金来源。

4. 居民个人资金

企业职工和居民个人的节余货币可以对企业进行投资，形成民间资金为企业所利用。

5. 国家财政资金

国家对企业的投资主要是对国有企业。现有的国有企业的资金来源中，其资产部分大多是由国家财政以直接拨款方式形成的。国家财政资金具有广阔的源泉和稳固的基础，是国有企业筹集资金的重要渠道。

6. 企业自留资金

企业自留资金也称企业内部留存收益，是指企业内部形成的资金，主要包括提取公积金和未分配利润等。这些资金的主要特征是：它们都是直接由企业内部自动生成或转移的。

（二）筹资方式

筹资方式是指企业筹集资金所采用的具体形式。这一问题实质上是强调企业应该以何种合法的形式来获取所需资金。就大类而言，筹资方式首先划分为权益筹资方式和债务筹资方式。

权益筹资方式包括：①吸收直接投资；②发行股票；③利用留存收益。

债务筹资方式包括：①银行借款；②利用商业信用；③发行公司债券；④融资租赁。

（三）筹资渠道与筹资方式的对应关系

筹资渠道解决的是资金来源问题，筹资方式则解决通过何种方式取得资金的问题，它们之间存在一定的对应关系。一定的筹资方式可能只适用于某一特定的筹资渠道（如向银行借款），但是同一渠道的资金往往可以通过不同的方式取得，同一筹资方式又往往适用于不同的筹资渠道。因此，企业在筹资时，应实现两者的合理配合。

三、企业筹资的意义

新建一个企业，需要投入与新建企业之规模相适应的资源量；同时一个已经建立并处于营运过程中的企业，由于市场的波动和其他一些临时性的原因，其资金需要量处于波动变化状态。显然，所有企业都面临资金筹集问题。因此，资金筹集既是企业生产经营活动的前提，又是企业再生产顺利进行的保证，同时还是对外投资的基础和前提。没有资金的筹集，就无法进行资金的投放使用。就此意义而言，筹资的数量与质量直接影响和决定企业经营与财务目标的实现，进而也影响到企业对财务关系的处理。因此，筹资在财务管理中处于极其重要的地位。

企业资金可以从多种渠道采用多种方式筹集。不同来源的资金，其使用时间的长短、附加条款的限制、财务风险的大小、资金代价的高低都不一样。企业在筹集资金时，要充分考虑各种筹资方式给企业带来的资金成本的高低和财务风险的大小，以便选择最佳筹资方式，实现财务管理的总体目标。

第二节　企业资金需要量预测

导入案例：

李先生拥有一个总投入资金规模为 1 000 万元人民币的公司。在经过 8 年的平稳运行后，出现了一个问题困扰着李先生——由于李先生购买了一项新技术，从而使得其产品将在自下一年起的未来，扩大市场份额约 5%。这就意味着李先生必须增加资本投入量。那么，李先生应该增加投入多少资本呢？

一、定性预测法

定性预测法是指利用直观的资料，依靠个人的经验和主观分析、判断能力对未来资金需要量做出预测的方法。这种方法一般是在企业缺乏完整、详细的历史资料的情况下使用的。该方法具有实用性，但是它不能揭示资金需要量与相关因素之间的数量关系。

二、定量预测法

使用定量预测法能揭示资金需要量与相关因素之间的数量关系。定量预测法包括比率预测法和资本习性预测法。

（一）比率预测法

企业要对外提供产品和服务，必须要有一定的资产。销售增加时，要相应增加流动资产，甚至还需要增加固定资产。为取得扩大销售所需增加的资产，企业就要筹措资金。这些资金一部分来自保留盈余，另一部分通过外部融资取得。通常，销售增长率较高时保留盈余不能满足资金需要，即使获利良好的企业也需外部融资。对外融资，需要寻找提供资金的人，向他们做出还本付息的承诺或提供盈利前景，并使之相信其投资是安全的并且可以获利，这个过程往往需要较长时间。因此，企业需要预先知道自己的财务需求，提前安排融资计划，否则就可能发生资金周转问题。

合理的预测有助于改善投资决策。根据销售前景估计出的融资需要不一定总能满足资金需求，因此，就需要根据可能筹措到的资金来安排销售增长以及有关的投资项目，使投资决策建立在可行的基础上。

比率预测法是根据有关财务比率与资金需要量之间的关系预测资金需要量的方法，如存货周转率、应收账款周转率等。常用的比率预测法是销售额比率法。

销售额比率法是指以企业某些资产、负债与销售额的比率为基础，预测未来资金需要量的方法。运用销售额比率法预测资金需求时，是以下列假设为前提的：①企业的部分资产和负债与销售额（量）的比率已知且保持不变；②企业各项资产、负债与所有者权益结构已达到最优。

销售额比率法的基本公式如下：

$$资金总需求 = 增加的资产 - 增加的负债 \tag{3.1}$$

$$外借资金需要量 = 增加的资产 - 增加的负债 - 留存收益增加 \tag{3.2}$$

$$增加的资产 = 增量收入 \times 基期变动资产占基期销售额的百分比 \tag{3.3}$$

$$增加的负债 = 增量收入 \times 基期变动负债占基期销售额的百分比 \tag{3.4}$$

$$留存收益增加 = 预计销售收入 \times 销售净利率 \times 留存收益率 \tag{3.5}$$

其中，根据企业已知的预测期的销售量与本期（基期）的销售量比较，计算出增量销售收入，再由已知的企业预期（随销售量变化的）资产和负债与销售额（量）的比例与增量销售收入相乘得出资产的增量、负债的增量。留存收益是企业的销售利润扣除应缴的所得税后的销售净利润再扣除分配给投资者的收益后留存在企业的部分。

【例 3-1】某公司 2019 年 12 月 31 日的资产负债表以及有关项目与销售额之间的变动关系如表 3-1 所示。

表 3-1　资产负债表（简表）

2019 年 12 月 31 日　　　　单位：万元

资产	期末数	负债及使用者权益	期末数
库存现金	10 000	应付票据	10 000

表3-1(续)

资产	期末数	负债及使用者权益	期末数
应收账款	10 000	应付账款	20 000
存货	30 000	短期借款	30 000
固定资产	50 000	公司债券	10 000
		实收资本	20 000
		留存收益	10 000
资产总计	100 000	负债及所有者权益总计	100 000

假定该公司2019年的销售收入为100 000万元，销售净利率为10%，留存收益率为30%。经预测，2020年公司销售收入将提高到120 000万元，企业销售净利率和利润分配政策不变。

经过分析，该企业流动资产各项目随销售额的变动而变动，流动负债中应付票据和应付账款随销售额的变动而变动。

分析：

（1）计算资产和负债占基期销售额的比率。

（2）确定需要增加的资金数额。

从表3-2中可以看出，现金、应收账款占销售收入的比例是10%，存货占销售收入的比例是30%，固定资产不随销售比例变动。应收票据占销售收入的比例是10%，应付账款占销售收入的比例是20%，其余负债、所有者权益不随销售额变动而变动。

表3-2　销售额比率表

资产	占销售收入（%）	负债及所有者权益	占销售收入（%）
库存现金	10	应收票据	10
应收账款	10	应付账款	20
存货	30	短期借款	不变动
固定资产	不变动	公司债券	不变动
		实收资本	不变动
		留存收益	不变动
合计	50	合计	30

销售收入每增加100元，必须增加50元的资金占用，但同时增加30元的资金来源。从50%的资金需求中减去30%自动产生的资金来源，还剩下20%的资金需求。销售收入从100 000万元增加到120 000万元，增加了20 000万元，按照20%的比率可预测将增加4 000万元的资金需求。

资金总需求=20 000×50%-20 000×30%=4 000（万元）

（3）根据有关财务指标的约束条件，确定对外筹资数额。

上述4 000万元的资金需求有些可以通过企业内部来筹集。依题意，该公司2019年净利润为12 000万元（120 000×10%），留存收益率为30%，则将有30%的利润即3 600万元被留存下来，从4 000万元中减去3 600万元的留存收益，则还有400万元的资金必须向外界来融通。

根据上述资料，可求得2019年该公司的对外筹资数额：

50%×20 000−30% × 20 000−10% × 30% × 120 000 = 400（万元）

（二）资本习性预测法

资本习性是指资本的变动与产销量（业务量）的变动之间的依存关系。按照资本习性可将资本分为不变资本、变动资本和半变动资本（如表3−3所示）。

表3−3 资本习性

	特 征	形 态
不变资本	在一定的产销量范围内，不受产销量变动的影响而保持固定不变的那部分资本	①为维持营业而占用的最低数额的现金；②原材料的保险储备；③必要的成品储备；④固定资产占用的资本
变动资本	随产销量的变动而呈同比例变动的那部分资本	①直接构成产品实体的原材料、外购件等占用的资本；②在最低储备以外的库存现金、存货、应收账款
半变动资本	受产销量变动的影响，但不呈同比例变动的资本	一些辅助材料占用的资本

不变资本：用 a 表示。如果用 y 表示资本占用，则不变资本可用 $y=a$ 表示。

变动资本：变动资本总额随着产销量（业务量）的变动呈同向变动。如果用 b 表示单位变动资本，x 表示产销量，则变动资本可用 $y=bx$ 表示。

半变动资本：半变动资本可以采用一定的方法划分为不变资本和变动资本。

总资本习性模型：$y=a+bx$ （3.6）

式中：y——资本占用量；

a——不变资本；

b——单位变动资本；

x——产销量。

通过资本习性模型我们可以看出，只要已知 a、b，根据预测期的产销量 x，即可得出资本占用量。根据确定 a、b 的方法不同，资本习性预测法又分为回归直线法和高低点法。本节主要讲解回归直线法。

回归直线法是假定资本需要量与产销量（业务量）之间存在线性关系并建立数学模型，根据历史资料，运用最小平方法计算不变资本和单位销售额变动资本的一种资本习性分析方法。

其模型为：$y=a+bx$

$$\begin{cases} a = \dfrac{\sum x_i^{\ 2} \sum y_i - \sum x_i \sum x_i y_i}{n \sum x_i^{\ 2} - (\sum x_i)^2} \\ b = \dfrac{n \sum x_i y_i - \sum x_i \sum y_i}{n \sum x_i^{\ 2} - (\sum x_i)^2} \text{ 或 } b = \dfrac{\sum y_i - na}{\sum x_i} \end{cases} \quad (3.7)$$

式中：y_i——第 i 期的资本占用量；

x_i——第 i 期的产销量。

此公式的缺点是计算比较烦琐。

若有 n 期的产销量与资本占用量的资料，对公式 $y=a+bx$ 两边累计求和得：

$$\sum y = na + b\sum x \tag{3.8}$$

将 $y=a+bx$ 左右两边同乘以 x，再按上述方法求和得：

$$\sum xy = a\sum x + b\sum x^2 \tag{3.9}$$

将 $\begin{cases}\sum y = na + b\sum x \\ \sum xy = a\sum x + b\sum x^2\end{cases}$ 联立求解可得出 a、b，即可预测各种产销量下的筹资需要量。

【例 3-2】A 公司 2015—2019 年的产销量和资本需要量如表 3-4 所示。若预测 2020 年的预计产销量为 6 万单位，试建立资本的回归直线方程，并预测 2020 年的资本需要量。

表 3-4　某企业产销量与资本需要量表

年度	产销量（x）（万单位）	资本需要量（y）（万元）
2015	2. 5	50
2016	3	47. 5
2017	4	55
2018	4. 5	60
2019	5. 5	75
合计	$\sum x = 19.5$	$\sum y = 287.5$

【答案】

表 3-5　回归直线方程数据计算表

年度	产销量（x）（万单位）	资本需要量（y）（万元）	xy	y^2
2015	2. 5	50	125	6. 25
2016	3	47. 5	142. 5	9
2017	4	55	220	16
2018	4. 5	60	270	20. 25
2019	5. 5	75	412. 5	30. 25
合计	$\sum x = 19.5$	$\sum y = 287.5$	$\sum xy = 1\ 170$	$\sum x^2 = 81.75$

代入联立方程组：

$$\begin{cases}\sum y = na + b\sum x \\ \sum xy = a\sum x + b\sum x^2\end{cases}$$

得：$\begin{cases}287.5 = 5a+19.5b \\ 1\ 170 = 19.5a+81.75b\end{cases}$

解方程得：$a \approx 24.12$（万元）；$b \approx 8.56$（万元/单位）

所以：$y = 24.12+8.56x$

2020 年的资本需要量 $= 24.12+8.56\times6 = 75.48$（万元）

第三节　权益资本的筹集

导入案例

李先生的问题还在不断地出现。他在成功地确定了企业下一期所需增加投入的资本量后，财务经理就立即提醒他，增投资本的来源问题需要同时解决。

财务经理具体建议，这一增投资本虽然既可以以借债的方式解决，也可以以吸收投资者入股的方式来解决，但是财务经理给出的意见是偏向后者。李先生现在关注的问题是，若以吸收投资者入股的方式来解决的话，这一方式的关键是什么？有什么优越性，又有什么缺陷或瑕疵呢？

一、吸收直接投资

吸收直接投资是指企业按照“共同投资，共同经营，风险共担，利润共享”的原则，以协议或者合同的形式吸收国家、其他企业、个人和外商等直接投入资金，形成企业资本金的一种筹资方式。

（一）吸收直接投资按资金来源的分类

吸收直接投资按资金来源，分为吸收国家投资、吸收其他企业投资、吸收个人投资、吸收外商直接投资。

1. 吸收国家投资

国家投资是指有权代表国家投资的政府部门或者政府机构以国有资产投入企业所形成的资本。吸收国家投资是国有企业吸收自有资金的主要方式。它包括国家以拨款方式投入企业的资金、用利润总额归还贷款后所形成的国家资金、财政专项拨款和减免税所形成的资金。

2. 吸收其他企业投资

其他企业有多余的可供支配的资产也可投入企业，形成其他企业的投资。

3. 吸收个人投资

吸收个人投资是指社会个人或本企业内部职工以个人合法财产投入企业，由此形成的资本。

4. 吸收外商直接投资

吸收外商直接投资是指外国投资者和我国港、澳、台地区投资者投入企业的资本。

（二）吸收直接投资按出资形式的分类

吸收直接投资按出资形式，分为吸收现金形态资本、吸收实物形态资本、吸收无形资产资本。

1. 吸收现金形态资本

现金是以货币形式存在的资源，是一种纯粹的价值，也是流动性最强的资源。现金是投资和融资活动中最常见的形态，也是交易费用最低的形态，还是企业最乐意接受的方式。按照公司法的有关规定，投资者对现金投资占资本总额的比例一般都是有规定的，投资各方在投资总量中，按照规定协商确定现金的具体比例。

2. 吸收实物形态资本

实物出资是指投资者以厂房、建筑物、设备等固定资产或原材料、半成品等物资进行的投资。一般来说，企业吸收的实物投资应能为企业生产经营所用，技术性能完好。吸收所有实物形态资本，都必须经过资产评估程序，对投资价值加以确定。

3. 吸收无形资产资本

以无形资产出资是指企业以专利权、商标权等工业产权进行的投资。投入的资产应能有助于企业研发新产品、进行生产经营活动。同理，以无形资产形态融资，也必须经过资产评估程序，从而公平、合理地进行价格确定。

（三）吸收直接投资的优缺点

1. 吸收直接投资的优点

（1）增强企业信誉和借款能力。

吸收直接投资筹集的是自有资金。有了较多的自有资金，就可以为债权人提供较大的保障，因而可以提高公司的信用价值，同时也为使用更多的债务资金提供了强有力的支持。

（2）能尽快形成生产能力。

吸收直接投资不仅能筹集资金，还可以直接获取投资者的先进技术和设备，有助于尽快形成生产能力。

（3）有利于降低财务风险

吸收直接投资筹集的是权益资金，权益资金不存在还本付息的压力，经营状况好，可以多支付股息；经营状况不好，可以少支付股息，甚至不支付股息，因此，财务风险小。

（4）限制条件少。

利用债务筹资，通常有许多限制，这些限制往往会影响公司经营的灵活性，而利用吸收直接投资则没有这种限制。

2. 吸收直接投资的缺点

（1）资金成本高。

债务资金的使用费是税前列支，能够抵减企业应缴的所得税，从而使得实际承担的数额低于开支的数额；而权益资金的使用费要从税后列支，支出的数额等于实际承担的数额，因此，一般而言，权益性筹资的资金成本高。

（2）容易分散控制权。

吸收直接投资，由于引进了新的股东，就容易导致企业控制权的分散。

二、发行普通股

（一）股权的性质

股权是基于向公司投入资源，投资者从公司取得的权益。这种权益具体包括：投资者对公司具有管理权，还对公司的经营活动过程具有监督权，尤其是还有权参与公司盈余的分配和剩余财产的分配。公司的股权，按照其权、责、利的配置形式，可以划分为普通股和优先股。普通股是一种在自然状态（没有社会主体的意志干预）下责任权益实现对称的一种股份。

（二）股票的分类

1. 按股东权利和义务的不同，股票可分为普通股票和优先股票

普通股是股份有限公司发行的具有管理权、股利不固定的股票。普通股具有股票最一般的特性，是股份公司资本的最基本部分。在通常情况下，股份有限公司只发行普通股。优先股票即优先股，是股份公司发行的相对于普通股而言有一定优先权的股票。这种优先权主要体现在股利分配和剩余财产权利上，优先股是企业自有资金的一部分，不承担法定的还款义务。

2. 按股票票面是否记名，股票可分为记名股票和无记名股票

记名股票是在股票上载有股东姓名或名称，并将其记入公司股东名册的一种股票。记名股票要同时附有股权手册。只有同时具备股票和股权手册，才能领取股息和红利。记名股票的转让和继承都有严格的法律程序，要办理过户手续。无记名股票是在股票上不记载股东姓名或名称的股票。无记名股票的持有者就是公司的股东。无记名股票的转让、继承无须办理过户手续，只要将股票交给受让人就可以发生转让效力。公司向发起人、国家授权投资的机构和法人发行的股票，应当为记名股票。向社会公众发行的股票，可以为记名股票，也可以为无记名股票。

3. 按投资主体的不同，股票可分为国家股、法人股、个人股等

国家股是有权代表国家进行投资的部门和机构以国有资产向公司投资形成的股份；法人股是企业法人依法以其可支配的财产向公司投资而形成的股份；个人股是社会个人或公司内部职工以个人合法财产投入公司而形成的股份。

4. 按发行对象和上市地区，股票可分为 A 股、B 股、H 股和 N 股等

在我国国内上市交易的股票主要有 A 股、B 股。A 股是以人民币标明票面金额并以人民币认购和交易的股票；B 股是以人民币标明票面金额，以外币交易和认购的股票；B 股是在上海、深圳上市的股票；H 股是在我国香港上市的股票；N 股是在美国纽约上市的股票。

（三）普通股股东的权利

普通股股票的持有人叫普通股股东。普通股股东一般具有以下权利：

1. 参与经营管理权

股东参与公司的经营管理权不是直接的，而是在股东大会上行使的表决权。公司股东可出席或委托代理人出席股东大会，并依公司章程规定行使表决权。这是普通股股东参与公司经营管理的基本方式。

2. 分享盈余权

这也是普通股股东的一项基本权利。盈余分配方案由股东大会决定，会计年度末，董事会根据企业盈利状况和财务状况决定股利分配方案并交经股东大会批准通过。

3. 出让股份权

这也是普通股股东的一项基本权利。它表明了普通股投资的流动性，是对投资的一种保护。

4. 优先认股权

当公司增发普通股股票时，原有股东有权按持有公司股票的比例，优先认购新发行的股票。这是为了现有股东保持其在公司股份中的比例不变，以此来保证他们的控制权。

5. 剩余财产要求权

当公司解散、清算时，普通股股东对剩余财产有要求权。但公司破产清算时，财产的变价收入在用于清偿债务、支付优先股股东后才分配给普通股股东。所以，虽然普通股股东有剩余财产要求权但实际很少能分得剩余财产。

（四）股票发行

企业发行股票的目的在于筹集企业所需的资金。新设股份公司和扩大经营规模时企业需要筹集资金，而发行股票是主要的方法之一。

我国股份公司发行股票必须符合《中华人民共和国证券法》（以下简称《证券法》）和《上市公司债券发行管理办法》规定的发行条件。股票的发行方式有公募发行和私募发行，公募发行有自销方式和承销方式，承销方式具体分为包销和代销。

（五）股票上市

股票上市是指股份有限公司公开发行的股票，符合规定条件，经过申请审核后，在证券交易所挂牌交易。

股票上市的意义：

1. 提高公司知名度，吸引更多顾客

股票上市以后，公司为社会所知，并得到认可，给公司带来良好声誉，这样会吸引更多的顾客，有利于扩大销售。

2. 利用股票收购其他公司

一些企业更愿意用出让股票的方式收购其他企业，而被收购企业也乐于接受上市公司的股票，因其具有良好的流通性，很容易出售变现。

3. 利用股价确定公司价值

股票上市之后，公司可以根据该公司股票的市场价格来确定公司的价值，有利于促进公司财富最大化。

4. 利用股票激励职员

股票上市后，公开市场提供了对股票的评价，确定了其价值。上市公司可利用股票作为激励公司高层管理人员的手段，职工可参股，也可将股票兑现。

5. 有助于改善财务状况

股票筹资是权益性筹资，筹集到的是企业自有资金，能改善企业财务状况，还能提高公司的贷款能力。

但是股票上市也有其不利影响，使公司失去隐私权，各种“公开”的要求可能会暴露企业的商业机密，同时会限制经理人员操作的自由度，而且公开上市需要很多的费用。

（六）普通股筹资的优缺点

1. 普通股筹资的优点

（1）没有固定利息负担。

股利是否支付和支付多少，要视公司盈利情况和经营政策来定。当公司盈余较少，或虽有盈余但存在更有利的投资机会，就可以少支付或不支付股利。

（2）没有固定到期日，不用偿还。

发行普通股筹措资本具有永久性、无到期日的特点，除非公司清算，否则不需偿还。

这对保证公司对资本的最低需求、维持公司长期稳定发展极为有益。

（3）筹资风险小。

由于普通股没有固定到期日，不用支付固定股利，不存在还本付息的风险，同时资本使用上没有特别的限制，因此其筹资风险小。

（4）能增加公司的信誉。

普通股和留存收益构成企业的自有资金，可以提高企业的借款能力。较多的自由资金可以为债权人提供损失保障，因而，普通股筹资既可以提高公司的信用价值，也可以为使用更多的债务资金提供保障。

（5）筹资限制较少。

通过优先股或者债务筹资往往有许多限制，这些限制会影响到公司经营的灵活性，而利用普通股筹资就没有这样的限制。

2. 普通股筹资的缺点

（1）资金成本较高。

与债务筹资相比，普通股的发行费用高出许多；普通股的股利用税后利润支付，不能享受抵税的优惠，而债务筹资的利息可以在税前扣除；普通股投资风险较大，对应较高的风险，投资者所要求的报酬率就越高。

（2）容易分散控制权。

当公司出售新股，引进了新的股东后，会削弱原有股东的控制权。

三、发行优先股

优先股是其权益责任在人为删减的基础上实现对称的股权形式。与普通股相比，优先股具有某些优先权，使得优先股具有相对较小的风险。同时，其权益又在一些程度上被限制和削弱。在收益分配方面，优先股具有债券的某些特征，而在经济性质方面，又具有普通股的性质特征，即优先股是企业权益资金的一部分，属于权益性资金。所以，通常也称为优先股为混合性资本。

（一）优先股的特征

优先股类似普通股的特征：

（1）优先股所筹集资本属于权益资本，多数情况下没有到期日；

（2）没有固定支付股利的义务，当公司没有足够盈余支付股利时，可以不支付，以减少破产风险；

（3）股息从税后利润中支付，没有节税作用；

（4）优先股股东也是以其出资额为限，对公司债务承担有限责任。

优先股类似债券的特征：

（1）通常情况下股利是固定的，不受公司经营状况和盈利水平的影响；

（2）优先股一般不享有公司经营管理权；

（3）当公司章程规定有赎回条件时，优先股具有还本特征。

（二）优先股的权利

发行优先股股票筹集的资金称为优先股股本。优先股与普通股相比，在股利支付和公司破产清算时剩余财产的索取方面具有优先权。相对于普通股股东，优先股的优先权主要表现在以下几个方面：

1. 优先分配股利权

优先股的股利是按照面值和固定的股利支付率支付的，受公司经营状况和盈利水平的影响较小；且优先股的股利分配顺序排在普通股之前，公司要先支付了优先股股利之后，才支付普通股股利。

2. 优先分配剩余财产权

当公司破产清算时，对于出售资产所得的收入，优先股的求偿权排在债权人之后、普通股股东之前。其偿付的金额仅限于优先股的票面价值和累计未支付的股利。

3. 优先股特殊表决权

一般情况下，优先股股东没有表决权。但是，当公司研究与优先股有关的问题时，其有权参加表决，例如讨论如何推迟优先股股利支付等问题时就有表决权。

（三）优先股筹资的优缺点

优先股筹资的优点是：没有固定到期日，不用偿还本金；股利支付既固定又有一定的弹性；优先股股利固定，具有财务杠杆的作用；优先股的可赎回性和可转换性使其具有调节资本结构的功能。

优先股的缺点是：筹资成本高，限制条件多，财务负担重。

四、留存收益筹资

留存收益筹资也称为内部筹资。企业在生产经营过程中获得的税后利润，一部分分配给股东，另一部分留存在企业内部，形成企业经营活动的资本。

1. 留存收益筹资的渠道

留存收益来源渠道有盈余公积和未分配利润。

盈余公积是指有指定用途的留存在企业的净利润，它是按照《中华人民共和国公司法》（以下简称《公司法》）的规定从净利润中提取的累积资金，包括法定盈余公积金和任意盈余公积金。

未分配利润是指未限定用途的留存净利润。

2. 留存收益筹资的优缺点

留存收益筹资的优点主要有：①资金成本较普通股低；②能保持普通股股东的控制权；③可以增强公司的信誉。

留存收益筹资的缺点主要有：①筹资数额有限制；②资金使用受制约。

第四节　债务资本的筹集

导入案例

MT 公司的总经理王先生又被资金的问题给困住了。因为有近 40% 的销售收入未能收到现金，而公司又面临原材料的采购需要支付大笔现金。财务经理明确向王先生提出，解决这一次资金短缺的最佳方案是向银行借款。王先生想知道，虽然发行股票是肯定解决不了这次的资金紧急短缺的，但是，还有没有其他的方式来解决这次面临的问题呢？

一、长期负债筹资

（一）长期借款

长期借款是指企业向银行或非银行金融机构借入的借款时间超过一年的款项。长期借款主要是用于构建固定资产和满足长期流动资金占用的需要。

1. 长期借款的种类

长期借款按照不同的标准可分为不同的种类，企业可以根据具体情况加以选择。

（1）长期借款按用途，可以分为固定资产投资借款、更新改造借款和新产品研发借款等。

（2）长期借款按有无担保，可以分为信用贷款和抵押贷款。信用贷款是指不需要提供抵押品、仅凭企业信用或担保人信誉而发放的贷款。而抵押贷款则要求企业提供抵押品作为担保。长期借款的抵押品一般是房屋、机器设备、股票、债券等。

（3）长期借款按提供贷款的机构，可以分为政策性银行借款和商业银行借款等。

2. 长期借款的发行条件

我国金融机构对企业发放贷款的原则是：按计划发放，择优扶持，有物资保障，按期归还。

企业申请长期借款一般应符合以下条件：

（1）独立核算，自负盈亏，有法人资格；

（2）经营方向和业务范围符合国家产业政策，借款用途属于银行贷款办法规定的范围；

（3）借款企业有一定的物资和财产保证，担保单位具有一定的经济实力；

（4）具有借款偿还能力；

（5）财务管理和经济核算健全，资金使用企业经济效益良好；

（6）取得银行借款的企业要在银行设有账户，办理结算。

3. 长期借款的发行程序

（1）企业提出借款申请。企业要从银行或者非银行金融机构取得借款，应先提出申请，填写借款申请书，陈述借款金额、借款用途、偿还能力及还款方式等，并提供相关资料。

（2）接受审批。企业提出申请都应接受银行或非银行金融机构对企业的财务状况、信用情况、盈利的稳定性、发展前景、借款投资项目的可行性等进行审查。

（3）签订借款合同。经审查合格后借款企业应与银行或非银行金融机构进一步协商借款的具体条件，明确借款的种类、用途、金额、利率、期限和一些限制性条款。

（4）企业取得借款。借款合同生效之后，企业可根据借款的指标范围和用款情况分次或一次取得借款。

（5）企业偿还借款。企业应按照合同规定按期还本付息。企业偿还借款通常有三种方式：①到期一次偿还；②定期等额偿还；③分批偿还。如果企业不能按期还本付息，应在借款到期之前，向银行或非银行金融机构申请展期，但是否展期，由贷款银行根据具体情况决定。

4. 长期借款的保护性条款

（1）一般性限制条款，包括对企业流动资金保持量的规定、对企业支付现金股利的限制、对企业资本性支出规模的限制、对企业借入其他长期负债的限制等。

（2）例行性限制条款，包括企业定期向贷款机构报送财务报表、企业不允许在正常情况下出售大量资产、企业要及时偿付到期债务、禁止企业贴现应收票据或转让应收账款、禁止以资产做其他承诺的担保或抵押等。

（3）特殊性限制条款，包括贷款专款专用、要求企业主要领导购买人身保险、要求企业主要领导在合同有效期内担任领导职务等。

5. 长期借款的优缺点

长期借款筹资的优点主要有：

（1）筹资速度快。企业利用长期借款筹资，一般所需时间较短，程序比较简单，可以快速获得货币资金。而通过发行股票、债券筹集资金的还有发行准备工作，以及发行也需要时间。

（2）借款弹性较大。借款时企业可以就借款的时间、数额和利率等与银行进行协商，在用款期间，若企业的财务状况发生变化，企业也可和银行商议变更借款数量及还款期限等。因此，长期借款具有较大的灵活性。

（3）借款成本较低。企业利用借款筹资，其利息可以在所得税前支出，有抵税的功能，故可以减少企业实际负担的成本，这就比股票筹资的成本低很多。同时，借款利率一般比债券利率低，而且不需要支付大量的发行费用。

长期借款筹资的缺点主要有：

（1）借款风险较高。企业的长期借款，必须定期还本付息，在经营不善的情况下，可能会产生不能偿付的风险，甚至会导致破产。

（2）限制性条款比较多。在企业与银行签订的合同中，一般都有一些限制条款，如定期报送有关的财务报表、不允许变更借款用途等，这些条款可能会限制企业的经营活动。

（3）筹资数量有限。银行一般不愿意出借数量巨大的长期借款，因此，利用银行借款筹资都有一定的上限，不如股票、债券那样可以一次筹集到大笔资金。

（二）发行债券

债券是债务人为筹集资金而向社会公众发行的、约定在一定期限内向债权人还本付息的有价证券。发行债券是企业筹集资金的一种重要方式。

1. 债券的分类

（1）按债券是否记名，我们可将债券分为记名债券和无记名债券。

记名债券是指载明债券持有人的姓名或者名称的债券。发行企业对记名债券上的记名人偿付本息，持有人凭借印鉴支取利息。记名债券的转让，由记名人以背书方式或者法律、行政法规规定的其他方式转让，并由发行企业将受让人的姓名或者名称及住所记载于公司债券存根簿。

（2）按债券能否转换为公司股票，我们可将债券分为可转换债券和不可转换债券。

若公司债券在一定条件下能转换为股票，为可转换债券；反之，则为不可转换债券。一般来说，可转换公司债券的利率要低于不可转换公司债券的利率。

（3）按有无特定的财产担保，我们可将债券分为信用债券和抵押债券。

信用债券又称无抵押债券，是指发行公司没有抵押品担保，完全凭信用发行的债券。这种债券通常由信用良好的公司发行，利率一般略高于抵押债券。

2. 债券的发行

我国发行公司债券，必须符合《中华人民共和国公司法》《中华人民共和国证券法》规定的有关条件。债券发行的基本程序如下：①做出发行债券的决议；②提出发行债券的申请；③公告债券募集办法；④委托证券机构发售；⑤交付债券，收缴债券款，登记债券存根簿。

3. 债券的发行价格

债券发行有平价发行、折价发行和溢价发行三种方式。平价发行是指企业债券按票面价值发行，溢价发行是指发行价格高于票面价值，折价发行是指发行价格低于票面价值。

大多数情况下债券的面值就是其价格，但是受市场利率、资金供求关系等的影响，使债券的价格偏离其面值，从而出现了溢价发行、折价发行的情况。

对于债券估计的基本模型，也就是票面利率固定，每年年末计算并支付当年利息、到期偿还本金的债券估价模型。它的原理是在考虑资金时间价值的情况下，将债券未来产生的现金流入折现，从而得到债券的发行价格。其基本公式为：

$$P = \sum_{t=1}^{n} \frac{I_t}{(1+i)^t} + \frac{M}{(1+i)^n} \tag{3.10}$$

式中：P 是债券价值；I_t是第 t 年的利息；i 是折现率（可以用当时的市场利率或者投资者要求的必要报酬率替代）；M 是债券面值；i 是票面利率；n 是债券偿还年数。

【例 3-3】某种债券面值 1 000 元，票面利率为 10%，期限 5 年。甲公司准备对这种债券进行投资，已知市场利率为 10%，每年支付一次利息。要求计算债券的价格。

【解答】根据债券估价基本模型：

$$P = \sum_{t=1}^{5} \frac{1\,000 \times 10\%}{(1+10\%)^t} + \frac{1\,000}{(1+10\%)^5}$$

$= 100 \times (P/A, 10\%, 5) + 1\,000 \times (P/F, 10\%, 5)$

$= 100 \times 3.790\,8 + 1\,000 \times 0.620\,9$

$= 999.98$(元)

【例 3-4】承上例，若市场利率为 8%，其他条件不变，计算债券的价格。

【解答】根据债券估价基本模型：

$$P = \sum_{t=1}^{5} \frac{1\,000 \times 10\%}{(1+8\%)^t} + \frac{1\,000}{(1+8\%)^5}$$

$= 100 \times (P/A, 8\%, 5) + 1\,000 \times (P/F, 8\%, 5)$

$= 100 \times 3.992\,7 + 1\,000 \times 0.680\,6$

$= 1\,079.87$(元)

当市场利率低于票面利率时，发行价格高于面值，为溢价发行。

【例 3-5】承上例，若市场利率为 12%，其他条件不变，计算债券的价格。

【解答】根据债券估价基本模型：

$$P = \sum_{t=1}^{5} \frac{1\,000 \times 10\%}{(1+12\%)^t} + \frac{1\,000}{(1+12\%)^5}$$

$= 100 \times (P/A, 12\%, 5) + 1\,000 \times (P/F, 12\%, 5)$

$= 100 \times 3.604\,8 + 1\,000 \times 0.567\,4$

$= 927.88$(元)

当市场利率高于票面利率时，发行价格低于面值，为折价发行。

4. 债券的还本付息

（1）债券的偿还。

债券偿还按其实际发生的时间与规定的到期日之间的关系，分为到期偿还、提前偿还与滞后偿还三类。

①到期偿还。到期偿还是指债券到期时履行债券所载明的义务，包括分批偿还和一次偿还两种。

②提前偿还。提前偿还又称为提前赎回或收回，是指在债券尚未到期之前就予以

偿还。只有在企业发行债券的契约中明确规定了有关允许提前偿还的条款，企业才可以进行此项操作。

③滞后偿还。债券在到期之日后偿还叫滞后偿还。滞后偿还还有转期和转换两种形式。转期是指将较早到期的债券转换成到期日较晚的债券，实际上是将债务的期限延长。常用的办法有两种：直接以新债券兑换旧债券；用发行新债券得到的资金来赎回旧债券。转换是指股份有限公司发行的债券可以按一定的条件转换成该公司的股票。

（2）债券的付息。

债券的付息主要表现在利息率、付息频率和付息方式三个方面（如表3-6所示）。

表3-6　债券的付息

内容	说　明
利息率	固定利率和浮动利率
付息的频率	五种：按年、半年、季、月、一次性付息
付息方式	现金、支票与汇款；息票债券（指债券上附有息票，息票上标有利息额、支付利息的期限和债券号码等内容，投资者可从债券上剪下息票，并凭息票领取利息）

5. 债券筹资的优缺点

债券筹资的优点：

（1）资金成本较低。与股票股利相比，债券的利息允许税前抵扣，发行公司可取得节税利益，因此公司负担的债券成本一般低于股票成本。

（2）保证控制权。债券持有人无权参与发行公司的经营管理决策，因此，公司发行债券不会像增发新股那样可能会分散股东对公司的控制权。

（3）可以发挥财务杠杆的作用。无论发行公司的盈利有多少，债券持有人一般只收取固定的利息，而更多的收益可用于分配给股东或留存于公司经营，从而增加股东和公司财富。

债券筹资的缺点：

（1）筹资风险高。债券有固定到期日，需要定期支付利息，发行公司必须承担按期还本和付息的义务。即使在公司经营不景气的时候，也需向债权人还本付息，这就会给公司带来更大的财务困难，有时甚至导致公司破产。

（2）限制条件多。发行债券的限制条件与长期借款相比较多且更为严格。

（3）筹资额有限。公司利用债券筹资一般有一定限额。《公司法》规定，发行公司流通在外的债券累计总额不得超过公司净资产的40%。

（三）融资租赁

1. 融资租赁的含义和形式

融资租赁又称为财务租赁，是由租赁公司或者办理融资租赁业务的其他金融机构（银行等金融机构）按照承租企业的要求先融通资金再购买设备，并在合同规定的较长期限内提供给承租企业使用的使用性业务。

融资租赁包括售后租回、直接租赁和杠杆租赁三种形式。

（1）售后租回。该种租赁是指承租人先将某资产卖给出租人，再将该资产租回的一种租赁形式。在这种形式下，一方面承租人通过出售资产获得了现金，另一方面又通过租赁满足了对资产的需要，而租金却可以分期支付。

（2）直接租赁。该种租赁是指承租人直接向出租人租入所需要的资产，并付出资金。

（3）杠杆租赁。杠杆租赁要涉及承租人、出租人和资金出借者三方当事人。从承租人的角度来看，这种租赁与其他租赁形式并无区别，同样是按合同的规定，在基本租赁期内定期支付定额租金，取得资产的使用权。但对出租人不同，出租人只出购买资产所需的部分资金作为自己的投资，另外以该资产作为担保向资金出借者借入其余资金。因此，它既是出租人又是借款人；同时拥有对资产的所有权，既收取租金又要偿付债务。如果出租人不能按期偿还借款，资产的所有权就要转归资金的出借者。

2. 融资租赁的程序

融资租赁的程序是：①做出租赁决策，选定租赁物；②选择租赁公司，办理租赁委托；③签订租赁合同；④办理验货与投保；⑤支付租金；⑥处理租赁期满的设备。

3. 融资租赁的租金确定

在融资租赁方式下，承租人应按照合同约定向出租人支付租金，租金的数额和支付形式会对承租企业租赁期间的财务状况产生影响。

融资租赁租金包括设备价款和租息两部分，租息又可分为租赁公司的融资成本、租赁手续费等。其中：①设备价款是购买设备需支付的相关金额，包括卖价、运杂费、保险费等；②融资成本是指租赁公司为购买租赁设备所筹资金的成本，即设备租赁期间的利息；③租赁手续费包括租赁公司承办租赁设备的业务费用和一定的盈利。

融资租赁资金的支付形式通常采用分次支付的方式，具体类型有：

（1）按支付间隔期的长短，可以分为年付、半年付、季付和月付等方式。

（2）按支付时期的先后，可以分为先付租金和后付租金两种。

（3）按每期支付的金额，可以分为等额支付和不等额支付两种。

融资租赁租金的计算方法有很多，本书主要讲解年金法。年金法又叫成本收回法，是租金计算中比较科学、合理、通用的计算方法。它是运用年金现值的计算原理计算每期应付租金的方法，其中又分为后付租金的计算和先付租金的计算。

（1）后付租金的计算。根据普通年金的现值计算公式，可得出后付租金方式下每年年末支付租金数额的计算公式：

$$P=A\times(P/A,i,n) \tag{3.11}$$

$$A=P/(P/A,i,n) \tag{3.12}$$

公式中的 P 是指租金构成中的设备价款，而融资成本和手续费是通过折现率 i 来实现的。

（2）先付租金的计算。根据即付年金的现值公式，可得出先付等额租金的计算公式：

第一种方法：

$$A=P/[(P/A,i,n-1)+1] \tag{3.13}$$

第二种方法：

$$P=A\times(P/A,i,n)\times(1+i) \tag{3.14}$$

$$A=P/[(P/A,i,n)\times(1+i)] \tag{3.15}$$

【例 3-6】某企业采用融资租赁方式于 2018 年 1 月 1 日从某租赁公司租入一台设备，设备价款为 40 000 元，租期为 5 年，到期后，设备归企业所有。双方商定采用 15%的折现率，试计算该企业每年年末应支付的等额租金。

【解答】$A=40\ 000/(P/A,15\%,5)=40\ 000/3.352\ 2=11\ 932.46$（元）

假如上例采用先付等额租金方式，则每年年初应支付的租金为多少？

$40\ 000=A\times(P/A,15\%,5)\times(1+15\%)$

解得 $A=10\ 376.05$（元）

4. 融资租赁与经营租赁的区别（如表 3-7 所示）

表 3-7　融资租赁与经营租赁的区别

项目	融资租赁	经营租赁
租赁程序	由承租人向出租人提出正式申请，由出租人融通资金引进承租人所需设备，然后再租给出租人使用	承租人可随时向出租人提出租赁资产要求
租赁期限	租赁期一般为租赁资产寿命的一半以上	租赁期短，不涉及长期而固定的义务
合同约束	租赁合同稳定，在租赁期内，承租人必须连续支付租金，非经双方同意，中途不得退租	租赁合同灵活，在合理限制条件范围内，可以解除租赁契约
租赁期满的资产处置	租赁期满后，租赁资产的处置有三种方法可供选择：将设备作价转让给承租人；由出租人收回；延长租期续租	租赁期满后，租赁资产一般要归还给出租人
租赁资产的维修保养	租赁期内，出租人一般不提供维修和保养设备方面的服务	租赁期内，出租人提供设备保养、维修、保险等服务

5. 融资租赁筹资的优缺点

融资租赁筹资的优点主要有：①迅速获得所需资产；②限制条款少；③设备淘汰风险小；④财务风险小；⑤税收负担轻。

融资租赁筹资的主要缺点是资金成本较高。一般来说，其租金要比举借银行借款或发行债券所负担的利息高得多。在企业财务困难时会加重企业的负担。

二、短期负债筹资

（一）短期借款

短期借款是指企业向银行和其他非银行金融机构借入的期限在一年以内的借款。短期借款可以随企业的需要安排，便于灵活使用，且取得较为方便。

1. 短期借款的程序和种类

企业举借短期借款，必须首先提出申请，经审查同意后借贷双方签订借款合同，注明借款的用途、金额、利率、期限、还款方式、违约责任等，然后企业根据借款合同办理借款手续，借款手续完毕后企业便可取得借款。

短期借款主要有生产周转借款、临时借款、结算借款等。短期借款还可依据偿还方式的不同，分为一次性偿还借款和分期偿还借款；依据利息支付方法的不同，分为收款法借款、贴现法借款和加息法借款；依据有无担保，分为抵押借款和信用借款。

2. 短期借款的信用条件

（1）信贷额度。信用额度亦即贷款限额，是借款人与银行在协议中规定的允许借款人借款的最高限额。一般来说，企业在批准的信贷额度内可随时使用银行借款。但是，银行不承担必须提供全部信贷额度的义务。

（2）周转信贷协定。周转信贷协定是指银行从法律上承诺向企业提供不超过某一最高限额的贷款的协定。在协定的有效期内，只要企业的借款总额未超过最高限额，银行必须满足企业任何时候提出的借款要求。企业利用周转信贷协定，通常要就贷款限额的未使用部分付给银行一笔承诺费。

（3）补偿性余额。补偿性余额是指银行要求借款人在银行中保持按贷款限额或名义借款额的一定百分比计算的最低存款余额。从银行角度来说，补偿性余额可降低贷款的风险，补偿可能遭受的贷款损失。从企业角度来说，补偿性余额提高了借款的实际利率。补偿性余额贷款实际利率的计算公式为：

$$\text{补偿性余额贷款实际利率}=\frac{\text{利息}}{\text{实际可借贷款额}} \tag{3.16}$$

$$=\frac{\text{借款额}\times\text{名义利率}}{\text{借款额}-\text{借款额}\times\text{补偿性余额比例}}$$

$$=\frac{\text{名义利率}}{1-\text{补偿性余额比例}}\times 100\%$$

3. 借款利息的支付方式

（1）收款法。收款法是指在借款到期时向银行支付利息的方法。我国银行向工商企业贷款大都采用这种方法。使用这种方法借款的名义利率等于其实际利率。

（2）贴现法。贴现法是指银行向企业发放贷款时，先从本金中扣除利息部分，在贷款到期时借款企业再偿还全部本金的一种计息方法。采用这种方法，企业可利用的贷款额只有本金减利息后的余额，因此贷款的实际利率高于名义利率。贴现法的实际贷款利率的计算公式为：

$$\text{贴现贷款实际利率}=\frac{\text{利息}}{\text{贷款金额}-\text{利息}}\times 100\% \tag{3.17}$$

4. 短期借款筹资的优缺点

短期借款筹资的优点主要有：①筹资速度快；②筹资弹性大。

短期借款筹资的缺点主要有：①筹资风险大；②与其他短期筹资方式相比，资金成本较高，尤其是存在补偿性余额和附加利率情况时，实际利率通常高于名义利率。

（二）商业信用

商业信用是指在商品交易中由延期付款或预收货款所形成的企业间的借贷关系。它是短期资金的主要来源之一。

商业信用的基本形式有两种：先提货后付款；先付款后提货。企业利用商业信用筹资的具体形式通常有应付账款、应付票据和预收账款。

1. 商业信用的条件

商业信用的条件是指销货人对付款时间和现金折扣所做的具体规定，主要有以下几种：预收货款；延期付款，但不涉及现金折扣；延期付款，但早付款可享受现金折扣。

（1）预付货款是买方在卖方发出货物之前支付贷款。在这种信用条件下，销货单位可以得到暂时的资金来源，购货单位不但不能获得资金来源，还要预先垫支一笔资金。

（2）延期付款，但不涉及现金折扣。在这种信用条件下，卖方允许企业在交易发生后一定时期内按发票金额支付货款的形式，如“net30”，是指在30天内按发票金额付款。在这种情况下，买卖双方存在商业信用，买方可以因延期付款而取得资金来源。

（3）延期付款，但早付款可享受现金折扣。在这种条件下，买方若提前付款，卖方可给予一定的现金折扣；如买方不享受现金折扣，则必须在一定期限内付清账款，如“2/10，*n*/30”便属于此种信用条件。现金折扣一般为发票金额的1%~5%。

2. 现金折扣成本的计算

如果购买方放弃现金折扣，就可能承担较大的机会成本。其计算公式为：

$$\text{放弃现金折扣的机会成本}=\frac{\text{折扣百分比}}{1-\text{折扣百分比}}\times\frac{360}{\text{信用期}-\text{折扣期}} \tag{3.18}$$

3. 商业信用筹资的优缺点

采用商业信用筹资非常方便，因为商业信用与商品买卖同时进行，无须办理正式的筹资手续。而且筹资成本相对较低，限制条件较少。但是商业信用筹资的期限一般较短，如果企业取得现金折扣则时间更短。

第四章 企业资本结构决策

■导入话语

在企业经营活动的实践中，一个现象长期地困扰着人们——同一经营行业、总投入资本完全一样的企业，获得的最终收益却大相径庭。这种现象意味着什么呢？难道金额相同的资本，质量可以不同——从而其产出水平不同？如果真是如此，那么表达资本质量水平的指标是什么呢？

第一节 资本成本

导入案例

AB 公司总经理张先生基于公司的基本经营活动对利润目标做了严格的预算，确定该公司来年的净利润为 120 万元。但是财务经理提醒他，这个张先生自认为精准的利润目标其实并不精确。张先生询问缘故，财务经理指出，因为你仅仅只是考虑生产过程的产品成本，而并未对资本性成本费用进行考量。而公司总资本中的 450 万元债务性资本，需要支付 54 万元的利息。即使来年严格执行张先生所拟计划，结果也只能得到 66 万元的净利润。

此外，公司的财务顾问还提出了这样的见解，其实公司的资本性费用远不止 54 万元。除开债务资本的权益性资本，同样需要支付类似于利息的费用。这样，公司的最终利润目标还要大打折扣。

一、资本成本概述

（一）资本成本的概念

资本成本是指企业因为筹集和使用资本而付出的代价。

就成本费用的作用而言，资本成本包括筹资成本和用资成本两个基本部分。筹资成本是为了获取资本使用权而发生的成本。用资成本则是为资本使用价值的发挥而支付的成本。例如，企业通过向银行借款或发行债券筹集债务资本，必须支付银行利息和债券的债息，同时必须支付手续费或发行费；通过发行普通股和优先股筹集和使用权益资本，需要给投资者相应的股利，也必须支付发行费。股利、利息等就是资本的使用成本，而各种手续费和发行费用，则是典型的筹资成本。

就资本成本的相关性而言，资本成本还可以划分为权益资本成本和债务资本成本。这一划分的意义在于，在现行的税收管理制度下、在会计损益确定顺序上，债务资本成本属于所得税前抵扣项目，而权益性资本成本则是所得税后抵扣项目，从而只有债务资本成本可以获得所得税抵扣效应。

资本成本的范畴表明，在市场经济条件下，企业不能无偿使用资本。无论何种资本，一经企业使用，均须向资本提供者支付相应的报酬。企业使用资本就要付出代价，所以企业必须节约使用资本。

从筹资角度看，资本成本是指企业筹措资本所支付的代价；从投资角度看，资本成本则是资本供给者（股东与债权人）获得的投资收益。

资本成本是财务管理的一个非常重要的概念。首先，企业要实现企业价值最大化，必须使所有投入最小化，从而使得资本成本相应最小化。因此，正确预测并控制资本成本水平，是制定筹措策略的基础。其次，公司的投资决策必须建立在资本成本的基础上，任何投资项目的投资收益率都必须高于资本成本。

（二）影响资本成本高低的因素

在市场经济环境中，多方面因素的综合作用决定着企业资本成本的高低，其中主要有总体经济环境、证券市场条件、企业内部的经营和融资状况、融资规模及结构。

1. 总体经济环境

总体经济环境决定了整个经济中资本的供给和需求以及预期通货膨胀的水平。总体经济环境变化的影响，反映在无风险报酬率上。显然，如果整个社会经济中的资金需求和供给发生变动，或者通货膨胀水平发生变化，投资者也会相应改变其所要求的收益率。具体来说，如果货币需求增加，而供给没有相应增加，投资人便会提高其投资收益率，企业的资本成本就会上升；相反，则降低其要求的投资收益率，使资本成本下降。如果预期通货水平上升，货币购买力下降，投资者也会提出更高的收益率来补偿预期的投资损失，从而导致企业资本成本上升。

2. 证券市场条件

证券市场条件影响证券投资的风险。证券市场条件包括证券的市场流动难易程度和价格波动程度。如果某证券的市场流动性不好，投资者想买进或卖出证券相对困难，变现风险加大，要求的收益率就会提高；或者虽然存在对某证券的需求，但变现风险加大，要求的收益率就会提高；或者虽然存在对某证券的需求，但其价格波动较大，投资的风险大，要求的收益率也会提高。

3. 企业内部的经营和融资状况

企业内部的经营和融资状况是指经营风险和财务风险的大小。经营风险是企业投资决策的结果，表现在资产收益率的变动上；财务风险是企业筹措决策的结果，表现在普通股收益率的变动上。如果企业的经营风险和财务风险大，投资者便会有较高的收益率要求。

4. 融资规模及结构

融资规模及结构是影响企业资本成本的另一个因素。企业的融资规模大，资本成本较高。比如，企业发行的证券金额很大，资金筹集费和资金占用费都会上升，而且证券发行规模的增大还会降低其发行价格，由此也会增加企业的资本成本。同时，总资本中各类别资本的比重也是影响企业资本成本水平的因素。资本成本水平高的资本，在总资本中的比重越大，则企业总体的资本成本水平就越高，反之亦相反。

（三）资本成本的作用

资本成本在许多方面都可以加以应用，如筹资决策和投资决策。

1. 在筹资决策中的作用

资本成本是企业选择资金来源、拟订筹资方案的依据。不同的资金来源，具有不同的成本。为了以较少的支出获得企业所需资金，就必须分析各种资本成本的高低，并加以合理配置。资本成本对企业筹资决策的影响主要有以下几个方面：

（1）资本成本是影响企业筹资总额的重要因素。随着筹资数额的增加，资本成本不断变化。当企业筹资数额很大、资本的边际成本超过企业承受能力时，企业便不能再增加筹资数额。因此，资本成本是限制企业筹资数额的一个重要因素。

（2）资本成本是企业选择资金来源的基本依据。企业的资金可以从许多方面来筹集，就长期借款来说，可以向商业银行借款，也可以向保险公司或其他金融机构借款，还可以向政府申请借款。企业究竟选用哪种资金来源，首先要考虑的因素就是资本成本的高低。

（3）资本成本是企业选用筹资方式的参考标准。企业可以利用的筹资方式是多种多样的，在选用筹资方式时，需要考虑的因素很多，但必须考虑资本成本这一经济标准。

（4）资本成本是确定最优资本结构的主要参数。不同的资本结构，会给企业带来不同的风险和成本，从而引起股票价格的变动。在确定最优资本结构时，考虑的因素主要有资本成本和财务风险。

资本成本作为一项重要的因素，直接关系到企业的经济利益，是筹资决策需要考虑的首要问题。

2. 在投资决策中的作用

资本成本在企业评价投资项目的可行性、选择投资方案时也有重要作用。

（1）计算投资评价指标净现值时，常以资本成本率做折现率。当净现值为正时，投资项目可行；反之，如果净现值为负，则该项目不可行。因此，采用净现值指标评价投资项目时，离不开资本成本。

（2）利用内部收益率指标进行项目可行性评价时，一般以资本成本率作为基准收益率。只有当投资项目的内部收益率高于资本成本率时，投资项目才可行；反之，当投资项目的内部收益率低于资本成本率时，投资项目不可行。因此，国际上通常将资本成本率作为投资项目的“最低收效率”或是否采用投资项目的取舍率，是比较选择投资方案的主要标准。

二、资本成本（率）的计算

资本成本包括用资成本和筹资成本两部分。

用资成本是指企业在生产经营、投资过程中因使用资本而支付的代价。该成本一般会均匀连续地发生于用资过程中，如向债权人支付的利息、向股东支付的股利等。这是资本成本的主要部分。

筹资成本是指企业在筹措资本过程中支付的一些费用，通常是在筹措资本时一次性支付的，在用资过程中不再发生。如向银行支付的借款手续费、发行股票和债券支付的发行费等。

通常我们将筹资成本视为筹资额的抵减项目，用资成本视为资本成本。资本成本用绝对数表示时即为用资成本。但我们一般用相对数表示，相对数表示为用资成本与实际筹得资本（筹资额扣除筹资成本后的差额）的比率。资本成本的计量形式有两种：绝对数和相对数。资本成本通常以相对数的形式表示，称为资本成本率，简称资本成本。其通用计算公式如下：

$$资本成本（率）= \frac{年使用费用}{(筹资数额-筹资费用)} \tag{4.1}$$

资本成本有多种表现形式，主要分为个别资本成本、综合资本成本和边际资本成本。

（一）个别资本成本

个别资本成本是指各种资本来源的成本，包括债务成本、优先股成本、留存收益成本和普通股成本等。

1. 债务成本

（1）长期借款的资本成本。

长期借款资本成本包括借款时发生的筹资费用和以后要支付的借款利息两部分。由于长期借款利息一般计入财务费用，可以抵减企业所得税，因此计算时，实际借款成本应从利息中扣除所得税，其计算公式为：

$$K_L = \frac{I_t(1-T)}{L(1-F_L)} \tag{4.2}$$

其中：K_L——税后借款资本成本；

I_t——每年利息；

T——所得税率；

L——长期借款数额；

F_L——借款费用率。

【例 4-1】某企业取得长期借款 400 万元，年利率 11%，期限为 5 年，每年付息一次，到期一次还本，筹措借款的费用率为 0.5%，企业所得税税率为 25%，计算其资金成本：

$$K_L = \frac{I_t(1 - T)}{L(1 - F_L)} = \frac{400 \times 11\% \times (1 - 25\%)}{400(1 - 0.5\%)} = 8.29\%$$

（2）债券资本成本。

长期债券的资本成本主要是指债券利息和筹资费。债券的筹资费用一般较高，包括申请发行债券的手续费、注册费、印刷费、上市费及推销费等。由于债券利息计入税前成本费用，可以起到抵税的作用。

债券资本成本计算公式：

$$K_B = \frac{I_t(1 - T)}{B(1 - F_B)} \tag{4.3}$$

其中：K_B——税后债券资本成本；

I_t——每年支付的利息；

T——所得税税率；

B——债券筹集额/发行价格；

F_B——筹资费用率。

【例 4-2】某企业发行面值 600 万元的债券，票面利率 12%，期限为 5 年，每年付息一次，发行费用率为 5%，企业所得税税率为 25%，债券按面值发行，计算其资本成本：

$$K_B = \frac{I_t(1 - T)}{B(1 - F_B)} = \frac{600 \times 12\% \times (1 - 25\%)}{600(1 - 5\%)} = 9.47\%$$

思考：由于债券发行时有平价、溢价和折价三种情况，如果该债券溢价或折价发行，其资本成本会有何影响？

2. 优先股成本

优先股最大的特点是定期支付固定股利，无到期日，股利从税后利润中支付，而且每年支付金额都相同，所以是一项永续年金。优先股的资本成本公式：

$$K_P = \frac{D_P}{P_P(1 - F_P)} \tag{4.4}$$

其中：K_P——优先股的资本成本；

D_P——每年支付的优先股股利；

P_P——优先股的筹资额；

F_P——优先股的筹资费用率。

优先股成本属于权益成本。其成本主要是发行优先股支付的发行费用和优先股股利。由于优先股是税后支付，所以不具有减税的作用。

【例 4—3】某公司发行优先股总面额为 200 万元，总价为 220 万元，筹资费率为 6%，每年支付 12%的股利，则优先股的成本为：

$$K_p = 200 \times 12\% \times \frac{1}{220 \times (1 - 6\%)} = 11.61\%$$

为简化起见，在本章以下的讨论中均不考虑优先股部分。

3. 普通股成本

由于普通股的股利是不固定的，即未来现金流出是不确定的，因此企业很难准确估计出普通股的资本成本。常用的普通股资本成本估计的方法有：股利折现模型、资本资产定价模型和债券收益率加风险报酬率。

（1）股利折现模型法。股利折现模型法就是按照资本成本的基本概念来计算普通股资本成本的，即将企业发行股票所收到资金净额现值与预计未来资金流出现值相等的贴现率作为普通股资本成本。其中预计未来资金流出包括支付的股利和回收股票所支付的现金。因为一般情况下企业不得回购已发行的股票，所以运用股利折现模型法计算普通股资本成本时只考虑股利支付。因为普通股按股利支付方式的不同可以分为零成长股票、固定成长股票和非固定成长股票等，相应的资本成本计算也有所不同。具体如下：

①零成长股票。零成长股票是指各年支付的股利相等，股利的增长率为0。根据其估价模型可以得到其资本成本计算公式为：

$$K_c = K_e = \frac{D}{P_e \cdot (1 - F_e)} \tag{4.5}$$

其中：K_c——普通股的资本成本；

D_e——每年支付的普通股股利；

P_e——普通股的筹资额；

F_e——普通股的筹资费用率。

②固定成长股票。固定成长股票是指每年的股利按固定的比例 g 增长。根据其估价模型得到的股票资本成本计算公式为：

$$K_s = \frac{D_0(1+g)}{P_0(1-f)} + g = \frac{D_1}{P_0(1-f)} + g \tag{4.6}$$

使用该模型的关键是股利增长率 g 的确定。实际上，要做到这一点有两种方法：

①利用历史增长率。

②利用分析人员对未来增长率的预测。分析人员的预测可从许多不同的渠道取得。自然，不同渠道的估计也不一样，因此方法之一是取得多个估计值，然后求出它们的平均值。

【例4-4】某公司普通股每股发行价为10元，筹资费率为4%，预计下期每股股利为2元，以后每年的股利增长率为2%，则该公司的普通股成本为：

$$K_s = \frac{2}{10 \times (1 - 4\%)} + 2\% = 22.83\%$$

（2）资本资产定价模型法。在市场均衡的条件下，投资者要求的报酬率与筹资者的资本成本是相等的，因此可以按照确定普通股预期报酬率的方法来计算普通股的资本成本。资本资产定价模型是计算普通预期报酬率的基本方法。

$$K_s = R_f + \beta(R_m - R_f) \tag{4.7}$$

在该模型下股权的资本成本是由公司的系统风险所决定的，投资者要求的报酬率包含无风险报酬率和风险报酬率两部分。

式中：R_f——无风险报酬率；

β——股票的贝塔系数；

R_m——平均风险股票必要报酬率。

无风险收益率 Rf=资金时间价值（纯利率）+通货膨胀补偿率

一般采用短期国债收益率来作为市场无风险收益率。

【例 4-5】某期间市场无风险报酬率为 8%，平均风险股票必要报酬率为 12%，某公司普通股 β 值为 1.3，则该公司的留存收益成本为：

$K_s = 81.3 \times 128 = 13.20$

（3）债券收益率加风险报酬率。公司必须给普通股股东提供比同一公司的债券持有人更高的期望收益率，因为股东承担了更多的风险。因此可以在长期债券利率的基础上加上股票的风险溢价来计算普通股资本成本。用公式表示为：

$$\text{普通股资本成本}（K_C）= \text{长期债券收益率}（K_{dt}）+\text{风险溢价}（RP_c） \quad (4.8)$$

由于在此要计算的是股票的资本成本，而股利是税后支付，没有抵税作用，因此这里是长期债券收益率而不是债券资本成本构成了普通股成本的基础。风险溢价可以根据历史数据进行估计。在美国，股票相对于债券的风险溢价为 4%~6%。由于长期债券收益率能较准确地计算出来，在此基础上加上普通股风险溢价作为普通股资本成本的估计值还是有一定科学性的，而且计算比较简单。

【例 4-6】某企业的长期债券收益率为 9%，则其留存收益成本为多少？

$$K_C = 9\% + 4\% = 13\%$$

4. 留存收益成本

留存收益是由公司税后净利润形成的。从表面上看，如果公司使用留存收益似乎没有什么成本，其实不然，留存收益资本成本是一种机会成本。留存收益属于股东对企业的追加投资，股东放弃一定的现金股利，意味着将来获得更多的股利，即要求与直接购买同一公司股票的股东取得同样的收益，也就是说公司留存收益的报酬率至少等于股东将股利进行再投资所能获得的收益率。因此企业使用这部分资金的最低成本应该与普通股资本成本相同，唯一的差别就是留存收益没有筹资费用。

（二）加权平均资本成本

由于受多种因素的制约，企业不可能只是用某种单一的筹资方式，往往需要通过多种方式筹集所需资本。为了正确进行筹资和投资决策，企业必须计算确定企业全部长期资金的加权平均资本成本。加权平均资本成本一般是分别以各种资金成本为基础、以各种资金所占全部资金的比重为权数计算出来的综合资金成本。其计算公式为：

$$K_W = \sum_{j=1}^{n} K_j W_j \quad (4.8)$$

式中：K_W——加权平均资本成本；

K_j——第 j 种个别资本成本；

W_j——第 j 种个别资本占全部资本的比重。

【例 4-7】某企业账面总资本为 1 000 万元，其中长期借款为 200 万元，应付长期债券为 100 万元，普通股为 500 万元，保留盈余为 200 万元。其成本分别为 7%、9%、12%、11%。则该企业的加权平均资本成本为：

$$K_W = 7\% \times 200/1\,000 + 9\% \times 100/1\,000 + 12\% \times 500/1\,000 + 11\% \times 200/1\,000$$
$$= 10.5\%$$

平均资本成本率的计算存在权数价值的选择问题，即各项个别资本按什么权数确定所占的资本比重。通常，可供选择价值形式有账面价值、市场价值和目标价值。

1. 账面价值权数

账面价值权数即以各项个别资本的会计报表账面价值为基础来计算资本权数，确定各类资本占总资本的比重。其优点是资料容易取得，可以直接从资产负债表中得到，而且计算结果比较稳定。其缺点是，当债券和股票的市价与账面价值差距较大时，导致按账面价值计算出来的资本成本，不能反映目前从资本市场上筹集资本的现时机会成本，不适合评价现时的资本结构。

2. 市场价值权数

市场价值权数即以各项个别资本的现行市价为基础来计算资本权数，确定各类资本占总资本的比重。其优点是能够反映现时的资本成本水平，有利于进行资本结构决策。但现行市价处于经常变动之中，不容易取得，而且现行市价反映的只是现时的资本结构，不适用未来的筹资决策。

3. 目标价值权数

目标价值权数即以各项个别资本预计的未来价值为基础来确定资本权数，确定各类资本占总资本的比重。目标价值是目标资本结构要求下的产物，是公司筹措和使用资金对资本结构的一种要求。对于公司筹措新资金，需要反映期望的资本结构来说，目标价值是有益的，适用于未来的筹资决策，但目标价值的确定难免具有主观性。

第二节　企业经济杠杆

导入案例

李先生投入 5 000 万元新建一个企业。在公司的发展模式讨论上，最重要问题就是发展模式的确定。而公司的发展模式体现在营运模式上主要是决定公司采用的技术是资金密集型还是劳动密集型的模式。而这两种模式的资产结构显然是不一样的。资产结构的不同就具有不同的产出率，从而还具有不同的风险；公司发展模式还在财务方面具有特定的表现，主要是融资模式问题上，是采用高负债比例的模式还是相反。这种负债比例不同的模式，同样会产生不同的风险，也将给权益投资者带来不同水平的收益率。

财务顾问提醒李先生，这里存在基于不同模式而形成的不同经济杠杆效应。

一、经营杠杆概述

（一）经营风险

1. 经营风险的概念

经营风险是指企业在没有负债的情况下未来经营利润或息税前利润的不确定性，是企业经营的内在风险。经营风险不仅仅各行业不同，而且同行业的不同企业也有差别，并随时间而变化。经营风险影响着企业的筹资能力，是决定企业筹资投资决策的一个非常重要的因素。

2. 经营风险的影响因素

影响企业经营风险的因素很多，主要有：

（1）产品需求。

在其他因素保持不变时，市场对企业产品的需求越稳定，经营风险就越小；反之，经营风险就越大。

（2）产品售价。

一个企业的产品在市场上的销售价格越稳定，经营风险就越小。

（3）产品成本。

产品成本是收入的抵减，成本不稳定会导致利润不稳定，所以产品成本变动越大的，经营风险就越大；反之，经营风险就越小。

（4）调整产品售价的能力。

当企业的投入成本提高时，有些产品能较方便地在市场上提高销售价格，以弥补因投入价格的提高带来的损失，当其他因素保持不变时，企业的这种调整能力越强，经营风险就越低。

（5）固定成本的比重。

在企业全部成本中，固定成本所占比重较大时，单位产品分摊的固定成本额就多。若产品量发生变动，单位产品分摊的固定成本会随之变动，最后会使利润更大幅度地变动，导致经营风险越大；反之，经营风险就越小。

（二）经营杠杆

1. 经营杠杆的概念

企业的经营成本通常包括固定成本和变动成本两部分。固定成本在销售收入中的比重大小，对企业风险有重要影响。在其他条件不变的情况下，产销量的增加虽然不会改变固定成本总额，但会降低单位固定成本，从而提高单位利润，使息税前利润的增长率大于产销量的增长率；反之，产销量的减少会提高单位固定成本，降低单位利润，使息税前利润下降率也大于产销量下降率。如果不存在固定成本，所有成本都是变动的，那么边际贡献就是息税前利润，这时息税前利润变动率就同产销量变动率完全一致。这种在某一固定成本比重的作用下，销售量变动对息税前利润产生的作用，称为经营杠杆。经营杠杆实际是一种成本结构，具有放大企业风险的作用。

2. 经营杠杆系数

一般用经营杠杆系数来表示经营杠杆的大小，它等于息税前利润变动率对销售量变动率的倍数。经营杠杆系数越大，表明经营杠杆的作用越大，经营风险也就越大；反之，经营杠杆系数越小，表明经营杠杆的作用越小，经营风险也就越小。理论计算公式为：

$$\mathrm{DOL}=\frac{\dfrac{\Delta \mathrm{EBIT}_0}{\mathrm{EBIT}}}{\dfrac{\Delta Q}{Q_0}} \tag{4.9}$$

其中：ΔEBIT——息税前利润变动额；

ΔQ——产销业务量变动值；

$EBIT_0$——基期息税前利润；

Q_0——基期产销业务量。

又因 $EBIT = S - V - F = (P - VC)Q - F = M - F$

其中：EBIT——息税前利润；S——销售额；V——变动经营成本；F——固定经营成本；Q——产销业务量；P——销售单价；VC——单位变动成本；M——边际贡献

假定企业固定成本、单位可变成本和销售价格不变时，经过计算整理，经营杠杆系数可简化为：

$$DOL = \frac{Q_0(P - V_c)}{Q_0(P - V_c) - F} = \frac{M_0}{M_0 - F} = \frac{M_0}{EBIT_0} = \frac{EBIT_0 + F}{EBIT_0} \tag{4.10}$$

具体简化过程如下：

$$\Delta EBIT = EBIT - EBIT_0 = [(P - VC)Q - F] - [(P - VC)Q_0 - F]$$
$$= (P - VC)\Delta Q$$

$$\frac{\Delta EBIT}{EBIT} = \frac{(P - VC)\Delta Q}{(P - VC)Q_0 - F}$$

$$DOL = \frac{\dfrac{(P - VC)\Delta Q}{(P - VC)Q_0 - F}}{\dfrac{\Delta Q}{Q_0}} = \frac{(P - VC)Q_0}{(P - VC)Q_0 - F}$$

$$= \frac{M_0}{M - F} = \frac{M_0}{EBIT_0} = \frac{EBIT_0 + F}{EBIT_0}$$

【例 4-8】某企业生产 A 产品，固定成本为 80 万元，变动成本率为 60%。当企业的销售额分别为 600 万元、400 万元、200 万元时，试计算该企业的经营杠杆系数。

$$DOL_1 = \frac{600-600\times60\%}{600-600\times60\%-80} = 1.5$$

$$DOL_2 = \frac{400-400\times60\%}{400-400\times60\%-80} = 2$$

$$DOL_3 = \frac{200-200\times60\%}{200-200\times60\%-80} \to \infty$$

从上例可分析得出：

（1）在固定成本不变时，销售额越大，经营杠杆系数越小；经营风险也就越小；反之，销售额越小，经营杠杆系数越大，经营风险也就越大。

（2）在固定成本不变时，经营杠杆系数说明了销售额增长（减少）所引起利润增长（减少）的幅度。

企业一般可通过增加销售额、降低产品单位成本、降低固定成本比重等措施使经营杠杆系数下降，从而降低经营风险。

【例 4-9】某企业产销 A 商品，固定成本 500 万元，变动成本率 70%。年产销额 5 000万元时，变动成本 3 500 万元，固定成本 500 万元，息税前利润 1 000 万元；年销售额 7 000 万元时，变动成本 4 900 万元，固定成本仍为 500 万元，息税前利润 1 600

万元，则该企业经营杠杆系数为：

$$DOL=\frac{EBIT_0+F}{EBIT_0}=\frac{1\ 000+500}{1\ 000}=1.5(\text{倍})$$

二、财务杠杆概述

（一）财务风险

1. 财务风险的概念

企业通过债券和优先股筹资会给企业带来风险，全部资本中债务资本比率的变化带来的风险就是财务风险。

2. 财务风险的影响因素

（1）利率水平的变动。

如果市场利率波动较大，企业的财务风险就会增加。这是因为市场利率水平较低有利于降低企业的财务费用；而利率水平较高会使企业的负担加重，利润就会下降。

（2）资金供求的变化。

如果市场上资金供应比较充裕，企业可以随时筹到资金；反之，企业不仅面临市场利率升高的风险，而且还会遇到筹不到资金的可能。

（3）获利能力的变化。

如果企业经营状况比较稳定，获得的息税前利润完全能支付债务利息，其财务风险相对较小；反之，如果销售状况不稳定，加之有较大的经营杠杆，有可能息税前利润不能支付债务利息，则其财务风险较大。

（4）财务杠杆。

当债务资本比率较高时，投资者负担较多的债务成本，并承受负债对收益变动的冲击，从而加大财务风险；反之，当债务资本比率较低时，财务风险较小。

其中，财务杠杆对财务风险的影响最为综合，投资者欲获得财务杠杆利润，需要承担由此引起的财务风险。因此，必须在这种利益和风险之间进行合理的权衡。

（二）财务杠杆

1. 财务杠杆的概念

企业负债经营，不论利润多少，债务利息通常都是不变的。当利润增大时，每1元利润所负担的利息就会相对减少，这能给投资者带来更多的收益；反之，当利润减少时，每1元利润所负担的利息就会相对增加，从而使投资者收益大幅减少。这种债务对投资者收益的影响称为财务杠杆。

2. 财务杠杆系数

与经营杠杆作用的表示方式类似，财务杠杆作用的大小通常用财务杠杆系数来表示。财务杠杆系数等于普通股每股收益变动率对息税前利润变动率的倍数。财务杠杆系数越大，表明财务杠杆的作用越大，财务风险也就越大；反之，财务杠杆系数越小，表明财务杠杆的作用越小，财务风险也就越小。理论计算公式为：

$$DFL = \frac{\frac{\Delta EPS}{EPS}}{\frac{\Delta EBIT}{EBIT}}$$

$$DFL = \frac{EBIT_0}{EBIT_0 - I - \frac{D_p}{1-\tau}} = \frac{EBIT_0}{EBIT_0 - I} \tag{4.12}$$

具体简化过程如下：

$$EPS_0 = \frac{(EBIT_0 - I)(1-T) - D}{N}$$

$$EPS_1 = \frac{(EBIT_1 - I)(1-T) - D}{N}$$

$$\Delta EPS = \frac{(EBIT_1 - EBIT_0)(1-T)}{N}$$

因此，$\frac{\Delta EPS}{EPS_0} = \frac{(EBIT_1 - EBIT_0)(1-T)}{(EBIT_0 - I)(1-T) - D}$

又$\frac{\Delta EBIT}{EBIT_0} = \frac{EBIT_1 - EBIT_0}{EBIT_0}$

所以

$$DFL = \frac{EBIT_0}{EBIT_0 - I - \frac{D}{1-T}}$$

若 $D=0$，则：$DFL = \frac{EBIT_0}{EBIT_0 - I}$

从公式还可分析得出：

（1）财务杠杆系数表明的是息税前利润增长所引起的每股收益的增长幅度。

（2）在资本总额、息税前利润相同的情况下，负债比率越高，财务杠杆系数越大，财务风险越大，但预期每股收益也会相应较高。

（3）当资本结构、利率、息税前收益等因素发生变动时，财务杠杆也会变动，从而表现出不同程度的财务杠杆利益和财务风险。

【例 4-10】某企业总资产为 40 万元，负债比率为 50%，债务利率为 12%，销售额为 40 万元，变动成本率为 60%，固定成本为 8 万元。试求该企业的财务杠杆。

$$DFL = \frac{EBIT}{EBIT - I} = \frac{40 - 40 \times 60\% - 8}{40 - 40 \times 60\% - 8 - (40 \times 50\% \times 12\%)} = 1.43$$

计算结果表明，息税前利润每增加 1 倍普通股每股收益将增加 1.43 倍；同样，息税前利润每下降 1 倍普通股每股收益将下降 1.43 倍。

三、复合杠杆概述

从以上介绍可知，经营杠杆通过扩大销售影响息税前利润，而财务杠杆通过扩大息税前利润影响收益。如果两种杠杆共同起作用，那么销售稍有变动就会使每股收益产生更大的变动。通常把这两种杠杆的连锁作用称为总杠杆作用。

总杠杆作用的程度，可用总杠杆系数 DTL 表示。它是经营杠杆系数和财务杠杆系数的乘积，表示销售变化如何影响普通股每股收益。理论计算公式为：

$$\mathrm{DTL}=\frac{\Delta \mathrm{EPS}/\mathrm{EPS}_0}{\Delta Q/Q_0} \tag{4.13}$$

不考虑优先股情况下，简化计算公式：DTL = DOL ×DFL

$$\mathrm{DTL}=\frac{M_0}{\mathrm{EBIT}_0-I-\frac{D}{1-T}}=\frac{M_0}{\mathrm{EBIT}_0-I}=\frac{\mathrm{EBIT}+F}{\mathrm{EBIT}-I}$$

$$=\frac{Q(P-V)}{Q(P-V)-F-I}$$

$$=\frac{S-\mathrm{VC}}{S-\mathrm{VC}-F-I} \tag{4.14}$$

【例 4-11】某公司的经营杠杆系数为 1.5，财务杠杆系数为 2，求其总杠杆系数。

DTL = DOL×DFL = 1.5×2 = 3

从公式分析可得出：

（1）总杠杆系数能够估计出销售变动对每股收益造成的影响。

（2）为达到某一总杠杆系数，经营杠杆和财务杠杆可以有很多不同的组合。在实际中，企业对经营杠杆和财务杠杆的运用，必须考虑未来一段时期内外界环境如何影响企业的销售，从而决定采用何种有用的杠杆组合。即使两种组合的经营杠杆和财务杠杆并不一样，但能产生相同的组合杠杆的结果，决策者通过选择不同的杠杆组合形式，有助于做出正确决策。

例如，经营杠杆系数较高的公司可以在较低的程度上使用财务杠杆；经营杠杆系数较低的公司可以在较高的程度上使用财务杠杆。高科技企业或资本密集型企业由于投入的固定资产比较多，所以其经营杠杆相对较高。当预计外部经营环境发生恶化时，这些企业应控制负债比率，以免形成过高的总杠杆，避免因销售下滑给企业造成较大的损失；相反，当外部环境对企业发展有利时，财务杠杆的适当增大，对每股收益会带来较大的好处；而经营杠杆较低的企业，财务杠杆的大小，对每股收益的变化影响则相对较小些。

第三节　企业资本结构选择

导入案例

AB 公司拟投资一项目，该项目需资本 1 000 万元。怎样才能获得这一投资项目所需资本呢？该公司的财务总监王先生提出由 AB 公司出资 600 万元、再以 AB 公司名义发行公司债 300 万元、最后再向商业银行借入 100 万元的融资方案。公司总经理要求财务总监王先生给出这一融资方案的收益水平和风险程度的综合评估。

董事会的成员此时最希望弄清楚的事就是：不同方式融资，究竟对企业有何种影响？

一、资本结构的概念及其影响因素

（一）资本结构的含义

资本结构是指企业各种资本在总资本中的占比关系和重要程度。

它是由企业采用不同筹资方式而形成的。各种筹资方式及其不同组合类型决定了企业的资本结构及其变化。

一般情况下，企业的资本结构具有如下几种形式：

首先是法权形式的资本结构。这一形式是债务资本和权益资本在全部资本中各自的占比和重要程度。这一结构形式主要揭示资本法权性质对特定资本结构的风险和收益水平的决定性作用。

其次是时间形式的资本结构。这一形式是指长期资本和短期资本各自在总资本中的占比和重要程度。这一结构形式主要揭示资本流动性质对特定资本结构的风险和收益水平的决定性作用。

最后，还可以仅仅只以长期资本进行资本结构确定的资本结构概念。这一结构概念是指长期债务资本和长期权益资本各自在长期资本中的占比和重要程度。

（二）影响资本结构的因素

1. 企业的资产结构

资产结构会以多种方式影响企业的资本结构。

（1）有大量固定资产的企业主要通过长期负债和发行股票筹集资金；

（2）拥有较多流动资产的企业，更多依赖流动负债来筹集资金；

（3）资产适用于抵押贷款举债额较多的公司，如房地产公司的抵押贷款就相当多；

（4）以技术研究开发为主的公司则负债很少。

2. 所得税税率

债务的利息可以免税，而股票的股利是在税后利润中支付的，因此，企业所得税税率越高，举债经营的好处就越大。在其他情况较好的情况下，所得税税率越高，企业就越偏好举债，可以达到提高企业的效益。

3. 所有者和管理人员的态度

企业所有者和管理人员的态度对资本结构也有重要影响，因为企业资本结构的决策最终是由他们做出的。

一个企业的股票如果被众多投资者所持有，谁也没有绝对的控制权，这个企业可能会更多地采用发行股票的方式来筹集资金；反之，如企业被少数股东所控制，这些股东为了保证其控制权，一般尽量避免普通股筹资，而是采用优先股或负债方式筹集资金。

喜欢冒险的财务管理人员，可能会安排比较高的负债比例；反之，一些持稳健态度的财务管理人员则会使用较少的债务。

4. 债权人对企业的态度

除了所有者和管理人员外，债权人的态度对企业的资本结构也有很大影响。大部分债权人都不希望企业的负债比例过大，如果公司坚持使用过多债务，则债权人可能拒绝贷款。通常，企业进行重大筹资决策时，都要同主要债权人商讨资本结构，并尊重债权人的意见。

二、资本结构的理论

（一）净收益理论

该理论认为负债可以降低企业的资本成本，负债程度越高，企业的价值越大。无论负债程度多高，债务利息和权益资本成本均不受财务杠杆的影响，即债务资本成本和权益资本成本都不会变化。所以，只要债务成本低于权益成本，那么负债越多，企业的加权平均资本成本就越低，企业的净收益或税后利润就越多，企业的价值就越大。当负债比率达100%时，企业加权平均资本最低，企业价值将达到最大值。

（二）营业收益理论

该理论认为不论财务杠杆如何变化，企业加权平均资本成本都是固定的，因而企业的总价值也是固定不变的。这是因为企业利用财务杠杆时，即使债务成本本身不变，但加大了权益的风险，也会使权益成本上升，于是加权平均成本不会因为负债比率的提高而降低，而是维持不变的，因此资本结构与企业价值无关，决定企业价值的是营业收益。按照这种理论推论，不存在最佳资本结构，筹资决策也就无关紧要。

（三）传统理论

这是一种介于净收益理论和营业收益理论之间的理论。该理论认为，企业利用财务杠杆尽管会导致权益成本的上升，但在一定程度内不会完全抵销利用成本率低的债务所获得的好处，因此会使加权平均资本成本下降，企业总价值上升。但超过一定程度地利用财务杠杆，权益成本的上升就不再能为债务的成本所抵销，加权平均资本成本会上升。之后，债务成本也会上升，它和权益成本的上升共同作用，使加权平均资本成本上升加快。加权平均资本成本从下降变为上升的转折点，是加权平均资本成本的最低点，这时的负债比率就是企业的最佳资本结构。

（四）权衡理论

权衡理论是指将由于负债的增加给企业带来的抵减税收的利益与同时产生的其他成本之间进行适当权衡来确定企业价值的理论。该理论是在早期MM理论的基础上发展起来的。MM理论知识单方面考虑了负债给公司带来的减税利益，而没有考虑负债可能给企业带来的其他成本，如财务破产成本等。

该理论说明了以下几点：

（1）负债可以为企业带来避税利益。不考虑破产成本时，按MM理论企业价值会随着债务的增加而增加。

（2）MM 理论的假设在现实中是不存在的，事实是各种债务成本随着负债比率的增大而上升。当负债比率达到某一程度时，息税前利润会下降，同时企业负担破产成本的概率会增加。

（3）由于上述几个因素的综合，刚开始破产成本明显；当负债比率达到某一定点时，破产成本开始变得重要，负债避税利益开始被破产成本所抵消；当负债比率更高时，负债避税利益恰好与边际破产成本相等，企业价值最大，达到最佳资本结构。当负债比率又继续加大后，破产成本大于负债避税利益，导致企业价值下降。

三、最佳资本结构的确定

从上述分析可知，利用负债资本具有双重作用，适当利用负债，可以降低企业资本成本；但当企业负债比率太高时，会带来较大的财务风险。因此，企业必须权衡财务风险和资本成本的关系，确定最优资本结构。最优资本结构是指在一定条件下使企业加权平均资本成本最低、企业价值最大的资本结构。

确定最优资本结构的方法有每股收益无差别点法、资本成本比较法、企业价值分析法。

（一）每股收益无差别点法

每股收益无差别点法，又称息税前利润—每股收益分析法（EBIT — EPS 分析法），这种方法假定能提高每股收益的资本结构是合理的。这种方法确定的最佳资本结构为每股收益最大时的资本结构。

当企业采用两种不同财务杠杆的筹资方法时，产生相同每股收益时的 EBIT 值称为每股收益无差别点。从每股收益的角度看，在此点上企业的两种筹资方案是等价的。如果 EBIT 高于无差别点，则财务杠杆高的筹资方案能够带来较高的每股收益；如果 EBIT 低于无差别点，则财务杠杆低的筹资方案为好。

这种方法的不足之处在于没有考虑风险因素。从根本上讲，企业财务管理的目标在于追求企业价值最大化（股价最大化）。然而，只有在风险不变的情况下，每股收益的增长才会直接导致股价的上升，实际上经常是随着每股收益的增长，风险也加大。如果每股收益的增长不足以补偿风险增加所需的报酬，尽管每股收益增加，股价仍然会下降。

每股收益无差别点可以通过计算得出：

首先，
$$\mathrm{EPS}=\frac{(\mathrm{EBIT}-I)\ (1-T)}{N}$$

式中：EBIT——息税前利润；

I——债务利息；

T——所得税税率；

N——普通股股数。

其次，若以 EPS_1 代表筹资方式 1，EPS_2 代表筹资方式 2，有：

$$\mathrm{EPS}_1=\mathrm{EPS}_2，即\frac{(\mathrm{EBIT}_1-I_1)\ (1-T)}{N_1}=\frac{(\mathrm{EBIT}_2-I_2)\ (1-T)}{N_2}$$

在每股收益无差别点上，

$$\text{EBIT}_1 = \text{EBIT}_2，即\frac{(\text{EBIT}-I_1)(1-T)}{N_1} = \frac{(\text{EBIT}-I_2)(1-T)}{N_2} \tag{4.15}$$

能使上述条件公式成立的息税前利润（EBIT）为每股收益无差别点的息税前利润。

【例 4-12】某公司原有资本 700 万元，其中债务资本 200 万元，债务利率 12%，普通资本 500 万元（总股数 10 万股，每股面值 50 元）。由于扩大业务，需追加筹资 300 万元。其筹资方式有以下两种：一是全部发行普通股，增发 6 万股，每股面值 50 元；二是全部筹措长期债券，债务利率为 12%。该企业适用的所得税税率为 25%。

依据题意可得：

$$\frac{(\text{EBIT}-200\times12\%)(1-25\%)}{10+6} = \frac{(\text{EBIT}-200\times12\%-300\times12\%)(1-25\%)}{10}$$

EBIT = 120（万元）

$$此时的\ \text{EPS} = \frac{(120-200\times12\%)(1-25\%)}{10+6} = 4.5（元）$$

其实，除了用息税前利润 EBIT 来分析外，还可用销售额和销售收入等指标来进行同样分析。

（二）资本成本比较法

资本成本比较法是通过计算各方案的加权平均资本成本，并根据加权平均资本成本的高低来确定资本结构的方法。这种方法确定的最佳资本结构为加权平均成本最低的资本结构。其计算公式为：

加权平均资本成本（K_W）= 税前债务资本成本×债务额占总资本比重×（1-所得税率）+ 权益资本成本 × 股票额占总资本比重

$$= \sum_j K_j W_j \tag{4.16}$$

这种方法易理解，计算过程也较简单，是常用的一种方法。但因所拟订的方案数量有限，故有把最优方案漏掉的可能。

【例 4-13】某公司原来的资本结构为债务资本 800 万元，债务利率 10%，权益资本 800 万元（每股面值 1 元，发行价 10 元，共 800 万股），总资本为 1 600 万元。目前市场价格为 10 元，今年期望股利为每股 1 元，预计年股利增长率为 5%。假设该企业所得税税率为 25%，发行的各证券均无筹资费。该公司现因扩大生产规模增资 400 万元，有以下三个方案可供选择：

方案 1：发行债券 400 万元，因负债增加，投资人风险加大，此次发行利率为 12%，预计普通股股利不变，但由于风险加大，普通股市价降至每股 8 元。

方案 2：发行债券 200 万元，债券利率为 10%，发行普通股 20 万股，每股发行价 10 元，预计普通股股利不变。

方案 3：发行股票 36.36 万元，普通股市价增至每股 11 元。

试确定上述哪个方案最好。

根据题意解题如下：

1. 计算公司年初的加权平均资本成本

K_{W0} = 800/1 600×10%×(1-25%) + 800/1 600×(1/10 + 5%)

= 11.25%

2. 计算方案 1 的加权平均资本成本

K_{W1} = 800/2 000×10%×(1-25%)+400/2 000×12%×(1-25%)

+800/2 000×(1/8+5%)

= 11.80%

3. 计算方案 2 的加权平均资本成本

K_{W2} = 1 000/2 000×10%×(1-25%)+1 200/2 000×(1/11+5%)

= 11.45%

从以上结果可以看出，方案 2 的加权平均资本成本最低，为 11.80%，故应选择方案 2。

（三）企业价值分析法

企业价值分析法是指通过计算和比较各种资本结构下企业的市场总价值进而确定最佳资本结构的方法。这种方法确定的最佳资本结构为企业价值最大时的资本结构。该方法可以克服以上两种分析方法的缺点，其出发点是财务管理的目标在于追求企业价值的最大化。在企业总价值最大的资本结构下，其资本成本也是最低的。

企业的市场总价值等于其股票的总价值与债券的总价值之和，即：

$$V=S+B \tag{4.17}$$

式中：V——企业的市场总价值；

S——股票的总价值；

B——债券的总价值。

为简化，假设债券的市场价值等于其面值，企业持续盈利经营，股东和债权人的投入及要求的回报不变，股票的市场 S 可以通过如下公式计算：

$$S=\frac{(\mathrm{EBIT}-I)\ (1-T)}{K_S} \tag{4.18}$$

式中：EBIT——息税前利润；

I——年利息额；

T——所得税率；

K_S——权益资本成本。

而股票的资本成本 K_s 可以采用资本资产成本定价模型来计算：

$$K_S=R_F+\beta\ (R_M-R_F) \tag{4.19}$$

式中：R_F——无风险报酬率；

β——股票的贝塔系数；

R_M——平均风险股票必要报酬率。

企业的资本成本，则可通过加权平均资本成本计算如下：

$$K_W=K_b\ (B/V)\ (1-T)+K_S\ (S/V) \tag{4.20}$$

式中：K_b——税前的债务资本成本。

【例 4-13】某公司息税前利润为 40 万元，目前全为普通股资本且账面价值为 200 万元，假设所得税税率为 25%。该公司准备用发行债券购回部分股票的方法来调整资本结构。

不同债务水平下对公司的债务成本和普通股权益成本的影响如表 4-1 所示。

表 4-1

债券的市场价值 B（万元）	税前债务资本成本 K_b（%）	β 值	无风险报酬率 R_F（%）	平均风险股票必要报酬率 R_M（%）	权益资本成本 K_S（%）
0	—	1.5	6	10	12.0
20	8.0	1.55	6	10	12.2
40	8.3	1.65	6	10	12.6
60	9.0	1.80	6	10	13.2
80	10.0	2.0	6	10	14.0
100	12.0	2.3	6	10	15.2
120	15.0	2.7	6	10	16.8

根据上表资料可以计算出在不同债务比率下该公司的价值和资本成本。如表 4-2 所示。

表 4-2

债券的市场价值 B（万元）	股票的总价值 S（万元）	公司的总价值 V（万元）	税前债务资本成本 K_b（%）	权益资本成本 K_S（%）	加权平均资本成本 K_W（%）
0	200	200	—	12.0	12.0
20	236.1	256.1	8.0	12.2	11.72
40	218.3	258.3	8.3	12.6	11.61
60	196.6	256.6	9.0	13.2	11.69
80	171.4	251.4	10.0	14.0	11.93
100	138.2	238.2	12.0	15.2	12.60
120	38.2	158.2	15.0	16.8	12.59

从表 4-2 可以看出，当公司负债为 40 万元时，加权平均资本成本最低为 11.61%，市场总价值最大为 258.3 万元，因此为该公司的最佳资本结构。此时的资产负债率大约为 15.49%，该公司可以按该比率来确定其当前的目标资本结构。

第五章 项目投资和评价

■导入话语

基于公司发展战略，HX 机械制造公司董事会决定公司在未来的十年内，一方面坚持按照现有的产品经营，另一方面开始进行战略转移。这一战略转移的具体步骤是：从现在起开始涉足一些富含技术的项目；待机会成熟就完全实现产品经营方向的转移。这一决策就涉及关于经济项目投资的一系列问题，尤其是其中的经济可行性，包括对经济项目的构造、经济数据指标的测算、经济项目的损益的确定方式。

第一节 项目投资的经济内容

导入案例

HX 公司眼下就有一个西部山区水电投资项目。市场开发部向董事会和经理人员做了这个项目的一般介绍、总会计师则做了该项目的损益预测说明。其中，项目每年利润为 120 万元的结论引起总经理的高度关注。但是，财务顾问则提醒说，不能仅仅只看会计提供的每年利润这一指标。财务顾问提出，除了利润，更为重要的是要清楚地把握这一项目的投资金额和回收金额，以及这些回收金额是在何时得以实现的。

一、项目投资的内涵与外延

广义的投资是指为了实现特定目标，而对所持有或控制的资源进行特定的安排。

这种安排必须以后续使用为依据。投资的基本内容就是将所获取的资源配置为特定可以运行的系统，并具体对系统进行运行，以最终实现投资目标。

（一）投资的分类

投资活动按照不同标准可以有如下分类：

（1）按照投入资本被完全回收的时间长短划分，投资被划分为长期投资和短期投资。

（2）按照投资行为所形成的结果形式不同，投资被划分为生产经营能力投资和金融资产投资。生产经营能力投资是指投资者能够直接持有投资所形成的生产经营能力，诸如企业实体或可以运作的项目；金融资产投资则是投资者只能持有与生产经营能力相对应的虚拟资产，即相关的各种有价资本证券。典型的金融资产投资如企业或政府的债券、公司的股票等。

生产经营能力投资本质上是在创造生产经营能力，而日常的经营活动则是对这一能力的具体运用。

生产经营能力投资包括两种形式：投资形成可经营的企业和投资形成可运行的项目。企业与项目是两种资源组织形式不同的生产能力投资方式。这两种投资方式的共同点是同属于生产经营能力投资，投资活动都将形成特定形式的生产经营能力。这两种投资形式的不同在于对投入资源的组织方式具有差异。

项目投资是指在预定的时间和空间范围内，为实现预定目标而完成某项特定任务的投资活动。经济项目投资的目的通常是为获取经济利益，而经济利益的具体内容则可以是项目赚取的利润，也可以是其他形式的经济利益。

投资也是对资源有用性的消费——经济的或生产性的消费，从而也是对特定有用性的发挥和实现。

（二）项目投资的特点

1. 独立性

项目是为着一个明确的事件而存在的，与其他任何经济活动并无逻辑关系。如果该相关事件所规定或要求的目标已经实现，则该项目失去存在和继续运行的价值。

2. 规模稳定不变

从资源投入形成一定经济规模时起，其整个运行寿命周期中规模一直维持不变。规模不变，就是说中途并不需要追加投入新的资源量。这实际上是经济学上所描述的简单再生产过程。如果一个项目在其预定寿命周期内追加了投资，那么这个项目事实上已经结束其寿命，而另一个项目的寿命周期则开始了。规模不变，就意味着在项目寿命周期内各个期间的经济财务指标数值水平不变。因此，项目所获取的利润和折旧所导致的现金，不需要再追加至下一生产经营周期中，从而属于自由现金流量。

3. 时间的有限性

从资源投入、运行并结束项目的整个过程，通常有明确的起始时间和项目的结束时间。这也就是说，适用于企业的持续经营假设，并不适用于项目。

项目投资投入资源所采用的形式包括：固定资产、无形资产、流动资产。固定资产、流动资产和无形资产是生产经营能力投资的必需要素。在具体投入某一特定项目时，基于项目本身的相关事件内容要求，可以是单纯的固定资产投资，也可以是固定资产和流动资产的综合投资，还可以是包含固定资产、流动资产和无形资产的完整生产经营能力投资。

（三）项目投资的程序

项目投资的程序主要包括以下步骤：

（1）提出投资领域和投资对象。在明确了投资目的的基础上，投资者应根据各种具体的标准来对投资的领域和对象加以确定。

（2）拟订相关方案。投资者按照投资对象的条件约束和投资者自身能力条件拟订出若干个具体的投资方案。这些方案应反映出投资者的投资目的，以及达到投资目的的具体途径、各个方案的利弊等因素。

（3）评价投资方案的可行性。在对各拟订的方案进行分析和评价时，一方面需要进行特定投资方案的技术可行性，另一方面需要经济与财务可行性的分析评价。这一分析评价主要是在对各投资方案进行比较与选择上实现的。

（4）投资方案的抉择。在分析评价的基础上，必须确定一个对于特定投资者而言的最佳投资方案并付诸执行。

（5）投资方案的再评价。当投资项目完成或投资项目在执行的过程中时，要按照科学的方法，对投资的效果进行分析评价。并且通过分析和评价，可以总结经验，为以后的投资提供依据。同时，还可以根据评价的结果，调整原有的投资对象、投资方案，以趋利除弊，更好地实现投资的目的。

二、投资决策应遵循的原则

（一）系统全面原则

在分析评价项目方案时，要考虑所有相关因素：包括收集资料要全面，方案的拟订要多样化，风险考虑不能遗漏等。

（二）可操作性原则

对项目的实施方案的设计，不但要在理论上正确，更要在实际操作中具有可操作性。

（三）实事求是原则

在项目方案的拟订和执行过程中，必须要结合实际情况进行。

（四）科学性原则

拟订和执行计划时，必须以社会学、经济学、管理学的基本原理为指导。

第二节　项目投资现金流量的分析

导入案例

前述 XH 公司的财务顾问特别提醒董事会和经理人员，强调对项目的各时点所发生的投出资源和回收的资源量。财务顾问继续强调说，项目各时点的投资和投资回收就是项目的现金流量。而现金流量的状况决定着这个项目的状况。因此，现金流量是最重要的财务经济指标。这就是现金为主的观念。

一、项目投资的现金流量的概念

现金流量是指基于投资和运行一个项目而产生的资源投入和收回的资源量。这些资源量从逻辑上说都是货币形态，所以通常将其称为现金流量。

现金流量包括现金流出量、现金流入量和净现金流量三个具体概念，它们各自具有不同的内容。

（一）现金流出量

一个投资方案的现金流出量是指在投资和运行该方案所引起的货币形式的资源支出数额。现金流出量通常包括：投放在固定资产上的资金；项目建成投产后为开展正常经营活动而需投放在流动资产（原材料、在产品、产成品和应收账款等）上的营运资金；在项目运行过程中为制造和销售产品所发生的各种付现成本。

（二）现金流入量

一个投资方案的现金流入量是指在运行该方案过程中所获得的货币形式的资源回收量。现金流入量通常包括：项目投产后每年的现金营业收入（或付现成本降低的金额）；项目报废时的残值收入或中途转让时的变价收入；项目结束或合同期满时，收回原来投放在各种流动资产上的营运资金。

（三）净现金流量

一个投资方案的现金净流量是指该方案某一时点的现金流入量扣除同一时点的现金流出量后的金额（实务中，时点通常被变通为一个期间，比如一年）。净现金流量其实就是某一时点的现金存量。在同一时点的基础上，净现金流量有如下计算形式：

现金净流量 =现金流入量-现金流出量　　　　(5.1)

一个项目的寿命周期全过程，通常被逻辑地划分为初始阶段、营运阶段和终结阶段。由于不同阶段的现金流量内容具有不同的特征，由此，各阶段的现金净流量计算形式也就不同。

项目的初始阶段，主要经济内容是投入资源形成可运行的项目实体。因此，在项目的初始阶段，其现金流量主要表现为现金流出。在更新型的项目中，也具有因为变卖旧项目资源而产生的现金流入量。但初始阶段的现金流量就是现金流出，因而其净现金流量表现为负值，其数额刚好就是现金流出量即投资额。

项目的初始阶段净现金流量=现金流入量-现金流出量 = 0-投资额 =-投资额=-(长期资产投资+营运资金投资)　　　　(5.2)

如果总的投资额是分成若干次投入，则上式中的投资额则要分成若干次分次计算若干个时点的净投资额。

【例 5-1】某公司投资一项目，除购买 3 000 万元已建好的厂房外，还要购置1 000

万元的设备进行生产，另需要运输及安装调试费用60万元。为使项目正常运转，初期投入原材料等流动资金700万元。

项目的初始阶段净现金流量=3 000+1 000+60+700=4 760（万元）

项目的营运阶段，主要经济内容是营运活动的进行。在营运活动中，既产生现金流入，如营业收入将导致收到现金，也要产生营运成本。营运成本的典型特征是付现性，所以，通常也将营运成本称为付现成本。凡是逻辑上要在发生的当期以现金支付的成本，就是付现成本。如当期一个购买材料而支付的采购成本、当期要支付的人工工资等。而以营运阶段的某一期间（年）的现金流入扣除该期间的现金流出，即得该期间的净现金流量。而由于项目具有各个期间规模不变的经济特征，决定了项目某一年营运结果指标可以表达一般情况，而不必逐期计算全营运过程情况。

在不考虑所得税的情况下，项目的正常营运时期某一期的净现金流量为：

营业现金净流量=现金流入量-现金流出量

=营业收入-付现成本-所得税费用　　(5.3)

其中，付现成本=成本-折旧，则以上公式可做如下变形：

营业现金净流量=营业收入-付现成本-所得税费用

=营业收入-（成本-折旧）-所得税费用

=净利润+折旧（所有长期性项目在本期的折旧摊销）　　(5.4)

如投资方案不能单独计算盈亏，或该投资方案不增加销售收入，但能使企业支付的付现成本减少。其现金净流量可按下式计算：

现金净流量=付现成本节约额（原付现成本-现付现成本）　　(5.5)

【例5-2】某公司项目投产后，每年增加营业收入90万元，增加付现成本62万元，每年折旧额5万元，当年所得税税率25%，经营期内每年的现金净流量为多少？

项目经营期内每年的现金净流量=［90-（62+5）］×（1-25%）+5=22.25（万元）

项目终结阶段，主要经济内容是清算项目并收回那些尚未收回的剩余投资资源。投入项目中的长期性资产，在项目的每一个营运期间都以折旧摊销的方式，得以收回。因此，在项目终结阶段上，长期资产仅仅只剩余残值，并被以变现价格的方式收回。而投入项目中的流动性资产，虽然每一营运期都变现至少一次，但是必须在下一期又重新完全地被再次投入。显然，投入的流动资产在项目营运阶段上是反复地投入又收回，如此循环往复，形成流动资产的周转运动而不能离开营运过程。因此，流动资产是在项目终结阶段上，才能被一次全额（理论上是如此）地得以回收。由此有终结阶段上的净现金流量的计算如下：

终结期净现金流量=现金流入量-现金流出量

=（长期资产残变净值+流动资产全值）-0　　(5.6)

【例5-3】某公司投资项目结束时，预计厂房变价净收入300万元，设备变价净收入为200万元。同时收回占用流动资金600万元。

终结期净现金流量=300+200+600=1 100（万元）

【例5-4】某项目需要投资1 250万元，其中固定资产1 000万元，开办费50万元，流动资产200万元。建设期为2年。固定资产和开办费于建设起点投入，流动资金于完工时投入。该项目的寿命期为 10 年。固定资产直线法折旧，残值为 100 万元；开办费从投产后 5 年平均摊销；流动资金项目终结时一次收回。投产后各年的收入如表 5-1 所示。

表 5-1 单位：万元

年限	第一年	第二年	第三年	第四年	第五年	第六年	第七年	第八年	第九年	第十年
收入	300	650	750	950	1 150	1 225	1 425	1 625	1 725	1 825

付现成本率为 60%。所得税税率为 25%。计算项目各年净现金流量。

NCF_0 =-（1 000+50）=-1 050（万元）；

NCF_1 =0（万元）；

NCF_2 =-200（万元）；

T_3 =［300-（300×60%）-90-10］×25% =5（万元），NCF_3 =300-300×60%- T_3 =115（万元）；

T_4 =［650-（650×60%）-90-10］×25%=40（万元），NCF_4 =650-650×60%- T_4 =220（万元）；

NCF_5 = 250（万元），NCF_6 = 310（万元），NCF_7 = 370（万元），NCF_8 = 390（万元）；

NCF_9 =450（万元），NCF_{10} = 510（万元），NCF_{11} = 540（万元），NCF_{12} = 870（万元）

项目的现金流量是依据项目的计划而确定的以货币形式表现出来的资源收支数额，是评价项目的基础。对项目做基本的可行性评价时，就是将项目寿命周期全部现金流量在考虑时间价值上的基础上，以结果来衡量项目是否可行。

二、项目的现金流量计算

（一）单纯固定资产投资项目

某年的净现金流量=该年发生的固定资产投资额 （5.7）

营运期某年所得税前净现金流量=该年因使用该固定资产新增的息税前利润+该年因使用该固定资产新增的折旧+该年回收的固定资产净残值 （5.8）

营运期某年所得税后净现金流量=营运期某年所得税前净现金流量-该年因使用该固定资产新增的所得税 （5.9）

（二）完整工业投资项目

建设期某年净现金流量=该年原始投资额 （5.10）

如果项目在营运期内不追加流动资金投资，则完整工业投资项目的营运期所得税前净现金流量可按以下简化公式计算：

营运期某年所得税前净现金流量=该年息税前利润+该年折旧+该年摊销+该年回收额-该年维持营运投资 （5.11）

完整工业投资项目的营运期所得税后净现金流量可按以下简化公式计算：

某年所得税后净现金流量（NCF_t）= 该年息税前利润 ×（1-所得税税率）+该年折旧+ 该年摊销+该年回收额-该年维持营运投资=该年自由现金流量 (5.12)

营运期自由现金流量是指投资者可以作为偿还借款利息和本金、分配利润、对外投资等财务活动资金来源的净现金流量。

如果不考虑维持营运投资，而且回收额为零，则营运期所得税后净现金流量又称为经营净现金流量。按照有关回收额均发生在终结点上的假设，营运期内回收额不为零时的所得税后净现金流量也称为终结点所得税后净现金流量；显然终结点所得税后净现金流量等于终结点那一年的经营净现金流量与该期回收额之和减去维持营运投资。

（三）更新再造投资项目

某年净现金流量=该年发生的新固定资产投资-该年旧固定资产变价净收入 (5.13)

所得税后净现金流量的简化公式为：

第一年所得税后净现金流量=该年因更新改造而增加的息税前利润×（1-所得税税率）+该年因更新改造而增加的折旧额+因旧固定资产提前报废发生净损失而抵减的所得税额 (5.14)

其他各年所得税后净现金流量=该年因更新改造而增加的息税前利润×（1-所得税税率）+该年因更新改造而增加的折旧额+该年回收新固定资产净残值超过假定继续使用的旧固定资产净残值之差额 (5.15)

第三节　项目投资的评价方法

导入案例

XH公司决定进行投资，现在有甲、乙两个可选方案，两个方案的初始总投资为100万元，经济寿命均为10年。如果按照甲方案，则60万元作为长期性资产投入，而40万元则以流动资产投入，并且前五年每年的利润为15万元，而后五年每年利润为10万元。如果按照乙方案，则流动资产和长期资产各投入50万元，每年利润为12万元。

现在在决策者面前的问题集中表现为：做何种选择才能使抉择正确合理，所获取的经济效益最大？

显然，这里涉及的关键问题就是，要有一定的方法来解决问题。

投资决策评价指标虽然有很多种分类，但一般以是否考虑资金时间价值进行分类，主要分为静态评价指标和动态评价指标两类。静态评价指标主要是投资回收期和投资收益率；动态评价指标则主要是净现值、现值比率和内涵报酬率。

一、静态评价指标

静态评价指标主要是评价没有考虑货币时间价值因素的影响。

（一）投资回收期

投资回收期是指投资经营项目引起的现金净流量累计总额抵偿原始投资所需要的时间。

如果现金流入量的原始投资是分几次投入的，则可以使下列等式成立的 n 为回收期。

$$\sum_{X=0}^{n} IX = \sum_{X=0}^{n} OX \tag{5.16}$$

如果原始投资一次性支付，每年现金净流量相等。

$$投资回收期=\frac{原始投资额}{每年现金净流量} \tag{5.17}$$

（二）年平均投资收益率

$$投资收益率=\frac{每年平均利润}{项目总投资} \tag{5.18}$$

静态评价指标的优点是计算简单，但由于没有考虑资金时间价值的影响，可能会使投资决策失误，所以只能用来做辅助参考指标。

具体地，投资回收期只考虑了回收期的时间段落，而回收期之外的贡献经济价值的项目时间的长短，则未能加以考虑。至于年平均投资收益率，则仅仅只考虑利润而不是更为全面的现金流量。

【例 5-5】某企业打算投资，现在有两个可选方案，方案 A 和方案 B 都是初始投资为 10 000 元，方案 A 每年的现金净流量为 6 000 元，每年利润为 1 000 元；方案 B 每年的现金净流量为 4 000 元，每年利润为 1 200 元。请分别用两种方法评价应该选用哪种方案。

方案 A：投资回收期＝10 000÷6 000≈1.67（年）

投资收益率 ＝ 1 000÷10 000 ＝ 10%

方案 B：投资回收期 ＝10 000 ÷4 000 ＝2.5（年）

投资收益率 ＝ 1 200÷10 000 ＝ 12%

表 5-2　投资项目的有关资料　　单位：万元

时间（年）	0	1	2	3
方案 A：净收益 净现金流量	-10 000	1 000 6 000	1 000 6 000	
方案 B：净收益 净现金流量	-10 000	1 200 4 000	1 200 4 000	1 200 4 000

表 5-3 投资回收期的计算　　　单位：万元

	时间（年）	净现金流量	回收额	未回收数	回收时间
方案 A	0	-10 000		10 000	
	1	6 000	6 000	4 000	1
	2	6 000	4 000		0.67
	合计回收时间（投资回收期）= 10 000÷6 000≈1.67（年）				
方案 B	0	-10 000		10 000	
	1	4 000	4 000	6 000	1
	2	4 000	4 000	2 000	1
	3	4 000	2 000		0.5
	合计回收时间（投资回收期）= 10 000÷4 000 = 2.5（年）				

二、动态评价指标

这类指标的共同特点是对所有的现金流量进行折现，将不同时点的现金流量折现到同一时点上进行计算，常用的指标有净现值、现值比率和内含报酬率。

（一）净现值（Net Preset Value，NPV）

净现值是指投资特定项目所收到的净现金流量按预定的贴现率折算的现值。其计算公式是：

$$净现值 = \sum_{t=0}^{n}（第\ t\ 年现金流入量 - 第\ t\ 年现金流出量）/(1+i)^t$$

式中：n——项目的寿命期；

i——预定的折现率。

净现值是描述投资回收内容及其结果状态的指标。当净现值为正值时，首先，投资者原始投资得以安全完整地回收。其次，以所用折现率作为增值率的目标增值额，也得以实现。这就意味着投资者的目标得以实现。最后，项目还获取到超过投资者目标的利益回收。通常将这一回收称为超目标回收。而超目标回收额的现值，就是净现值。如果项目的净现值为零，则表示原始投资额与投资目标完整实现，但是没有获得超目标回收。如果净现值为负值，则不仅投资目标未能实现，还有可能存在亏蚀原始投资的情况。

使用净现值指标评价投资项目时，投资方案的净现值为正时表明方案的内在报酬率大于所用的折现率，说明投资方案具有优良的投资经济可行性。若投资方案的净现值为零，投资方案也具有可行性。只有当投资方案的净现值为负时，表明此方案的内在报酬率小于预定的折现率，因此方案不具有经济可行性。

对于净现值为正的互斥方案，企业应该选择净现值最大者。

下面，我们仍以上题为例说明净现值的计算方法，以及如何利用净现值指标进行长期投资决策分析。

【例 5-6】根据表 5-2 的资料，假设贴现率为 10%，请计算上述两个方案的净现值。

解：根据净现值计算公式分别计算方案 A 与方案 B 的净现值：

净现值（A）$= 6\ 000\times(P/A, 10\%, 2) - 10\ 000 = 6\ 000\times1.735\ 5 - 10\ 000 = 413$

净现值（B）$= 4\ 000\times(P/A, 10\%, 3) - 10\ 000 = 4\ 000\times2.486\ 9 - 10\ 000 = -52.4$

方案 B 的净现值小于零，说明该方案的报酬率小于预定报酬率 10%，如果项目要求的最低报酬率或资本成本率为 10%，则此方案无法给企业最终带来效益，因此应该放弃该方案。方案 A 的净现值大于零，表示此方案可行。

净现值的特点：净现值指标的优点是综合考虑了资金时间价值、项目计算期内的全部净现金流量和投资风险。其缺点是：无法从动态的角度直接反映投资项目的实际收益率水平，而且计算比较烦琐。只有净现值指标大于或等于零的投资项目才具有财务可行性。

（二）现值比率

现值比率是指投资项目的现金回收额的现值占原始投资额现值的比率，也叫投资报酬率。其计算公式如下：

$$\text{现值比率} = \frac{\text{现金流入现值}}{\text{原始投资总额的现值}} \tag{5.20}$$

如果某方案的现值比率大于 1 时就能接受此方案，因为它的报酬率大于预定的贴现率，现金流入的现值大于现金流出的现值；反之，不宜接受该方案。

【例 5-7】根据表 5-2 的资料，假设折现率为 10%，请计算上述两个方案的现值比率。

解：方案 A 的现值比率$=\dfrac{6\ 000\times(P/A, 10\%, 2)}{10\ 000}=\dfrac{6\ 000\times1.735\ 5}{10\ 000}=1.04$

方案 B 的现值比率$=\dfrac{4\ 000\times(P/A, 10\%, 3)}{10\ 000}=\dfrac{4\ 000\times2.486\ 9}{10\ 000}=0.99$

方案 A 的获利指数大于 1，表明其报酬率超过预定的贴现率，表明此方案可以接受；方案 B 的获利指数小于 1，表明其报酬率没有达到预定的贴现率，此方案不可取。

（三）内含报酬率（内部收益率）(Internal Rate of Return，IRR)

内含报酬率是项目投资实际可望达到的收益率，实质上是使项目的净现值等于零的收益率。

内部收益率（IRR）的计算，IRR 满足下列等式：

$$\sum_{t=0}^{n}\left[\mathrm{NCF}_t \times (P/F, \mathrm{IRR}, t)\right] = 0$$

确定内部收益率指标的方法具体有特殊方法、一般方法和插入函数法三种。

1. 内部收益率指标计算的特殊方法

本方法又称为简便算法，应用它的条件十分苛刻，只有当项目投产后的净现金流量表现为普通年金的形式时才可以直接利用年金现值系数计算内部收益率。其计算公式为：

$$(P/A, IRR, n) = \frac{1}{NCF} \tag{5.21}$$

必要时还需要应用内插法。

2. 内部收益率指标计算的一般方法

本方法就是采用逐次测试逼近法结合应用内插法的方法。

3. 内部收益率指标计算的插入函数法

本方法是指运用 Windows 系统的 Excel 软件，通过插入财务函数“ IRR ”，并根据计算机系统的提示正确地输入已知的电子表格中的净现金流量，来直接求得内部收益率指标的方法。

按插入函数法计算的结果不可能与其他方法计算的结果一致，也无法调整。

三、几种指标的比较

（一）投资收益率

投资收益率指标的优点是简单、明了、易于掌握，指标不受建设期的长短、投资的方式、回收额的有无以及净现金流量的大小等条件的影响，能说明投资方案的收益水平。投资收益率指标的缺点：没有考虑资金时间的价值因素，不能正确地反映建设期的长短及投资方式的不同对项目的影响；指标的分子、分母时间特征不一致（分子时期指标，分母时点指标），因而在计算口径上可比基础较差；该指标的计算无法直接利用净现金流量信息。

（二）投资回收期

投资回收期是一种简称，实际应称作静态投资回收期，又叫全部投资回收期。它是指以投资项目经营净现金流量抵偿原始总投资所需的全部时间。它主要表现在投资全部现金流量表的“累计净现金流量”中。投资回收期的优点：可直接反映原始总投资的本金回收期限，便于理解，计算也不难。其缺点：没有考虑资金时间的价值因素，又未考虑回收期满后继续发生的现金变化。

（三）净现值

净现值是指在项目计算期内，按行业基准收益率或其他设定折现率计算的各年限净现金流量现值的代数和。

净现值法的优点：①考虑了资金的时间价值，增强了投资的经济性评价；②考虑了项目计算期内的全部净现金流量，体现了流动性与收益性的统一；③考虑了投资风险性。

净现值法的缺点：①不能从动态角度直接反映项目的实际收益率水平；②净现金流量的测量和折现率的确定比较困难；③净现值计算比较麻烦，且较难理解和掌握。

（四）内部收益率

内部收益率又叫内含报酬率，是指项目投资实际可望达到的报酬率。内部收益率法的优点：非常注重资金的时间价值，能从动态的角度直接反映投资项目的实际收益水平，且不受行业基准收益率高低的影响，比较客观。

（五）现值比率

现值比率是一个相对数，因此解决了不同投资方案之间的净现值缺乏可比性的问题，使不同投资项目之间可以直接用现值比率进行比较。其缺点：计算过程比较复杂，无法直接反映投资项目的直接收益率，计算口径也不统一。

第四节　项目投资实务

导入案例

AB 公司现在面临一个生产经营问题，原有一条生产线比较旧了，可以继续使用，也可以淘汰旧生产线，购买新生产线。如果继续使用旧生产线，还可以使用四年。如果购买新生产线，则将要支付一大笔现金，但是，产出水平将有所提高。且新生产线的使用寿命是十年。

对于上述问题，公司除了要使用前述项目投资评价方法外，还需要对投资评价方法的运用做出适当变通，才能更好地对实务中的投资方案做出准确评价。

一、固定资产更新决策

固定资产更新是对技术上或经济上不宜继续使用的旧资产进行同类资产更换或用高效率的新型设备更换。随着科学技术的发展，固定资产更新周期大大缩短。尽管旧设备还能继续使用，公司也要对固定资产进行更新。因此，固定资产更新决策便是公司长期投资决策的一项重要内容。

（一）使用年限相等项目的更新决策

所谓使用年限相等项目，是指更新的新设备与旧设备可继续使用的年限相等。因此，可采用差量分析法来计算不同方案之间现量的增减变动，并据此差量来做出是否需要更新的决策。

【例 5-5】A 公司有一台旧设备，原始成本为 100 000 元，已使用 6 年，预计还可使用 4 年，采用直线法计提折旧，假设使用期满后无残值。使用旧设备每年销售收入为 100 000 元，每年的付现成本为 80 000 元。该公司现在准备用一台新设备来代替原有的旧设备，旧设备目前的市价为 30 000 元，新设备的购置成本为 130 000 元，估计可使用 4 年，期满残值为 30 000 元。使用新设备后，每年销售收入可达 150 000 元，每年付现成本为 90 000 元，假设资金成本为 10%，所得税税率为 25%，折旧的计提采用直线法。试问该公司是否应以新设备取代旧设备做出决策。

以新设备为标准，计算两个方案的差量现金流量。

1. 计算初始投资与折旧现金流量的差量

初始投资 ＝ 130 000－30 000

= 100 000（元）

年折旧额 =（130 000−30 000）/4−100 000/10

= 25 000−10 000

= 15 000（元）

表 5-4　计算两个方案各年营业现金流量的差量　　单位：元

项目 时间	1~4 年
销售收入①	50 000
付现成本②	10 000
折旧额③	15 000
税前利润④=①−②−③	25 000
所得税⑤=④×25%	6 250
税后利润⑥=④−⑤	18 750
营业现金流量⑦=⑥+③	33 750

表 5-5　计算两个方案现金流量的差量　　单位：元

项目 时间	0	1	2	3	4
初始投资	100 000				
营业现金流量		33 750	33 750	33 750	33 750
终结现金流量					30 000
现金流量合计	100 000	33 750	33 750	33 750	63 750

2. 计算两方案净现值的差量

NPV = 33 750×（P/A，10%，3）+63 750×（P/F，10%，3）−100 000

= 33 750×2. 487+63 750×0. 683−100 000

= 27 477. 5（元）

计算结果表明，用新设备取代旧设备后，可以增加净现值 27 477. 5 元，故应当购买新设备。

（二）使用年限不等项目的更新决策

大部分固定资产更新决策都涉及使用年限不相等的投资项目的选择问题，因为一般情况下更换的新设备的使用年限往往比旧设备继续使用年限长。使用年限不等，就不能直接用净现值。而应该使用现值比率和内含报酬率来进行比较。为了使新旧设备的各项指标具有可比性，我们必须设法使两个项目在相同的使用年限内进行比较。现举例说明如下：

【例 5-6】B 公司为提高生产效率，计划用新设备取代旧设备。旧设备原值 250 000 元，每年产生现金净流量 50 000 元，尚可使用 2 年，2 年后无残值且必须更新；若现在更换新设备，旧设备可出售 100 000 元，购置新设备需投资 300 000 元，每年产生现金净流量 100 000 元，使用年限 6 年，6 年后无残值且必须更新。假设资金成本为 10%，那么该公司是否该进行设备更新？

如果直接按净现值进行比较，新旧设备的净现值可计算如下：

$NPV_{新}$ = 100 000×（P/A，10%，6）-300 000

= 100 000×4.355-300 000

= 135 500（元）

$NPV_{旧}$ = 50 000×（P/A，10%，3）-100 000

= 50 000×2.487-100 000

= 24 350（元）

结果表明，更新设备更能盈利。

（三）设备租赁或者购买的决策分析

设备租赁是一种契约协议，规定固定资产设备所有者在一定时期内，根据一定的条件，将设备交给使用者，承租人在规定的期限内，分期支付租金，并享有对资产的使用权。在租赁投资决策中，最常见的是租赁和购买的比较分析，两者的区别在于：租赁投资时分期逐次支付的，而购买则是一次性支付的。

【例 5-10】华起公司拟购置一条生产设备价值为 100 000 元、使用期限为 5 年，使用期中每年要支付维修费 8 000 元，5 年后预计残值收入 10 000 元，公司使用直线法计提折旧。如公司采用借款方式购置该设备，借款的资金成本为 6%，每年等额偿还本利；如公司采用租赁方式取得该设备，租赁期为 5 年，每年年初支付租金 30 000 元（包括承租人对设备的维修费用）。假设公司的所得税税率为 25%。

根据上述资料，按以下步骤进行计算分析：

（1）计算租赁条件下的税后现金流出量（见表 5-6）。

（2）计算举债购买设备的税后现金流出量。

①计算借款的偿还额和利息（见表 5-7）。

②计算税后现金流出量（见表 5-8）。

（3）计算购买或租赁的现金流出量现值。

根据表 5-6、表 5-8 汇总编制表 5-9。

表 5-6　租赁条件下的税后现金流出量　　单位：元

年份	租金支出（1）	税收抵免 （2）=（1）×25%	税后现金流出量 （3）=（1）-（2）
0	30 000		30 000
1	30 000	7 500	22 500
2	30 000	7 500	22 500
3	30 000	7 500	22 500
4	30 000	7 500	22 500
5		7 500	-7 500

表 5-7　借款分期偿还表　　单位：元

年份	偿还额（1）	偿还利息 （2）＝（4）×6%	偿还本金 （3）＝（1）－（2）	本金余额 （4）＝（4）－（3）
0				100 000
1	23 740	6 000	17 740	82 260
2	23 740	4 936	18 804	63 456
3	23 740	3 807	19 932	43 524
4	23 740	2 611	21 128	22 396
5	23 740	1 344	22 396	0

注：每年偿还金额＝1 000 000/（P/A，6%，5）＝100 000/4. 212 4＝23 740

表 5-8　举债购买设备的税后现金流出量　　单位：元

年份	偿还额（1）	利息费（2）	维修费（3）	折旧费（4）	税收抵免(5)＝[(2)+(3)+(4)]×25%	税后残值（6）	税后现金流出量(7)＝(1)+(3)－(5)－(6)
1	23 740	6 000	8 000	18 000	8 000	0	23 740
2	23 740	4 936	8 000	18 000	7 734		24 006
3	23 740	3 808	8 000	18 000	7 452		24 288
4	23 740	2 612	8 000	18 000	7 153		24 587
5	23 740	1 344	8 000	18 000	6 836	6 000	18 904

表 5-9　两个方案净现值的比较　　单位：元

年份	(P/F，6%，n)（1）	举债购买		租赁	
		税后现金流出量（2）	现值(3)＝(2)×(1)	税后现金流出量(4)	现值(5)＝(4)×(1)
0	1	0	0	30 000	30 000
1	0. 943	23 740	22 387	22 500	21 218
2	0. 890	24 006	21 365	22 500	20 025
3	0. 840	24 288	20 402	22 500	18 900
4	0. 792	24 587	19 473	22 500	17 820
5	0. 747	18 904	14 121	−7 500	−5 603
现值合计			97 748		102 360

计算结果表明，举债购买的现金流出量现值为 97 748 元，小于租赁设备的现金流出量现值 102 360 元，故公司应通过举债购买取得所需设备。

二、扩充性投资方案的决策分析

扩充性投资方案是指一个企业需要投入新设备才能增加销售的投资方案。扩充性投资方案通常包括为增加现有产品的产量或扩大现有的销售渠道所做的投资决策，以及为生产新产品或打入新市场所做的投资决策。下面举例说明。

【例 5-11】新光公司打算新增加一套新设备，公司投资部对该项目进行可行性分析时估计的数据如下：

购买新设备所需投资 5 000 万元，该生产线按税法规定可使用 5 年，采用直线法折旧，残值为 0。在此会计政策下，预计第一年可产生 500 万元的税前利润，以后每 4 年可产生 600 万元的税前利润。已知公司的所得税税率为 25%，公司预期的最低报酬率为 10%。

公司董事会正在研讨该投资项目的可行性问题。

公司董事长认为，按照投资部和财务部提供的经济数据，该投资项目属于微利项目。其原因是，该新设备的使用在 5 年的寿命期内只能创造 2 900 万元的税前利润，扣除 25% 的所得税，税后利润约为 2 175 万元，根本不能收回最初的投资额 5 000 万元，更不要说实现 10% 的期望最低报酬率。

管理层的经理则认为，从该设备同行业企业的使用情况来看，使用寿命达不到 5 年，一般只是用 4 年；如果该生产线 4 年后淘汰，该项目的报酬率可能达不到公司要求的最低投资报酬率。

要求：根据上述材料计算分析，回答下列问题：

（1）公司董事长的分析为什么是错误的？

（2）如果该设备能使用 5 年，折现率为 10%，请按净现值法评价该项目是否可行。

（3）如果该生产线只能使用 4 年，假设折旧方法和税前利润都不变，请通过计算回答经理的担忧是否有道理。

解：（1）公司董事长的分析以利润为依据，这是错误的。

因为利润已经扣除了固定资产折旧，而折旧也是投资的回收，应该以投资项目的现金流量作为评价的主要依据。

如果该生产线能使用 5 年，本项目每年的折旧额为 1 000 万元，如果该生产线使用寿命为 4 年，本项目每年的折旧额为 1 250 万元，其经济活动的税前利润第一年为 1 500万元，以后各年为 1 600 万元。

（2）如果该生产线能使用 5 年，则净现值为：

$$NPV(5)=[500\times(1-25\%)+1\ 000]\times(P/F,10\%,1)+[600\times(1-25\%)+1\ 000]\times(P/A,10\%,4)\times(P/F,10\%,1)-5\ 000$$

$$=[500\times(1-25\%)+1\ 000]\times0.909\ 1+[600\times(1-25\%)+1\ 000]\times3.169\ 9\times0.909\ 1-5\ 000$$

$$=428.56(\text{万元})$$

净现值大于零，说明该项目可行。

（3）如果该生产线能使用 4 年，折现率为 10%，则净现值为：

$$NPV\ (4)=[500\times(1-25\%)+1\ 250]\times(P/F,10\%,1)+[600\times(1-25\%)+1\ 250]\times(P/A,10\%,3)\times(P/F,10\%,1)-5\ 000$$

$$=[500\times(1-25\%)+1\ 250]\times0.909\ 1+[600\times(1-25\%)+1\ 250]\times2.486\ 9\times0.909\ 1-5\ 000$$

$$=320.72(\text{万元})$$

净现值大于零，说明该项目可行。

第六章 金融资产投资

■导入话语

一个实体企业，在其运行过程中，会出现资金多余或短缺的现象。这主要是由于市场是波动的而企业的投入资金具有固定性。当市场扩大而允许企业占有更大的市场份额时，企业为适应此种情况，就必须追加投入；相反，当市场萎缩时，企业会出现暂时多余的资本。无论哪一种情况，都要求企业有更加灵活的投融资手段。而进行金融资产投资，就是这样的一种方法。当企业出现暂时多余的资本时，其应该将其投资于金融资产上；而当企业出现资本短缺时，则其应出售这种金融资产，以获得经营活动所需要的资本。

第一节 金融资产投资概述

导入案例：

在 HX 公司的战略投资讨论会上，财务顾问面临一个问题，有管理人员提出咨询，要求财务顾问将金融资产为何物、有何特点，企业持有这样的资产有何价值一系列问题给出说明。财务顾问对此做了如下简要说明：①金融资产主要表现形式为各种可投资的有价证券；②这种资产并非一个实体企业必须具有的；③实体企业持有这种资产，可以给企业带来经济利益、可以给企业资本管理上起到调剂余缺的作用。

一、金融资产投资的含义和目的

（一）金融资产投资的含义

金融资产是指能够在未来给投资者带来收益的资本证券。常见的金融资产包括股票、债券、基金以及衍生金融产品。金融资产通常是相对于实体性资产而言的。金融资产投资是指投资者将货币资金投资于金融资产，从而获取收益的一种投资行为。

（二）金融资产投资的目的

1. 暂时存放闲置资金

金融资产投资在多数情况下都是出于预防的动机，以替代较大量的非营利性的现金余额。

2. 与筹集长期资金相结合

处于长期经营或扩张期的公司一般每隔一段时间就会发行长期证券，所获得的资金往往不会一次用完，企业可将暂时闲置的资金投资于金融资产，以获取一定的收益。

3. 满足未来的财务需求

企业根据未来对资金的需求，可以将现金投资于期限和流动性较为恰当的证券，在满足未来需求的同时获得金融资产投资带来的收益。

4. 满足季节性经营对现金的需求

从事季节性经营的公司在资金有剩余的月份可以投资金融资产，而在资金短缺的季节将金融资产变现。

5. 获得对相关企业的控制权

通过购入相关企业的股票可以实现对企业的控制。

二、金融资产投资的种类

金融资产投资的分类要以金融资产的分类为基础，按不同标准可以进行以下不同的分类。

（一）按金融资产的发行主体分类

按发行主体不同，金融资产可以分为政府债券、金融证券和公司证券。政府债券的发行主体是中央政府和地方政府；金融证券的发行主体是银行或其他金融机构；公司证券又称企业证券，其发行主体是实体性的工商企业。一般而言，这些证券中，政府债券的风险较小，金融证券次之，公司证券的风险视企业的规模、财务情况和其他情况而定。

（二）按金融资产的期限分类

按期限长短不同，金融资产可以分为短期金融资产和长期金融资产。短期金融资产是指期限短于一年（含一年）的证券，如短期国债、商业票据、银行承兑汇票等。长期金融资产是指期限长于一年的金融资产，如股票、债券等。一般来说，短期金融资产的风险小，变现能力强，但收益相对较低；而长期金融资产的收益一般较高，但时间长、风险大。

（三）按金融资产的收益状况分类

按收益状况不同，金融资产可以分为固定收益金融资产和变动收益金融资产。固定收益金融资产是指某些金融资产的票面上规定有固定的收益率，如债券和优先股，票面上规定了固定的利息和股息率。变动收益金融资产是指金融资产的票面上没有标明固定的收益率，其收益情况随企业经营状况的变动而变动，普通股股票是最典型的变动收益金融资产。一般来说，固定收益金融资产的风险比较小，收益不高；而变动收益金融资产的风险大，但收益较高。

金融资产具有多样性。与此相对应，金融资产投资的种类也是多种多样的。按不同标准，也可以对金融资产投资进行不同的分类。本章将根据金融资产的投资对象，按照债券投资、股票投资和其他金融资产投资进行讨论。

三、金融资产投资的特点

金融资产投资是近些年来投资市场比较流行的一种方式。相对于实物投资而言，它具有如下特点：

（一）流动性强

由于金融资产是一种货币性资产，这种资产的变化不受实物体运动规律的约束。所以，相对于实体资产而言，其表现出明显的高流动性特征。

（二）价格不稳定

由于金融资产的价格形成受人为因素的影响较大，因而其价格更易于波动，并且还因此具有较大的投资风险。

（三）交易成本低

金融资产的交易一般是在金融市场上完成的。金融市场是一个远较实体商品市场充分的市场。同时，在金融市场上交易金融商品，通常都是标准化合约的交易形式。金融市场的这些特征导致金融资产交易过程快速、简捷，因而也就使得其交易成本较低。

四、金融资产投资的基本程序

（一）选择投资对象

一般来讲，如果企业进行金融资产投资的目的是寻求未来的最大化收益。那么，应该选择哪些证券作为投资对象才能满足投资者的预期，就成为一个关键的问题。通常，收益水平高的证券，风险也就相应高一些；反之，收益水平低的证券，风险当然就相对较低。投资者进行金融资产投资必须要在收益水平和风险这两个经济性质相反的因素上权衡。如果是为了分散投资风险，投资者就应该在行业选择的基础上选择适合自身情况的证券作为投资对象。如果企业的抗风险能力较强，又拥有专业的投资人才，则可以适当地选择某些盈利能力较强的股票或等级较低的公司债券作为投资对象。如20世纪80年代，一些美国的投资者就因为投资于低等级、高风险、高收益的“垃圾债券”而获得了较高的收益。

（二）开户与委托

金融资产投资必须通过那些有资格进入证券交易所进行交易的证券商（作为经纪人）代为进行。这样，金融资产投资者就面临着一个选择恰当的证券商作为自己的经纪人的问题。选定经纪人后，投资者要在经纪人处开立户头，从而确立委托买卖关系。投资者开立的户头分为现金账户和保证金账户两种。其中：现金账户要求投资者在购入金融资产时必须支付所需的全部资金；保证金账户的开立者在购入金融资产时只要支付一定数量的资金即可，不足部分可由证券商代为支付，过后再由投资者归还给经纪人。

投资者开户后，就可以向经纪人下委托指令，进行金融资产投资了。委托指令大致可以分为市价委托、限价委托、停机委托几种。投资者向经纪人发出委托指令有多种方式，最常见的有书面委托、电话委托和电脑委托等形式。

（三）交割与清算

金融资产交易成功后，买卖双方要互相交付价款和金融资产。比如某投资者买入一笔股票，买卖成立后，他要向股票的卖方交付价款、收取股票；而卖方则要向他交付股票、收取价款，这一过程，即为金融资产的交割。

（四）过户

对于不记名的金融资产，投资者办完交割手续后，交易程序即告结束。如果投资者买的是记名的金融资产，则还需要办理过户手续。投资者只有办理了过户的手续，才能享有金融资产所有权的权益。

第二节　债券投资决策

导入案例：

HX 公司的董事会和经理层人员在公司的投资发展研讨会上，询问了财务顾问一个问题：为什么一个公司发行公司债券时，要清楚地印上票面价，而在具体出售债券时，又不能按照票面价而只能随行就市地出售。对此，财务顾问做了如下解释：债券票面价是公司单方面的法律性承诺，而公司发行债券，则是在金融市场中的市场行为，任何市场行为都涉及交易双方，因而，交易的规则应该由交易双方来共同确定。作为市场活动的关键——交易价格，当然更应由交易双方来共同确定。债券的发行价格就是债券的市场交易价格。

一、债券投资的定义、目的和相关概念

（一）债券投资的定义

债券是由企业、金融机构或政府发行的，表明发行人（债务人）对其承担还本付

息义务的一种有价证券。企业以自有资金购买债券称为债券投资。

债券投资行为是企业通过购入债券成为债券发行单位的债权人并获得债券利息的一种投资行为。这种投资行为可以在一级市场（发行市场）上进行，也可以在二级市场（交易市场）上进行；既可以进行长期投资，又可以进行短期投资。

（二）债券投资的目的

企业债券投资的目的主要是与投资的期限有关系。企业进行短期债券投资的目的主要是合理利用暂时闲置资金，调节现金余额，获取收益。当企业现金余额太多时，便投资于债券，使现金余额减少；反之，当现金余额太少时，则出售原来投资的债券，收回现金，使现金余额增加。企业进行长期债券投资的目的主要是获得稳定的收益。

（三）债券投资的相关概念

与债券投资相关的概念如下：

1. 票面价值

票面价值即债券票面上注明的价值，简称为面值。一般而言，面值是发行公司对债券的市场价值的一个预估或期盼。债券面值是发行公司对投资者的法律承诺，在债券到期时，保证向投资者归还面值金额。同时，债券面值还是确定投资者的票面形式收益水平的基础。

2. 置存期

置存期是指债券作为一项债务在法律上存续的时间长度。这一时间长度包括从债券发行日至到期日之间的整个时间过程。在实务中，通常还要把这一时间过程平均地划分为若干时间段落，每一时间段落应该完成一次计息。最常见的时间段落就是一个日历年度。

3. 票面利息率

票面利息率是指发行者对投资者所做的投资报酬的名义水平的法律性承诺。发行人需按契约规定的时点支付按照票面利息率所规定的利息额。显然，票面利息率对投资者而言，决定了其投资收益的名义水平，而对于发行者而言，则是其必须支付的名义资本成本率。

从技术上来看，票面利息率是以年支付的票面利息除以面值而形成的指标。例如，某公司的每张债券面值为 1 000 元，每年支付利息 90 元，其票面利息率为 $90\div1\,000=9\%$。

4. 新发行的债券与发行在外的债券

刚刚发行的债券是新发行债券，而在市场上流通了一定时期的债券归为发行在外的债券。

新发行的债券一般按其面值出售，但发行在外的并非如此，它取决于当前的经济条件。

债券的市场价格在很大程度上是靠其票面利息率确定的。也就是说，票面利息率越高，在其他条件不变的情况下，债券的市场价格就越高。

在债券发行时，通常按照使债券的市价等于面值的折现率来确定票面利息率。如果确定了一个较低的票面利息率，投资者将不愿意以面值购买债券；如果确定了一个较高的票面利息率，债券又会以高于面值的价格出售。一般而言，债券的发行者能够相当精确地确定按面值出售的票面利息率。

二、债券估价模型及影响因素分析

（一）债券估价模型

购入债券作为一种金融资产投资，现金流出是其购买价格，现金流入是利息和归还的本金或者出售时得到的现金。债券未来现金流入的现值，称为债券价值。当债券发行以后便在二级市场上交易，报酬率发生变化时，债券价格也将发生变化。对于投资者而言，一般只有当债券的价值大于购买价格时，才值得投资。

1. 债券投资计算的基本模型

一般情况下的债券价值计算模型是指按复利方式计算债券价值的方式。其计算公式为：

$$P = \sum_{t=1}^{n} \frac{I}{(1+K)^t} + \frac{F}{(1+K)^n}$$

$$= I \times (P/A, K, n) + F \times (P/A, K, n) \qquad (6.1)$$

式中：P——债券价值；

I——每年利息；

F——债券面值；

K——贴现率，即市场利率（投资者要求的必要投资率）；

n——债券到期前的年数。

【例 6-1】某种债券面值为 100 元，期限为 3 年，票面利率为 8%。现有某投资者想要投资这种债券，目前市场利率为 10%，则当债券价格为多少时该投资者才能进行投资？

根据公式（6.1）得：

$P = 100 \times 8\% \times (P/A, 10\%, 3) + 100 \times (P/F, 10\%, 2)$

$= 8 \times 2.486\,9 + 100 \times 0.751\,3$

$= 95.03$（元）

即该投资者如果能以低于 95.03 元的价格买到这种债券，对他来说是一项正净现值的投资，债券的价值比他支付的价格要高。如果他必须支付高于 95.03 元的价格，它就是一项负净现值的投资。当然，价格刚好是 95.03 元，它是一项公平投资，净现值为零。

2. 利随本清债券价值的计算

我国大多数债券采取利随本清即一次还本付息方式。其价值的计算公式为：

$$P = \frac{F+I}{(1+K)^n}$$

$$= (F + F \times i \times n) \times (P/F, K, n) \qquad (6.2)$$

【例 6-2】某投资者准备投资一家公司发行的利随本清的公司债券，该债券面值

1 000 元，期限 3 年，票面利率为 8%，不计复利。目前市场利率为 6%，则该债券价格为多少时，投资者才能购买？

根据公式（6.2）得：

P =（1 000+1 000×8%×3）×（P/F，6%，3）

=1 240×0.839 6

=1 037.76（元）

即当该债券价格低于 1 037.76 元时，投资者买入可以获得正的净现值。

3. 零息债券价值的计算

零息债券又称纯贴现债券，它是以贴现方式发行的债券，一般都没有票面利率，只支付终值，即到期按面值偿还。其价值的计算公式为：

$$P=\frac{F}{(1+K)^{n}}=F\times(P/A,\ k,\ n) \tag{6.3}$$

【例 6-3】某种零息债券面值为 1 000 元，期限 5 年。现有某投资者想要投资这种债券，目前市场利率为 10%，则当债券价格为多少时该投资者才能进行投资？

根据公式（6.3）得：

P =1 000×（P/F，10%，5）

=1 000×0.620 9

=620.9（元）

即当该债券价格低于 620.9 元时，投资者买入比较有利。

（二）影响债券价值的因素分析

1. 债券价值与市场利率的关系

债券定价的基本原则是：市场利率等于债券票面利率时，债券的市场价值就是其面值；市场利率高于债券票面利率时，债券的市场价值就低于其面值；如果市场利率低于债券票面利率，债券的市场价值就高于其面值。所有类型债券的估价都遵循这一原则。

2. 债券价值与债券到期时间的关系

债券价值不仅受到必要报酬率的影响，而且受到债券到期时间的影响。债券到期时间是指当前日至债券到期日之间的时间间隔。随着时间的延续，债券的到期时间逐渐缩短，至到期日时为零。不论市场利率高于或低于票面利率，只要市场利率保持不变，债券价值都会随到期时间的缩短逐渐向债券面值靠近，至债券到期日，债券价值等于债券面值。

3. 债券价值与利息支付频率的关系

不同的利息支付频率也会对债券价值产生影响。纯贴现债券在到期日前购买不能得到任何现金支付，因此也称为零息债券。零息债券没有明确的利息计算规则，通常采用按年计息的复利计算规则。平息债券是指利息在到期日内平均支付的债券，其支付频率可能是一年一次、半年一次或者每季度一次等。永久公债是指没有到期日、永不停止定期支付利息的债券。

4. 已流通债券价值与付息日的关系

流通债券是指已经发行并且在二级市场上流通的债券。流通债券不同于新发行债券，已经在市场上流通了一段时间，在估价时需要考虑当前至下一次利息支付的时间因素。流通债券的特点是：到期时间短于债券发行在外的时间；估价的时点不在发行日，可以是任何时点。流通债券的估价方法有两种：一种是以现在为折算时间点，历年现金流量按非整数计息期折现；另一种是以最近一次付息时间为折算时间点，计算历次现金流量的现值，然后将其折算到当前时点。流通债券的价值会在两个付息日之间呈周期性波动。对于折价发行债券，其发行后价值逐渐升高，在付息日由于支付利息而价值下降，然后又逐渐上升，总的趋势是波动上升，越临近付息日，利息的现值越大，债券的价值有可能超过面值，付息日后债券的价值下降。因此，流通债券估价必须注意付息日，分别对每期利息和最后的本金折现。

三、债券投资到期收益率的计算

在实践中，债券的期望报酬率是用到期收益率来估计的。

债券到期收益率是指债券市场价格等于其约定未来现金流量现值的年利率。

债券价值计算的基本模型为：

$$P=I\times(P/A, i, n)+F\times(P/F, i, n) \tag{6.4}$$

由于我们无法直接计算收益率，所以必须先用试误法测算出收益率的范围，再用内插法求出收益率。

【例6-4】某公司于2012年5月10日以912.5元购入当天发行的面值为1 000元的公司债券，其票面利率为6%，期限为6年，每年5月1日计算并支付利息。则该公司到期收益率是多少？

根据债券价值计算的基本模型得：

$912.50=1\ 000\times6\%\times(P/A, K, 6)+1\ 000\times(P/F, K, 6)$

（1）先用试误法测试。

当$K=7\%$时：

$P=1\ 000\times6\%\times(P/A, 7\%, 6)+1\ 000\times(P/F, 7\%, 6)$

$=60\times4.766\ 5+1\ 000\times0.666\ 3$

$=952.29$（元）

由于952.29元大于912.50元，说明收益率应大于7%。

再用$K=8\%$试算：

$P=60\times(P/A, 8\%, 6)+1\ 000\times(P/F, 8\%, 6)$

$=60\times4.622\ 9+1\ 000\times0.630\ 2$

$=907.57$（元）

由于907.57元小于912.50元，说明收益率应小于8%，即应在7%~8%。

（2）用内插法计算收益率。

$$\frac{7\%-K}{7\%-8\%}=\frac{925.29-912.50}{925.29-907.57}$$

$$K=7\%+0.89\%$$

$=7.89\%$

由于试误法计算比较麻烦，为了简化计算，我们还可以采用下面的方法求得收益率的近似值。

$$K=\frac{I+(F-P)/n}{(F+P)/2} \tag{6.5}$$

将上列数据代入公式（6.5）得：

$$K=\frac{60+(1\,000-912.50)/6}{(1\,000+912.50)/2}$$

$=7.79\%$

到期收益率是指导选购债券的标准，它反映债券投资按复利计算的真实收益率。一般情况下，当其高于投资者要求的报酬率时，就可以买进，否则就应该放弃。

四、债券投资的优缺点

（一）债券投资的优点

1. 本金安全

与股票相比，债券投资风险比较小。政府发行的债券有国家财力做后盾，其本金的安全性非常高，通常视为无风险的金融资产。企业债券的持有者拥有优先求偿权，即当企业破产时，债权人优先于股东分得企业资产，因此，其损失的可能性较小。

2. 收入稳定

债券票面一般都有固定利息率，债券的发行人有按时支付利息的法定义务。因此，在正常情况下，投资于债券都可以获得比较稳定的收入。

3. 流动性好

大部分债券都具有较好的流动性。政府及大企业发行的债券都可以在金融市场上迅速出售，流动性好。

（二）债券投资的缺点

1. 购买力风险较大

债券的面值和利率在发行时就已经确定，如果投资期间通货膨胀率比较高，则本金和利息的购买力将不同程度地受到侵蚀。在通货膨胀率非常高时，投资者虽然名义上有收益，但实际上可能有损失。

2. 没有经营管理权

投资于债券只是债权人获得收益的一种手段，债权人无权对债券发行单位施以影响和控制。

第三节 股票投资决策

导入案例

YX 证券公司的客户经理李先生在接待客户被问及一个问题：股票既不能吃，又不能穿，为什么却可以对其进行买卖？李先生回答道，是的，股票不能吃也不能穿，但是，股票可能给投资持有者带来利益。仅仅只是这一点，股票就可以买卖。

李先生的领导听到这一解释，认为李先生回答得非常巧妙，但同时又追问了一句：股票为什么可以给持有者带来收益呢？

一、股票投资的概念

（一）股票投资的定义

股票是股份公司为筹集自有资金而发行的有价证券，是持股人拥有被投资公司股份的基本凭证，股票持有者拥有对股份公司的重大决策权、盈利分配要求权、剩余财产求索权和股份转让权。企业购买其他企业发行的股票，称为股票投资。

（二）股票投资的目的

企业进行股票投资的目的：一是获利；二是控股。获利是企业进行股票投资的短期目的，企业购买股票后可定期获得股利，并在未来出售股票获取资本利得（股票买卖差价）。控股是企业股票投资的长期目的，通过购买某一企业的一定数量股票控制该企业。

二、股票投资的种类

股票有两种基本类型，即普通股和优先股。普通股代表股东在公司里的剩余所有者权益。也就是说，普通股股东是公司的所有者，他们选举公司的董事。遇到公司清理时，按比例优先分配满足优先股股东和在法律上也具有优先权的其他权益人（如政府得到拖欠的税款），之后普通股股东取得剩余财产。

普通股股东获得的股利，是从公司支付利息后的盈利中支付的。但支付股利不是公司的合同义务。如果公司没有盈利，某些情况下法律可能禁止发放股利。因此，普通股股东比优先股股东承担了更大的风险。他们将要得到的支付更加不确定。实际上，普通股没有明确规定未来的支付。当然，我们期望公司至少在未来的某些时候能向普通股股东发放现金股利。

优先股有比普通股高但比公司债券低的优先要求权。它有一个设定的现金股利率，就像设定债券利率一样。但是如果公司不能发放股利，优先股股东不能强迫公司破产。与普通股股东相比，优先股股东只有非常有限地参与公司事务的权力。

因此，优先股是“混合证券”，它在金融证券的法律优先等级上介于债券和普通股之间。优先股的风险也介于公司普通股和公司债券之间。当然，既有优先股又想保持良好财务声誉的公司会想方设法履行其优先股义务。因此，优先股支付义务看起来很像债券义务。所以，在公司会满足优先股支付义务的假设条件下，债券价值计算模型也可以用于优先股估值。

这里仅介绍普通股的投资问题。

三、股票股价模型

股票评价的主要方法是计算价值，并将它与股票市价比较，根据它是低于、高于或等于其市价，再决定是否买入、卖出或继续持有。

（一）股票价值计算的基本模型

股票带给投资者的现金流入包括：股利收入和出售时由价格的上涨（或下跌）形成的资本利得。股票的价值就等于一系列股利和将来出售股票时售价的现值之和。

如果股东永久持有股票，则他就只获得一个永续的现金流入，即股利收入。这时，股利收入的现值就是股票的价值。其计算公式为：

$$P=\frac{D_1}{(1+K)^1}+\frac{D_2}{(1+K)^2}+\cdots+\frac{D_t}{(1+K)^t}\cdots$$

即：

$$P=\sum_{t=1}^{\infty}\frac{D_t}{(1+K)^t} \tag{6.6}$$

式中：P——股票现在的价值；

D_t——第 t 期的预计估价；

K——贴现率，即投资者要求的必要报酬率。

该公式是股票价值计算的基本模型。它用股票期望未来现金股利流量表来表达。该公式没有假设未来现金股利的任何特定形式，以及何时出售这一股票。但在实际应用时，必须确定如何预计未来每年的股利，以及如何确定贴现率。由于该模型要求无限期地预计历年的股利实际上不可能做到，因而应用的模型都是采用简化方式，如假定每年股利相同或按固定比率增长等。

贴现率应当是投资者所要求的收益率。因为投资者要求的收益率一般不低于市场利率，这也是投资者投资于股票的机会成本，所以通常可以将市场利率作为贴现率。

（二）短期持有且未来有准备出售的股票价值的计算

在一般情况下，投资者投资于股票，不仅希望得到股利收入，还希望在未来出售股票时从股票价格的上涨中获得收益。对于这种短期持有且未来准备出售的股票价值，其计算公式为：

$$P=\sum_{t=1}^{n}\frac{D_t}{(1+K)^t}+\frac{P_n}{(1+K)^n} \tag{6.7}$$

式中：P——股票现在的价值；

D_t——第 t 期的预计股价；

P_n——未来出售时预计的股票价格；

n——预计持有股票的期数。

【例 6-5】某投资者准备购入某一公司股票，该股票预计最近三年的股利分别为每股 2 元、2.5 元和 2.8 元，三年后该股票的市价预计可达 20 元，目前市场利率为 8%。则当该股票的现行市价为多少时，该投资者才能购买？

$$P=\sum_{t=1}^{n}\frac{D_t}{(1+K)^t}+\frac{P_n}{(1+K)^n}$$

$$=\frac{2}{(1+8\%)^1}+\frac{2.5}{(1+8\%)^2}+\frac{2.8}{(1+8\%)^3}+\frac{20}{(1+8\%)^3}$$

$=2\times(P/F, 8\%, 1)+2.5\times(P/F, 8\%, 2)+2.8\times(P/F, 8\%, 3)+20\times(P/F, 8\%, 3)$

$=2\times0.9259+2.5\times0.8573+2.8\times0.7938+20\times0.7938$

$=22.09$（元）

即当该股票在每股 22.09 元以下时，投资者购买比较有利。

（三）零增长股票价值的计算

所谓零增长股票是指在未来股利稳定不变的股票。这种股票股利的支付过程类似一个永续年金的支付。其计算公式为：

$$P=D/K \tag{6.8}$$

【例 6-6】假设 A 公司未来永续每年支付普通股股利每股 5 元。该公司普通股的必要报酬率是 12%，则该股票价值是多少？

$P=D/K$

$=5/12\%$

$=41.67$（元）

即该股票的价值每股 41.67 元。

（四）固定成长股票价值的计算

由于投资公司把公司（即其股票）看成财务增长的源泉，因此他们对公司的基础增长率及其对股票价格的影响非常感兴趣。

假设将来永远是每期到下期的现金股利支付变化率为 g，第 t 期的股利 D_t 可以表示为上期股利 D_{t-1} 乘以 $(1+g)$。这样，D_t 就可以表示成从现在到第 t 期任何一期股利的函数，即：

$$D_t=(1+g)D_{t-1}=(1+g)^2D_{t-2}=\cdots=(1+g)^{t-1}D_1=(1+g)^tD_0$$

假定这种关系对所有未来股利支付都成立，则每一未来股利支付就可以表示为下期股利的函数。即：

$$D_t=D_1(1+g)^{t-1} \tag{6.9}$$

如果每期未来股利都用这种方式表示，则股票现实价格也可以写成按必要报酬率贴现后的增长股利之和，即：

$$P=\frac{D_1}{(1+K)}+\frac{D_1(1+g)}{(1+K)^2}+\frac{D_1(1+g)^2}{(1+K)^3}+\cdots$$

$$= D_1 \sum_{t=0}^{\infty} \frac{(1+g)^t}{(1+K)^{t+1}}$$

式中，股利 D_1 是一个增长型永续年金。增长型永续年金公式和永续年金现值公式很相似，不过分母要减去成长率，即永续增长年金现值系数为 $1/(K-g)$。由此股票价值的公式可以写成：

$$P=\frac{D_1}{K-g} \tag{6.10}$$

假定用未来买主的观点来确定任何时点股票的价格，只要能预期从 D_{t+1} 期起的股利，及预计 g 从 $t+1$ 期开始是稳定的，则 P_t 就可以写成：

$$\begin{aligned} P_t &= \frac{D_{t+1}}{K-g} \\ &= \frac{D_t(1+g)}{K-g} \\ &= P_{t-1}(1+g) \end{aligned} \tag{6.11}$$

由此可见，当股利从第 $t+1$ 期起按 g 增长，股票的价格将会从第 t 期起以 g 的速度增长。从逻辑上说，股利增长越多，股票价值越高。

【例 6-7】假定某公司明年普通股每股股利预计为 3 元，必要报酬率为 10%，预计股利以每年 2%的速度永续增长，则该公司股票的价格应该是多少？

$$\begin{aligned} P &= \frac{D_1}{K-g} \\ &= \frac{3}{10\%-2\%} \\ &= 37.5\text{（元）} \end{aligned}$$

即该公司股票的价格应该是 37.5 元。

四、股票投资收益率

企业进行股票投资，每年获得的股利是经常变动的，当售出股票时，也可以收回一定资金。可以根据股票价值的计算公式倒求股票投资收益率。其计算公式为：

$$P = \sum_{t=1}^{n} \frac{D_t}{(1+K)^t} + \frac{P_n}{(1+K)^n} \tag{6.12}$$

【例 6-8】某公司投资 500 万元购买某一公司股票 100 万股，连续三年每股分得现金股利分别为 0.2 元、0.4 元和 0.5 元，并于第三年后以每股 7 元的价格将股票全部售出，则该项股票投资的投资收益率是多少？

现采用试误法和内插法计算。

当 $K=20\%$ 时，该股票价格为：

$$\begin{aligned} P &= \sum_{t=1}^{n} \frac{D_t}{(1+K)^t} + \frac{P_n}{(1+K)^n} \\ &= 20\times(P/F,\ 20\%,\ 1) + 40\times(P/F,\ 20\%,\ 2) + 50\times(P/F,\ 20\%,\ 3) + 700\times \\ &\quad (P/F,\ 20\%,\ 3) \end{aligned}$$

$= 20 \times 0.8333 + 40 \times 0.6944 + 50 \times 0.5787 + 700 \times 0.5787$

$= 478.47$（万元）

当 K=18%时，该股票价格为：

$$P = \sum_{t=1}^{n} \frac{D_t}{(1+K)^t} + \frac{P_n}{(1+K)^n}$$

$$= 20 \times (P/F, 18\%, 1) + 40 \times (P/F, 18\%, 2) + 50 \times (P/F, 18\%, 3) + 700 \times (P/F, 18\%, 3)$$

$$= 20 \times 0.8475 + 40 \times 0.7182 + 50 \times 0.6086 + 700 \times 0.6086$$

$= 502.13$（万元）

因为 478.47 万元<500 万元<502.13 万元，说明实际投资收益率应该高于 18%，低于 20%，即实际投资收益率应该在 18%~20%，然后，用内插法计算。

$$\frac{18\%-K}{18\%-20\%}=\frac{502.13-500}{502.13-478.47}$$

$$K=18\%+\frac{502.13-500}{502.13-478.47}\times(20\%-18\%)$$

$= 18.18\%$

五、股票投资的优缺点

（一）股票投资的优点

1. 投资收益高

股票投资是一种最具挑战性的投资，由于股票价格变动频繁，因此，其投资风险较高，但只要选择得当，股票投资的收益也是非常优厚的。

2. 拥有经营控制权

普通股股东是股份公司的所有者，他们有权监督和控制企业的生产经营情况，因此收购公司股票是对这家公司实施控制的常用的有效手段。

3. 降低购买力风险

由于普通的股利不固定，在通货膨胀率比较高时，因物价普遍上涨，股份公司盈利增加，股利的支付也会随之增加，因此，与固定收益证券相比，普通股能有效地降低购买力风险。

（二）股票投资的缺点

1. 收入不稳定

普通股股利的多少，要视企业经营状况和财务状况而定，其股利有无、多寡均无法律上的保证，因此，其收入的风险远大于固定收益证券。

2. 价格不稳定

普通股的价格受众多因素的影响，如政治因素、经济因素、企业的盈利情况、投资者心理因素等，这使得股票投资具有较高的风险。

3. 求偿权居后

普通股对企业资产和盈利的求偿权均居于最后。企业一旦破产，股东原来的投资就有可能得不到全额补偿，甚至血本无归。

第四节　其他金融资产投资决策

导入案例：

在 DM 证券公司的产品推介会上，推介人向大家介绍了基金和其他衍生金融商品。推介人介绍基金时，这样说道："为某一件大事所需要而准备的钱，就是基金。"而这一笔钱如果用来买卖股票等有价证券，那它就是证券投资基金。由于这笔钱已经具有特殊的意义——增值，所以基金还因此而成为一种可以买卖的商品。而其他的衍生金融商品，也是在前述的股票、债券、大额存单等各种传统金融商品基础上做出重新组合、延伸资金链条等各种处理，再创造出新的金融商品。

一、基金投资

（一）基金投资的概念及内容

基金投资是以投资基金为运作对象的投资方式。投资基金是资本市场特别是证券市场上的一种金融投资工具，它采用集中托管的运作方式，集合众多小额投资者的资金进行规模性的专业投资。并利用投资组合原理分散投资，以达到在保证投资收益的前提下规避投资风险的目的。

投资基金是一种利益共享、风险共担的集合投资方式，即通过发行基金股份或受益凭证等有价证券聚集众多的不确定投资者的出资，交由专业投资机构经营运作，以规避投资风险并谋取投资收益的金融投资工具。

投资基金的称谓各有不同，美国称为共同基金或互惠基金，也称为投资公司，英国和我国香港特别行政区称为单位信托基金，日本和我国台湾地区称为证券投资信托基金。尽管称谓各不相同，但投资基金的组建框架及操作过程基本上都是相同的。一般来说，投资基金的组织与运作包括如下几个方面的内容：

（1）投资基金的发起人设计、组织各种类型的投资基金。他们通过向社会发行基金受益凭证或基金股份，将社会上众多投资者的零散资金聚集成一定规模的数额，设立基金。

（2）基金的份额用"基金单位"来表达，基金单位也称为受益权单位，它是确定投资者在某一投资基金中所持份额的尺度。将初次发行的基金总额分成若干等额的整数份，每一份即为一个基金单位，表明认购基金所要求达到的最低投资金额。例如，某基金发行时要求以 100 元的整倍数认购，表明该基金的单位是 100 元，投资 2 000 元即拥有 20 个基金单位。一个基金单位与股份公司一股的含义基本上是相同的。

（3）由指定的信托机构保管和处分基金资产，转款存储以防止基金资产被挪为他用。基金保管机构称为基金保管公司，它接受基金管理人的指令，负责基金的投资操作，处理基金投资的资金拨付、证券交割和过户、利润分配及本金偿付等事项。

（4）由指定的基金经理公司（也称为基金管理公司）负责基金的投资运作。基金经理公司负责设计基金品种，制订基金投资计划，确定基金的投资目标和投资策略，以基金的名义购买证券资产或其他资产，向基金保管人发出投资操作指令。

（二）投资基金的种类

1. 按基金的组织形式，可分为契约型基金和公司型基金

（1）契约型基金。

契约型基金又称为单位信托基金，是指把受益人（投资者）、管理人（基金经理公司）、托管人（基金保管公司）三者作为基金的当事人，由管理人与托管人通过签订信托契约的形式发行受益凭证而设立的一种基金。通过信托契约来规范三方当事人的行为。基金管理人负责基金的管理操作；基金托管人作为基金资产的名义持有人，负责基金资产的保管和处置，对基金管理人的运作实施监督。契约型基金是基于一定的信托契约联结起来的代理投资行为，是发展史上最为悠久的一种投资基金。

（2）公司型基金。

公司型基金是按照《中华人民共和国公司法》组建的公司，其业务活动是代理投资，公司型基金本身就是一个基金股份公司，通常称其为投资公司。投资公司向社会发行基金股份，投资者通过购买股份成为股东，凭其拥有的基金份额依法享有投资收益。投资公司股东大会选出董事会，监督基金资产的运用，负责基金资产的安全与增值。从组织结构上来说，投资公司的设立程序类似于一般股份公司，投资公司本身依法注册为法人，设有董事会和持有人大会，基金资产由公司所有，投资者是这家公司的股东，承担风险并通过持有人大会行使权利。但不同于一般股份公司的是，投资公司并不是一个自身开展业务的经营实体，只是一种名义、一种机制、一种进行规模性专业投资的集合式间接投资机制。投资公司的主要职责是创办基金并对基金资产的运作进行监督，除了董事会外，投资公司可以没有其他工作人员，甚至没有专门的办公场所。

契约型基金与公司型基金的不同点有以下几个方面：①资金的性质不同。契约型基金的资金是信托财产，公司型基金的资金是公司法人的资本。②投资者的地位不同。契约型基金的投资者购买受益凭证后成为基金契约的当事人之一，即受益人；公司型基金的投资者购买基金公司的股票后成为该公司的股东，以股息或红利形式取得收益。因此，契约型基金的投资者没有管理基金资产的权利，而公司型基金的投资者通过董事会和股东大会享有管理基金公司的权利。③基金的运营依据不同。契约型基金依据基金契约运营基金，公司型基金依据基金公司章程运营基金。

契约型基金的大众化程度较高，公司型基金的经营比较稳定，两种形式的基金各有优劣。各国的证券投资信托制度均以这两种组织形式为基本模式，比如，英国的单位信托基金以契约型基金为主，美国的共同基金以公司型基金为主。我国的投资基金由于受香港特别行政区的影响，多属于契约型基金。

2. 按基金发行的限制条件，分为封闭型基金和开放型基金

（1）封闭型基金。

封闭型基金（Close-end Fund）有基金发行总额和发行期限的限定，在募集期间结

束和达到基金发行限额后，基金即告成立并予以封闭，在封闭期内不再追加发行新的基金单位，也不可赎回原有的基金单位。基金单位的流通采取在交易所上市的办法，投资者以后要买卖基金单位都必须经过证券经纪商，在二级市场上进行竞价交易。可以说，封闭型基金类似于普通股票，交易价格受供求关系影响。另外，封闭型基金需要设立一个固定的基金经营期限，其期限是指基金的存续期，即基金从成立之日起到结束之日止的整个时间。我国国务院证券委员会颁布的《证券投资基金管理办法》(1997 年) 规定，封闭型基金的存续年限不少于 5 年。

（2）开放型基金。

开放型基金（Open-end Fund）没有基金发行总额和发行期限的限定，发行者可以连续追加发行新的基金单位，投资者也可以随时将原有基金单位退还给基金经理公司。从基金退还角度看，基金经理公司可回购基金股份或受益凭证，赎回基金，投资者可退还基金、赎回现金，因此开放型基金也叫可赎回基金。在市场流通方面，开放型基金在国家规定的营业场所申购，通过基金经理公司的柜台交易赎回，其赎回价格由基金单位净资产值决定。开放型基金的投资者由于随时可以向基金经理人提出赎回要求，故无设定基金期限的必要。

封闭型基金与开放型基金的区别有：①期限不同。封闭型基金通常有固定的封闭期；而开放型基金没有固定期限，投资者可随时向基金管理人赎回。②基金单位的发行规模要求不同。封闭型基金在招募说明书中列明前期基金规模；而开放型基金没有发行规模限制。③基金单位转让方式不同。封闭型基金的基金单位在封闭期限内不能要求基金公司赎回，只能寻求在证券交易场所出售或柜台市场上出售给第三者；而开放型基金的投资者则可以在首次发行结束一段时间（多为 3 个月）后，随时向基金管理人或中介机构提出购买或赎回申请。④基金单位的交易价格计算标准不同。封闭型基金的买卖价格受市场供求关系影响，并不一定反映公司的净资产值；开放型基金的交易价格则取决于基金的每单位资产净值的大小，其卖出价一般是基金单位资产净值加 5%左右的首次购买费，买入价即赎回价是基金券所代表的资产净值减去一定的赎回费，基本不受市场供求关系影响。⑤投资策略不同。封闭型基金的基金单位数不变，资本不会减少，因此基金可进行长期投资，基金资产的投资组合能有效地在预定计划内进行；开放型基金因基金单位可随时赎回，为应付投资者随时赎回兑现，基金资产不能全部用来投资，更不能把全部资本用来进行长线投资，必须保持基金资产的流动性，在投资组合上需保留一部分现金和可以随时兑现的金融资产。

（三）投资基金的优缺点

1. 基金投资的优点

基金投资的最大优点是在不承担太大风险的情况下获得较高收益。这是因为：①投资基金具有专家理财优势。投资基金的管理人都是投资方面的专家，他们在投资前进行多种研究，能够降低风险，提高收益。②投资基金具有资金规模优势。我国的投资基金一般拥有资金 20 亿元以上，西方大型投资基金一般拥有资金百亿美元以上，这种资金优势可以进行充分的投资组合，降低风险，提高收益。

2. 基金投资的缺点

①无法获得很高的投资收益。投资基金进行投资组合过程中，在降低风险的同时，也丧失了获得巨大投资收益的机会。②在大盘整体大幅度下跌的情况下，进行基金投资可能损失较多，这时投资人要承担较大风险。

二、衍生金融资产投资

所谓衍生金融资产，顾名思义，它是衍生于金融资产、商品、指数的金融工具。将资金投资于这种金融工具就称为衍生金融资产投资。衍生金融资产投资的种类很多，目前国际上最流行的衍生金融资产投资包括商品期货、金融期货、期权投资、认股权证、优先认股权、可转换债券。

（一）商品期货

1. 商品期货的含义

商品期货是标的物为实物商品的一种期货合约，是关于买卖双方在未来某个约定的日期以签约时约定的价格买卖特定商品的标准化合同的交易方式。

商品期货细分为三类：农产品期货、能源期货和金属产品期货。

2. 商品期货投资的特点

（1）以小博大。投资商品期货只需要交纳5%～20%的履约保证金，就可以控制100%的虚拟资金。

（2）交易便利。由于期货合约中主要因素如商品质量、交货地点等都已标准化，合约的互换性和流通性较高。

（3）信息公开，交易效率高。期货交易通过公开竞价的方式使交易者在平等的条件下公平竞争。同时，期货交易有固定的场所、程序和规则，交易行为高效。

（4）期货交易可以双向操作，简便、灵活。交纳保证金后即可买进或卖出期货合约，且只需要少数几个指令在数秒或数分钟内即可达成交易。

（5）合约的履约有保证。期货交易后，必须通过结算部门结算、确认，无须担心交易的履约问题。

3. 商品期货投资决策的步骤

（1）恰当选择经纪公司和经纪人。作为非商品交易所会员的企业和个人，只需通过会员在交易所进行期货交易。因此，要进行期货投资，首先必须选择一个适当的经纪公司和经纪人作为自己交易代理机构和代理人。

（2）选择适当的交易商品。在期货市场上买卖的商品种类很多，初入市者必须选择恰当的商品期货作为投资目标。

（3）设定止损点。止损点是期货交易者为避免各大损失、保全已获利润、并使利润不断扩大而制定的买入或卖出的最高点或最低点。

（二）金融期货

金融期货是买卖双方在有组织的交易所内以公开竞价的方式达成协议，约定在未来某一特定的时间交割标准数量特定金额工具的交易方式。金融期货一直在衍生金融工具市场上占有重要的地位，是投资者回避风险的有力武器和获取利润的有效工具。金融期货一般包括利率期货、外汇期货、股票期货、股指期货等。

投资金融期货的目的一般是规避风险、追求较高投资回报。金融期货投资可采取套期保值和套利等策略。

1. 套期保值

套期保值是金融期货实现规避和转移风险的主要手段，具体包括买入保值和卖出保值。买入保值是指交易者预计在未来将会购买一种资产，为了规避这个资产价格上升后带来的经济损失，而事先在期货市场买入期货的交易策略。卖出保值则是为了避免未来出售资产的价格下降而事先卖出期货合约来达到保值的目的。在具体实务中，如果被套期的商品与用于套期的商品相同，属于直接保值的形式；如果被套期的商品和用于套期的商品不同，但是价格联动关系密切，则属于交叉保值的形式。

2. 套利

由于供给与需求之间的暂时不平衡，或是由于市场对各种证券的反应存在时滞，从而导致在不同的市场之间或不同的证券之间出现暂时性的价格差异，一些敏锐的交易者能够迅速地发现这种情况，并立即买入过低定价的金融工具或期货合约，同时卖出过高定价的工具或期货合约，从中获取无风险的或几乎无风险的利润，这就是金融期货投资的套利策略。套利一般包括跨期套利、跨品种套利、跨市场套利等形式。

（三）期权投资

期权也称选择权，是期货合约买卖选择权的简称，是一种能在未来某特定时间以特定价格买入或卖出一定数量的某种特定商品的权利。按所赋予的权利不同，期权主要分为看涨期权（认购期权）和看跌期权（认沽期权）两种类型。其中，购买看涨期权可以获得在期权合约有效期内根据合约所确定的履约价格买进一种特定商品或资产的权利，购买看跌期权可以获得在未来一定期限内根据合约所确定的价格卖出一种特定商品或资产的权利。

进行期权投资的方法有：①买入认购期权。投资者预期期权标的物价格将上升，从而通过买入认购期权多头认购，在有效期内标的物价格如果与投资者预期一样，则达到了其买入认购期权的保值和增值的目的。②买进认沽期权。投资者预期期权标的物价格将下跌时，可以通过买入认沽期权而建立认沽期权头寸。如果在有限期内，标的物的价格将下降，则该认沽期权的价值得到体现。③买入认沽期权的同时买入标的物。即在投资者预期标的物价格将下跌的情况下建立的总和寸头，如果价格果真下降，则认沽期权的收益将弥补标的物价格下跌的损失以达到保值的目的；如果价格反而上升，则可以通过标的物现货的升值部分弥补认沽期权的损失。④买入认购期权的同时卖出一定量的期权标的物。⑤综合多头与综合空头。

（四）认股权证

认股权证是由股份公司发行的、能够按特定的价格、在特定的时间内购买一定数量该公司股票的选择权凭证，其价值有理论价值与实际价值之分。认股权证的理论价值可用下式计算：

$$V=\max[(P-E)\times N, 0] \tag{6.12}$$

式中：V——认股证券理论价值；

P——普通股市价；

E——认购价格；

N——每一认股权证可认购的普通股数。

影响认股权证理论价值的主要因素有换股比率、普通股市价、执行市价、剩余有效期间等。认股权证的实际价值是由市场供求关系所决定的。由于套利行为的存在，认股权证的实际价值通常高于其理论价值。

（五）优先认股权

优先认股权是指当股份公司为增加公司资本而决定增加发行新的股票时，原普通股股东享有的按其持股比率、以低于市价的某一特定价格优先认购一定数量新发行股票的权利。优先认股权又称股票先买权，是普通股股东的一种特权。在我国习惯上称为配股权证。

优先认股权的价值应分别附权优先认股权、除权优先认股权两种情况考虑。附权优先认股权通常在某一股权登记日前颁发，在此之前购买的股东享有优先认股权，或说此时的股票的市场价格含有分享新发行股票的优先权。除权优先认股权是在股权登记日以后的股票不再包含新发行股票的认购权，其优先认股权的价值也相应下降。

（六）可转换债券

可转换债券又称可转换公司债券，是指可以转换为普通股的证券，赋予债券持有者按事先约定在一定时间内将其转换为公司股票的选择权。在转换权行使之前债券持有者是发行公司的债权人，权利行使之后则成为公司的股东。

可转换债券的价值估算可分为已上市的可转换债券和非上市的可转换债券。已上市的可转换债券可以根据其市场价格适当调整后得到评估价值。非上市的可转换债券价值等于普通债券价值加上转股权价值。

可转换债券的投资决策主要注意以下三个方面：①投资机会选择。较好的投资时机一般包括：新的经济增长周期启动时；利率下调时；行业景气回升时；转股价调整时。②投资对象选择。要求具有优良的债券品质是选择可转换债券品种的基本原则。③套利机会。可转换债券的投资者可以在股价高涨时，通过转股获得收益，或者根据可转换债券的理论价值和实际价格的差异套利。

与股票相比，可转换债券的投资风险较小。但也应该考虑如下风险：股价波动风险、利率风险、提前赎回风险、公司信用风险、公司经营风险和强制转换风险。

三、金融资产组合投资

（一）金融资产组合投资的含义和目的

金融资产组合投资并不是一种新的投资形式，而是将上述所说的金融资产投资组合起来使用。这种组合表面上看起来是多种金融资产投资的相加，但实际产生的效果有很大的区别。这是因为组合投资的收益不低于单项投资的收益，同时组合投资的风险也并不会超过单项金融资产投资的风险。也就是说，金融资产组合投资的目的就是分散投资风险。

（二）金融资产组合投资的策略

既然金融资产组合投资的目的是分散投资风险，那么如何进行组合投资，或者说，采用什么投资组合策略，才能实现既定收益下风险最小，或者既定风险下收益最大呢？在证券组合理论的发展过程中，形成了各种各样的派别，从而也形成了不同的组合策略。下面介绍其中最常见的几种。

1. 保守型策略

这种策略认为，最佳证券投资组合策略是要尽量模拟市场现状，将尽可能多的证券包括进来，以便分散全部可分散的风险，得到与市场所有证券的平均收益同样的收益。1976 年美国先锋基金公司创造的指数信托基金，便是这一策略的最典型代表。这种基金投资于标准普尔（Stand and Poor's）股票价格指数中所包含的全部 500 种股票，其投资比例与 500 家企业价值比重相同。这种投资组合有以下好处：①能分散掉全部可分散的风险；②不需要高深的证券投资的专业知识；③证券投资的管理费比较低。但这种组合获得的收益不会高于证券市场上所有证券的平均收益。因此，此种策略属于收益不高、风险不大的策略，故称为保守型策略。

2. 冒险型策略

这种策略认为，与市场完全一样的组合不是最佳组合，只要投资组合做得好，就能击败市场或超越市场，取得远远高于平均水平的收益。在这种组合中，一些成长型股票比较多，而那些低风险、低收益的证券不多。另外，其组合的随意性强，变动频繁。采用这种策略的人都认为，收益就在眼前，何必死守苦等。对于追随市场的保守派，他们是不屑一顾的。这种策略收益高，风险大，称冒险型策略。

3. 适中型策略

这种策略认为，证券的价格特别是股票的价格，是由特定企业的经营业绩来决定的。市场上股票价格的一时沉浮并不重要，只要企业经营业绩好，股票一定会上升到其本来的价值水平。采用这种策略的人一般都善于对证券进行分析，如行业分析、企业业绩分析、财务分析等。通过分析，选择高质量的股票和债券，组成投资组合。适中型策略如果做得好，可获得较高的收益，而又不会承担太大风险。但进行这种投资组合的人必须具备丰富的投资经验，以及用于进行证券投资的各种专业知识。这种投资策略风险不太大，收益却比较高，所以是一种最常见的投资组合策略。各种金融机构、投资基金和企事业单位在进行证券投资时一般都采用此种策略。

（三）金融资产组合投资的方法

进行金融资产组合投资的具体方法很多，但最常见的方法通常有以下几种：

1. 选择足够数量的证券进行组合

这是一种最简单的证券投资组合方法。在采用这种方法时，不是进行有目的的组合，而是随机选择证券。随着证券数量的增加，可分散风险会逐步减少，当数量足够时，大部分可分散风险都可分散掉。根据投资专家估计，在美国纽约证券市场上，随机地购买40种股票，其大多数可分散风险都可能分散掉。为了有效地分散风险，每个投资者拥有股票的数量最好不少于14种。我国股票种类还不太多，同时投资10种股票就能达到分散风险的目的了。

2. 按证券的风险等级组合

这种组合方法又称1/3法，是指把全部资金的1/3投资于风险大的证券，1/3投资于风险中等的证券，1/3投资于风险小的证券。一般而言，风险大的证券对经济形势的变化比较敏感。当经济处于繁荣时期，风险大的证券可获得高收益，但当经济衰退时，风险大的证券会遭到巨额损失；相反，风险小的证券对经济形势的变化则不十分敏感，一般都能获得稳定收益，而不至于遭受损失。因此，这种1/3的投资组合法，是一种进可攻、退可守的组合法，虽不会获得太高的收益，但也不会承担巨大风险，是一种常见的组合方法。

3. 把投资收益呈负相关的证券放在一起进行组合

一种股票的收益上升而另一种股票的收益下降的两种股票，称为负相关股票；把收益呈负相关的股票组合在一起，能有效地分散风险。例如，某企业同时持有一家汽车制造公司的股票和一家石油公司的股票，当石油价格大幅度上升时，这两种股票价格便呈负相关。因为油价上升，石油公司的收益会增加；但油价的上升，会影响汽车的销售，使汽车公司的收益降低。只要选择得当，这样的组合对降低风险有十分重要的意义。

第七章 短期资产管理

■导入话语

任何现代企业的全部资产，总是由长期资产和短期资产两部分内容所构成。这两种资产具有不同的运动速度，从而具有不同的变现周期，这就决定了长期资产和短期资产比重不同的企业具有不同的资本运动特性，从而也就具有了不同的盈利能力和风险性。由此可见，短期资产即流动资产在企业资产中的重要性。基于此，企业必须对流动资产加强管理。

第一节 短期资产投资概述

导入案例

如果一家公司因预计销售将快速增长而大量囤积存货，但随后市场没有出现预计的销售场面，这对公司意味着什么？这就是计算机制造商 Gateway 2000 在 1997 年第二季度所面临的问题。公司存货剧增至4.6亿美元，远远高于正常的3亿美元。更糟糕的是，由于在计算机行业存货过时很快，公司解决这一问题的时间有限，于是在第三季度的计划中，公司准备将销货数量提升30%，但由于采取削价销售以减少存货的政策，其利润远远低于最初的预测。

显然，任何公司几乎每天都面临这样的问题：公司应该从哪里筹集资金？公司的现金应该投向何方？公司因预计销售将快速增长而大量囤积存货，但随后没有出现这样的销售场面，这对公司意味着什么？

一、营运资本的管理

（一）营运资本的概念和特点

营运资本是用以维持企业日常经营活动正常进行所需要的资金，是指在企业经营活动中短期资产所占用的资金。营运资本的概念有广义和狭义之分。广义的营运资本的含义是指企业的流动资产总额；狭义的营运资本是指企业流动资产减去流动负债后的余额，又称为净营运资本。营运资本一般具有如下特点：

1. 周转速度快，回收期短，变现能力强

投资于短期资产的资金一般在一年或者超过一年的一个营业周期内收回。相对于长期资产其周转速度较快，回收期短，具有较强的流动性。

2. 数量波动性较大

流动资产投资的数量并非一个常数，随着企业经营活动的变化，其投资数量时高时低，起伏不定，从而导致净营运资本的变化。

3. 投资的占用形态经常变化

在企业生产循环周转过程中，经过供、产、销三个阶段，其占用形态不断变化。即按现金→材料→在产品→产成品→现金顺序转化。

广义的营运资本包括企业的流动资产总额，是由企业一定时期持有的现金和有价证券、应收账款和各类存货资产等构成的。这些短期资产的控制，持有状况的管理，是企业日常财务管理中的重要部分，也是本章后面要阐述的重点。相对而言，狭义的营运资本只是企业一定时期的流动资产与流动负债之间的差额，并不特指某项资产。而该差额的确定完全要视企业一定时期的经营和财务状况而定，它是判断和分析企业资金运作状况和财务风险程度的重要依据。

（二）营运资本管理政策

企业的营运资本管理政策一般包括营运资本持有政策和营运资本融资政策。本章只对营运资本持有政策进行说明。

企业营运资本管理政策的制定和营运资本的日常管理，必须遵循以下原则：

1. 合理预测营运资本的持有量

企业一定时期营运资本持有量的高低，将会直接影响企业的收益水平和风险程度。如果企业持有较高的营运资本，就意味着企业的资产有较好的流动性、较小的偿债风险，如果企业大量地置存短期资产，会使企业的资金周转减慢和利用水平下降，进而降低企业的盈利能力。

2. 加速营运资本周转，提高资金利用效果

在经营所需营运资本既定的情况下，企业应不断强化有效资金运作，加速资金周转，提高资金的利用水平。加速营运资本周转的关键是加速现金周转和尽可能地减少其持有量，尽可能缩减应收账款周转期和存货周转期。

3. 合理安排流动比率

企业在尽可能降低营运资本持有量的同时，必须确保必要的偿债能力。判断短期偿债能力强弱的主要依据是营运资本绝对额、流动比率和流动资产各项目的流动性程度。流动资产中各项目变现能力的强弱顺序大致为：货币资金>短期投资>应收票据>应收账款>存货。流动资产中各项目所占的比重不同，体现的流动资产总体变现能力也不一样。

二、短期资产投资策略

基于营运资本的管理原则，企业制定短期资产投资策略时，必须充分考虑企业的获利能力与风险之间的关系，才能确定出能使企业利润最大而风险较低的短期资产投资额。

（一）短期资产投资规模

企业不同的短期资产投资规模将导致企业不同的收益水平和风险程度。如果企业能有效地确定其最适中的短期资产持有量，公司就能在不增加风险的情况下获得最好的收益水平。然而，由于公司的经营状况是不断变化的、公司不同时期的财务目标也存在差异，因此公司要确定最理想的短期投资规模是很困难的。在实务中，企业可能会采取较高或较低的短期资产投资规模，这样就可以分为三种不同的短期资产投资策略。如图 7-1 所示。

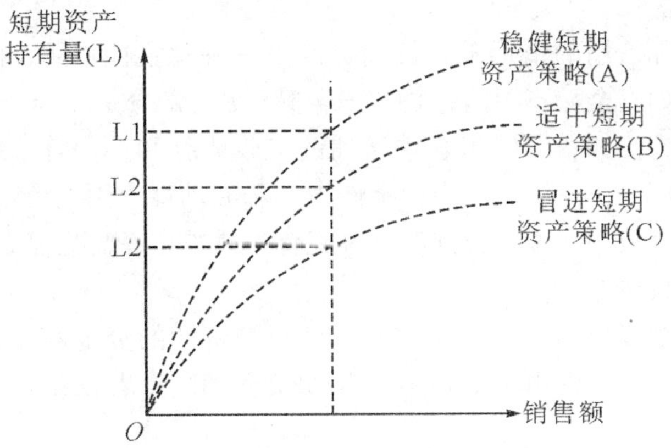

图 7-1　不同的三种短期资产投资策略

从图 7-1 可以看出，随着企业销售额的增加，其短期资产投资额也会有相应的提高，但两者并不一定成比例关系，而是一种非线性关系。短期资产投资额以递减的比率随着销售额的增加而增加。原因之一是由于规模效应的作用，企业规模增大，短期资产投资比例可能会下降；原因之二是短期资产内部各项目之间相互调剂的可能性增大，导致短期资产使用效率提高，从而减少了短期资产需要量。

图 7-1 中的三条曲线分别表示三种不同的短期资产投资策略。在财务管理中过于稳健和冒进的短期资产投资策略只注重收益或只注重风险，这并不是企业财务上追求的目标。因为其不符合财务管理中的收益与风险均衡原则。投资者追求的是适中的短期资产投资政策，但这也是最难把握的，其并没有明确的标准，而是要求企业的财务管理人员根据企业的具体经营和财务状况对投资规模做出合理的调整和控制。

1. 稳健（宽松）短期资产策略

如图 7-1 中所示的 A 曲线，在这种投资策略下，短期资产的营利性低，企业的投资报酬率一般较低，但由于短期资产变现能力强，风险小，不愿冒险，偏好安全的财务人员都喜欢采用此策略。

2. 冒进（激进）短期资产策略

如图 7-1 中所示的 C 曲线，在采用冒进的短期资产投资策略时，由于短期资产的比重低，投资者的投资报酬率一般很高，但企业的整体资产变现能力偏弱，意味着企业财务风险较大。敢于冒险、偏好高报酬的企业财务人员很喜欢采用此策略。

3. 适中（中庸）短期资产策略

如图 7-1 中所示的 B 曲线，这种投资策略是在保证企业正常需要量的前提下，适当地留有一定的安全保险储备，以防止出现财务危机。采用适中的短期资产投资政策时，企业的投资报酬率一般，相应承担的风险也一般。正常情况下企业愿意采用这种策略。

（二）短期资产投资的资金配合策略

企业在确定了适当的短期资产投资规模、策略后，便应该考虑采用何种合理的资金来源与其相配合。一般企业的短期资产占用的资金主要来源于流动负债，偶尔也会用长期资金来解决。

从企业资产实际占用的情形看，长期资产是一种稳定性占用，而短期资产中一部分是稳定性占用，如安全储备中的存货和现金等；另一部分是随着企业经营状况变化而变化的波动性占用，比如企业销售旺季增加的应收账款和存货等。短期资产投资的资金配合策略是指如何安排短期资产中稳定性占用和波动性占用的资金来源问题的政策。主要有三种资金配合策略类型：稳健型资金配合、冒进型资金配合、适中型资金配合。

1. 稳健型资金配合

其特点是短期融资只满足一部分的波动性短期资产的资金需要，另一部分波动性短期资产和稳定性资产，则由长期资金（长期负债和所有者权益）作为资金来源。如图 7-2 所示。

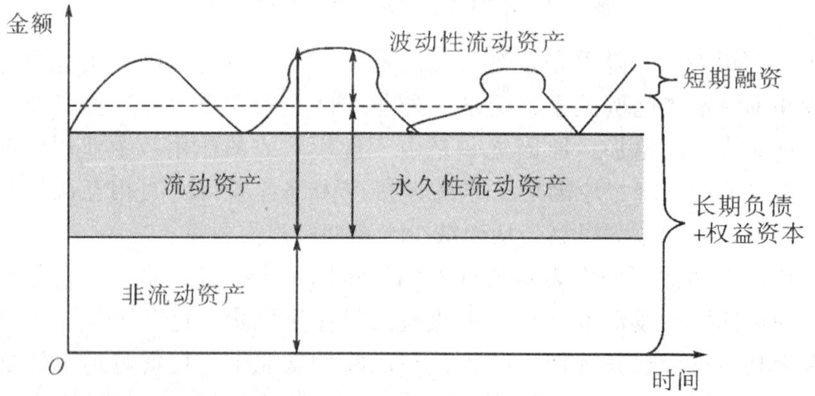

图 7-2　稳健型资金配合

稳健型政策是一种低风险、低收益、高成本的策略，同时企业资金的利用水平较低，会导致收益的下降。

2. 冒进型资金配合

其特点是短期融资不但能满足波动性短期资产的资金需要，还可以满足部分稳定性资产的资金需求。如图 7-3 所示。

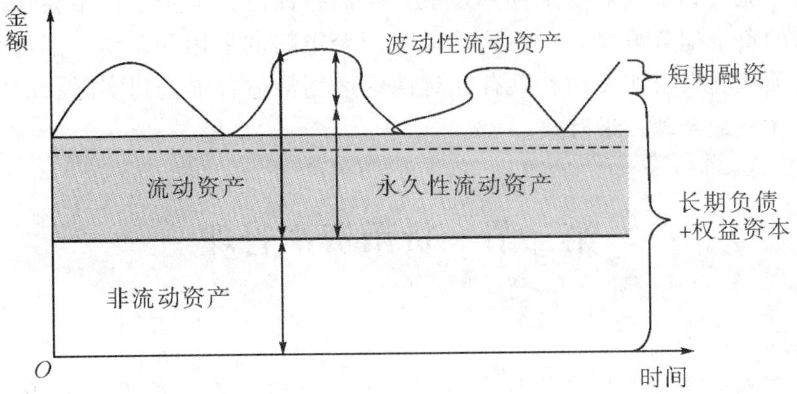

图 7-3　冒进型资金配合

冒进型资金配合策略是一种高风险、低成本、高盈利的策略。图 7-3 中的虚线越低，所冒风险越大。采用这种策略，一方面，降低了企业的流动比率，加大了偿债风险；另一方面，由于短期负债利率的波动性，增加了盈利的不确定性。这种策略适用于长期资金来源不足或短期负债成本较低的企业。

3. 适中型资金配合

其特点是企业的波动性短期资产的资金需求运用短期融资的方式满足；对于稳定性短期资产的资金需求，则运用长期资金作为资金来源。如图 7-4 所示。

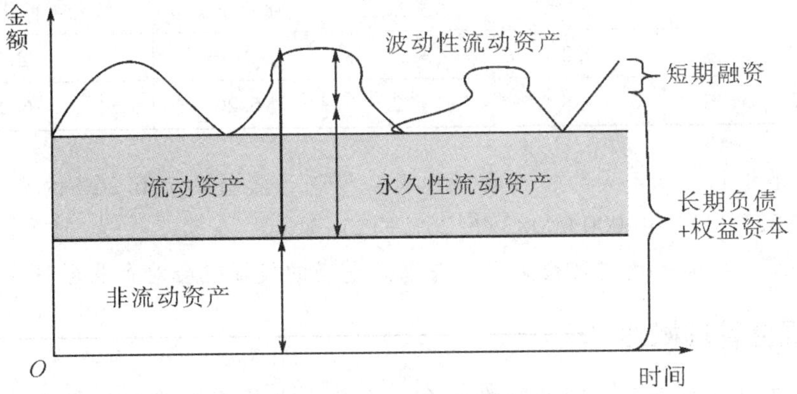

图 7-4　适中型资金配合

这种资金配合策略的基本思想是将资产和负债的期限相匹配，以降低企业不能偿还到期债务的风险和尽可能降低债务的资本成本。但事实上，由于资产使用寿命的不确定性，企业往往做不到资产与负债的期限匹配。因此，适中型资金配合策略是一种理想的、对企业有着较高资金使用要求的策略。一般而言，如果企业能够驾驭资金的使用，采用收益和风险相匹配的较为适中的资金配合策略是有利的。

显而易见，稳健型资金配合策略的优点是企业的财务风险较小，但承担的资金成本较高，同时企业资金的利用水平偏低，会导致企业收益的下降；而冒进型资金配合策略的特点正好与其相反。因此，从财务角度看，过分的稳健和冒进都是不利于企业整体价值提高的，而根据企业的具体经营情况和财务状况做出适度稳健或适度冒进的策略调整，才能有利于企业的生存和发展。当然，任何一个企业都不会长期不变地运用一种绝对的资金配合策略，企业流动资金配合策略的采用和调整，都与企业资产投资状况和负债状况有密切关系。只有针对性地运用最适合本公司实际状况的流动资金配合策略，才能最合理和最有效。

第二节　货币资产管理

导入案例

2018年年末，某企业持有的现金和短期有价证券占其总资产的3.2%。这家企业2018年的销售收入为146亿元，这意味着该公司平均每天的销售收入为0.4（146/365）亿元。

如果该企业在2018年12月31日，仅仅将一天的销售收入投资于收益率为3.4%的3个月期商业票据，企业的利润将会增加340 000（40 000 000×3×3.4%÷12）元。但是，3个月期的商业票据利率是会变动的。如2019年12月31日，同样的3个月期商业票据的收益率已达到6.26%。这意味着短期有价证券的利率在一年内上升2.86（6.26%-3.4%）个百分点。假设3个月期的有价证券利率变化如表7-1所示。

表7-1　3个月期的有价证券利率　　单位:%

时间	国库券	承兑票据	商业票据	大额可转让存单
2018年12月31日	3.2	3.25	3.4	3.3
2019年12月31日	4.8	6.2	6.26	6.28

如果企业把相当于1天的销售收入的现金投资于收益率为6.26%的商业票据，利润可以增加626 000（40 000 000×3×6.26%÷12）元。

由此可见，持有一定的现金余额，并选择适当的投资机会对企业至关重要。

一、现金管理概述

现金是随时可以投入流通的交换媒介，也是企业拥有资产中流动性最强的资产。这里所讲的现金是广义的现金，是指在生产过程中暂时停留在货币形态的资金，包括库存现金、银行存款、银行本票和银行汇票等。

现金管理就是在现金的流动性与收益性之间做出合理选择的过程，其基本目标就是：在现金资产的流动性与收益性之间做出最正确的选择，在保证企业的经济效率和效益的前提下，尽可能减少现金的持有量，以期获得长远利益。

（一）持有现金的动机

通常我们认为现金是一种非营利性的资产，那么企业为什么还要持有一定数量的现金呢？经济学家凯恩斯将各类公司和经济组织的持现动机分为三大类，即交易性动机、预防性动机和投机性动机。

1. 交易性动机

交易性动机是指企业为了满足日常业务开支而必须持有一定数量的现金，比如用于购买原材料、支付工资、支付税款等。虽然企业经常取得业务收入，但每天的现金收入和现金支出很少同步等额发生，因此企业不保持一定量的现金就难以保证日常经营活动的正常开展。

2. 预防性动机

预防性动机是指企业为了应付意外事件可能对现金的紧急需求而必须持有适量的现金。由于不可预见的因素，企业对于生产经营以外的现金需求是难以预料的，编制的现金预算也经常发生偏差，企业的现金流处于不稳定的状态，这就决定了企业必须持有适量的额外现金储备，以避免企业蒙受不必要的损失。

3. 投机性动机

投机性动机是指企业保持适量的现金持有量，以及时抓住市场经济变化中可能出现的良好的投资机会。如购买廉价原材料或资产的机会，或购入价格有利的短期有价证券的投资机会等。当市场机会出现时，企业缺乏资金就会错失良机，因此企业必定会出现投资性的现金持有。

上述三项持有动机虽然从理论上可以划分，但对于企业实际持有的现金，我们并不能够确认某笔现金是因何种动机持有的。对一般企业来说，持有一定量的现金最主要的目的是交易性目的，因为企业的财务人员不会专门等待不知何时才出现的投资机会，况且只要企业保持良好的财务状况和筹资能力，即使这种偶发性事件出现，企业也可以通过临时性的筹资予以解决，这也大大降低了企业的资金成本。

（二）现金持有成本

现金持有成本是指企业持有一定量现金的代价，它与持有量具有明显的对应关系。从不同角度的分析，现金持有成本主要有机会成本、短缺成本和管理成本。

1. 机会成本

当企业持有一定量的现金就会放弃用其投资所获得的收益，即持现成本，这种成本在数额上等同于资金成本。企业放弃的再投资收益属于变动成本，它与现金持有量呈正比关系。企业的持现额越大，其机会成本也就越大；企业的投资收益率或资金成本越高，持现的机会成本就越大。它们的关系如图 7-5 所示。

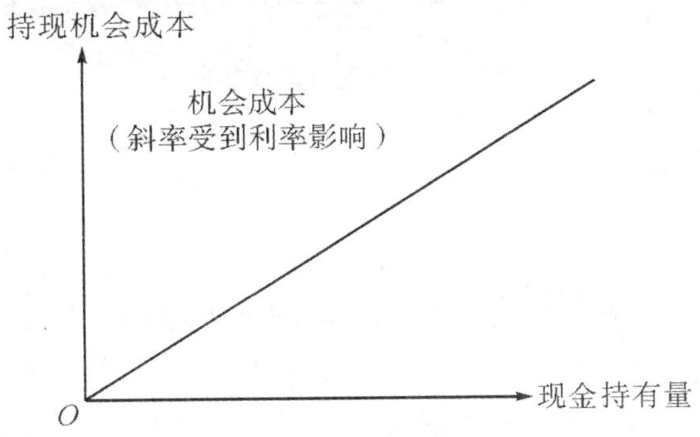

图 7-5　现金持有量

2. 短缺成本

短缺成本是指企业现金持有量不足而又无法及时通过有价证券变现加以补充而给企业造成的损失，包括直接损失和间接损失。直接损失是指由于现金的短缺而使企业的生产经营及投资受到影响而造成的损失；间接损失是指由于现金的短缺而给企业带来的无形损失，如由于现金短缺企业无法按期归还贷款，这将给企业的信用和形象造成损害。现金短缺成本与现金持有量呈反向关系，企业持有的现金数量越大，短缺成本越小。当现金持有量为零时，短缺成本无限上升，最大的成本是企业破产。当现金达到一定量时，企业的现金短缺成本可能等于零。如图 7-6 所示。

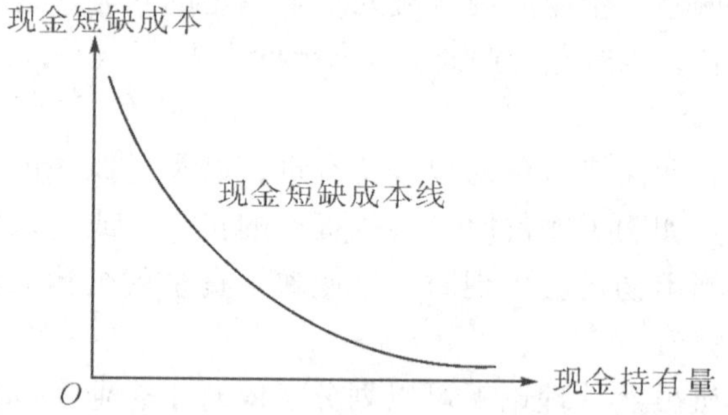

图 7-6　现金短缺成本图

3. 管理成本

管理成本是指日常管理现金所需的开支。如管理现金的安全措施费用和人员工资等的支出。这部分费用具有固定成本的性质，它在一定范围内与现金持有量没有明显的对应关系，是一种与决策无关的成本；当现金持有量超越一定量后，这种成本才会发生一定数量上的上升。如图 7-7 所示。

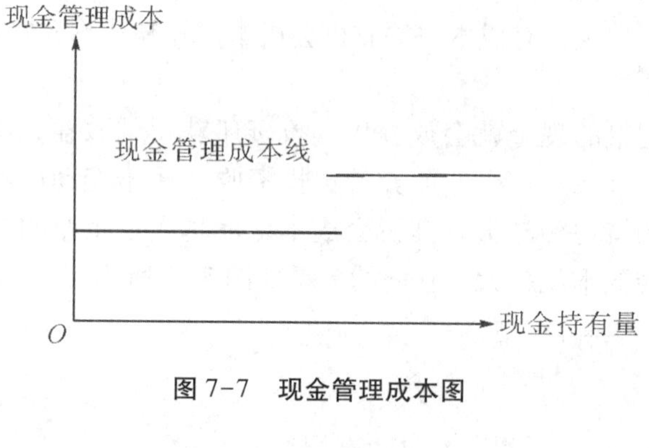

图 7-7　现金管理成本图

（三）日常现金管理

1. 现金回收管理

加速收款和提高收现效率是现金日常管理的基本原则。企业的现金流入主要来源于销货收入。为了提高现金的利用效率，企业必须加速现金周转，尽量缩短短期账款回收时间。因此，企业需要解决的问题有：一是如何缩短收款时间，二是如何确保收款的安全性。西方发达国家在这方面有许多成功的经验，有些是值得借鉴的。

（1）锁箱法。锁箱法也称邮政信箱法，是指企业在各主要客户所在地承租专门的邮政信箱，并开立分行存款账户，授权当地银行每日开启信箱，在取得客户支票后立即予以结算，并通过电汇再将款项拨给企业所在地银行。

锁箱法的优点：一是可以明显缩短企业收款过程中的邮寄滞留时间和处理滞留时间；二是银行专业人员取代企业财务人员处理支票，可以减少支票处理过程中可能发生的差错，便于企业集中控制和审计；三是可以及时有效地识别空头支票。

锁箱法的缺点：使用成本较高，如果企业平均汇款数额较小，采用锁箱法并不一定对企业有利。

（2）银行业务集中控制法。银行业务集中控制法是指通过设立多个收款中心加快资金周转的方法。在这种方法下，企业通常在收款额较集中的若干地区设立若干个收款中心，客户先将款项交给较近的收款中心，然后由收款中心将款项集中交给企业的开户银行。

银行业务集中控制法的优点：一是缩短了账单和款项的邮寄时间；二是由于各收款中心全面负责收款业务，有利于企业账款的催收和控制，并节约了收账成本。但也有不足之处：对企业而言，设置收款中心的成本较高，花费较大。

2. 现金支出管理

如果说现金回收管理的基本目标是缩短收现期的话，那么现金支出管理的基本目标是在合理合法的前提下，尽可能地延缓现金的流出时间。

（1）合理利用现金的“浮游量”从企业开出支票、收票人收到支票并存入银行，至银行将款项划出企业账户，整个中间过程需要一段时间。现金在这段时间的占用称为现金的“浮游量”。换句话说，现金的“浮游量”就是指由于支票开具与支票兑现之间的时间差，而在企业账户里滞留的资金。

（2）合理延缓应付款的支付。企业可以在不影响信誉的情况下，尽量推迟应付款的支付期。一般情况下，充分应用供应商提供的信用期和现金折扣。另外，采用承兑汇票付款方式、合理的工资和股利等款项的支付方式，也都可以有效地延缓现金的支付时间，使企业资金的利用达到最好的水平。

3. 综合控制

（1）遵守现金管理的有关规定，建立严格的内部牵制制度。企业应该按照现行制度的规定范围使用现金，同时在现金管理中将出纳与会计岗位分离，使出纳人员和会计人员互相牵制、互相监督。

（2）适当进行证券投资。当企业有闲置资金时，可以投资于国库券、大额定期可转让存单、货币市场共同基金等短期有价证券；当企业现金短缺时，再出售各种债券，获取现金。这样，既能降低现金的机会成本、提高现金的使用效率，又能增强资产的变现能力。

（四）合理的现金持有量

企业持有现金是有成本的，那么企业究竟应持有多少现金才是合理的呢？确定现金最佳持有量的方法有很多。下面介绍几种最常用的方法。

1. 成本分析模式

成本分析模式是通过分析企业置存货币资金的各种相关成本，测算出各种相关成本之和最小时的货币资金持有量的一种方法。

在成本分析模式下应分析机会成本、短缺成本、管理成本，上述三项成本之和最小时的现金持有量，就是最佳现金持有量。如图 7-8 所示。

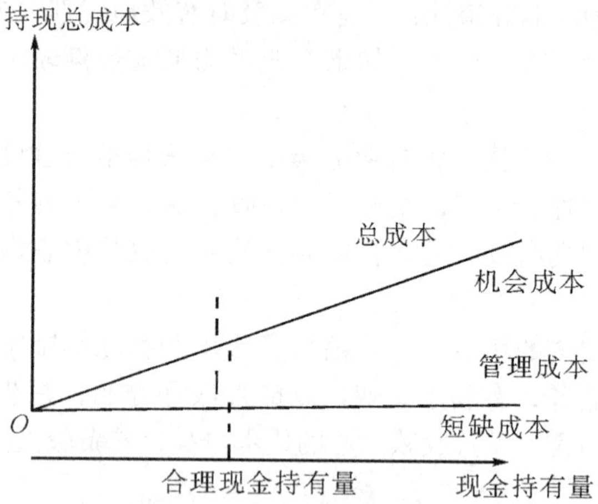

图 7-8 成本分析模式图

通过图 7-8 可以看出，总成本曲线呈抛物线形，抛物线的最低点即为总成本的最低点，该点所对应的现金持有量便是最佳现金持有量。其具体步骤为：①根据不同的现金持有量测算并确定有关成本数值；②按照不同的现金持有量及其有关成本资料编制最佳现金持有量测算表；③在测算表中找出相关总成本最低的现金持有量，即最佳现金持有量。

【例 7-1】某企业有四种现金持有方案，它们各自的机会成本、管理成本、短缺成本见表 7-2。

表 7-2

单位：万元

项目	甲	乙	丙	丁
货币资金持有量	40	50	60	70
机会成本	4	5	6	7
管理成本	0.5	0.5	0.5	0.5
短缺成本	2.5	1	0.5	0
持有总成本	7	6.5	7	7.5

从表 7-2 可以看出，乙方案的总成本最低，也就是说当企业持有 50 万元现金时，各方面的总代价最低，对企业最合算，故 50 万元是该企业的最佳现金持有量。

确定现金持有量的成本分析模式，只能局限于从几个方案中选择较优方案，而无法直接计算出最佳现金持有量。

2. 存货模式

存货模式是经济学家鲍莫首先提出的，他认为最佳现金持有量与存货的经济批量问题在许多方面都很相似，因此，可用存货的经济批量模型来确定最佳现金持有量。在存货模式中，只考虑现金的机会成本和转换成本，而不考虑现金的管理成本和短缺成本。

前已述及，机会成本和转换成本随着现金持有量的变动呈相反方向变化，这就要企业必须对现金与有价证券的分割比例进行合理安排，使现金机会成本与转换成本之和为最小，此时的现金持有量即为最佳现金持有量。如图 7-9 所示。

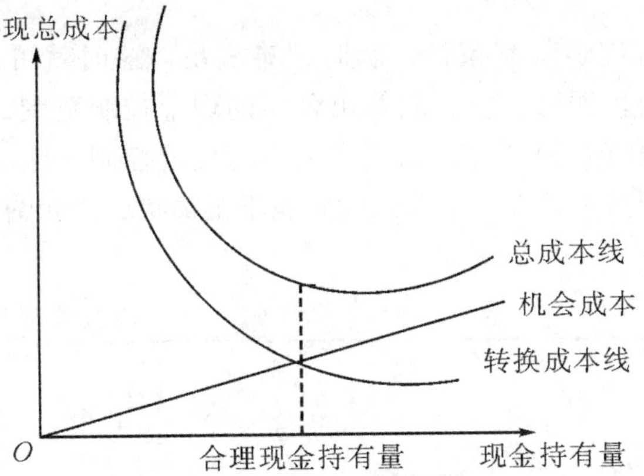

图 7-9 存货模式示意图

设 T 为一个周期内现金总需求量，F 为每次转换有价证券的固定成本，Q 为最佳现金持有量（每次证券变现的数量），K 为有价证券利息率（机会成本），TC 为现金管理相关总成本，则：

现金管理相关总成本=持有机会成本+固定性转换成本

$$\mathrm{TC}=(Q/2)\times K+(T/Q)\times F \tag{7.1}$$

其中：持有现金的机会成本为 $(Q/2)\times K$；转换成本为 $(T/Q)\times F$。

由于最佳现金持有量 Q 就是现金管理相关总成本 TC 最低时的持有量，故根据函数求极小值的方法，对 Q 求导数，得：

$$Q=\sqrt{\frac{2TF}{K}} \tag{7.2}$$

将（7.2）式代入（7.1）式，得：

$$\text{最低现金管理相关总成本 TC}=\sqrt{2TFK} \tag{7.3}$$

【例 7-2】某企业预计全年（按 360 天计算）需要现金 400 000 元，现金与有价证券的转换成本为每次 800 元，有价证券的年利率为 10%。要求：确定最佳现金持有量。

解：最佳现金持有量 $Q=\sqrt{\frac{2TF}{K}}=\sqrt{\frac{2\times 4\ 000\ 000\times 800}{10\%}}=80\ 000$（元）

最低现金管理成本 $\mathrm{TC}=\sqrt{2\times 400\ 000\times 800\times 10\%}=8\ 000$（元）

其中：转换成本 $=\frac{400\ 000}{80\ 000}\times 800=4\ 000$（元）

持有机会成本 =（80 000/2）×10% = 4 000（元）

有价证券的交易次数 = 400 000/80 000 = 5（天）

有价证券交易间隔期 = 360/5 = 72（天）

企业利用存货模式来确定现金的最佳持有量需满足如下条件：①企业所需要的现金可以通过证券变现取得，且证券变现的不确定性很小；②企业预算期内现金需要总量可以预测；③现金的支出过程比较稳定、波动较小，而且每当现金余额降至零时，均可通过部分证券变现得以补足；④证券的利率或报酬率以及每次固定性交易费用可以获悉。

3. 随机模式

因为存货模式有许多限制条件，有时很难满足，这时就可以考虑采用随机模式。在该模式下，只需要根据历史资料测算出公司的现金控制范围，当现金持有接近或超过控制上限时，可投资有价证券；而当现金持有接近控制下限时，就要出售有价证券来补充现金；如现金持有量在上下限之间则属于正常状况。如图 7-10 所示。

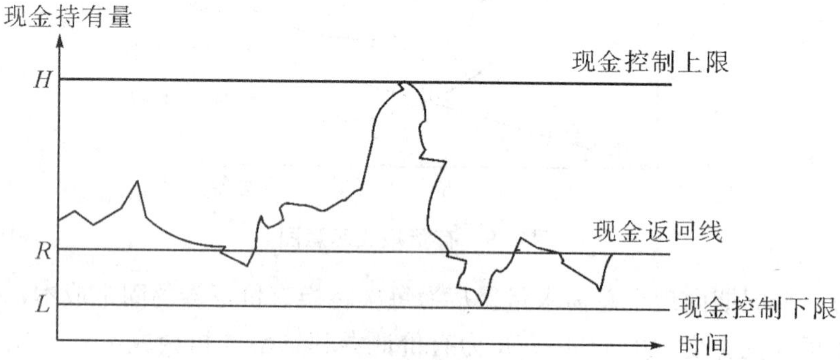

图 7-10　随机模型示意图

上述关系中的现金返回线 R、上限 H 可以按以下公式计算：

$$R = \sqrt[3]{\frac{3b\delta^2}{4i}} + L \tag{7.4}$$

$$H = 3R - 2L \tag{7.5}$$

其中：b 代表证券转换成本，δ 代表每日现金余额的标准差，i 代表有价证券的日收益率。

【例 7-3】假定 ABC 公司有价证券的年利率为 9%，每次的固定转换成本为50 元，公司认为企业的银行活期存款及现金余额不能低于 1 000 元，根据以往经验测算出的现金余额波动的标准差为 800 元。

则该企业的最优现金返还线 R、现金控制上限 H 的计算如下：

有价证券日利率：9%÷360＝0. 025%

$$R=\sqrt[3]{\frac{3b\delta^2}{4i}}+L=\sqrt[3]{\frac{3\times50\times800^2}{4\times0.025\%}}+1\ 000=5\ 579\text{（元）}$$

$$H=3R-2L=3\times5\ 579-2\times1\ 000=14\ 737\text{（元）}$$

当公司的现金余额达到 14 737 元时，即应以 9 158 元（14 737－5 579）的现金投资到有价证券，使现金持有量降到 5 579 元；当公司的现金余额降到 1 000 元时，应转让 4 579 元（5 579－1 000）的有价证券，使现金持有量提高到 5 579 元。

需要注意的是，该模式是建立在公司现金需求量和收支状况不能预测的前提下，是一种比较保守的模式，所以该模式确定的现金持有量比存货模式的持有量大。

二、短期有价证券管理

短期有价证券是指能够在短时间内以接近于市价的价格变卖的证券，包括国库券、商业汇票、短期融资债券、可转让定期存单、货币市场共同基金和回购合同等，实质上是可盈利的现金。

（一）持有有价证券的原因

企业持有一定量现金的目的是保证正常经营的现金需求，但如果有闲置的资金，企业常常会选择有价证券投资，使其闲置的资金投入流动性高、风险低、交易期限短的金融工具上，以获得最大的收益。企业持有有价证券的理由如下：

1. 将其作为现金的替代品，预防企业紧急资金的需求

当企业现金闲置时，企业可以通过持有一定数量的有价证券投资组合取代过多的持有现金。因为有价证券同样具有很强的变现能力，而且短期有价证券投资方便，风险较小，所以其可以成为企业一种有效的资金调度工具。当企业现金充裕时，可以及时购进短期有价证券；相反，当企业现金出现缺口时，可随时变卖投资组合中的若干有价证券，以弥补资金不足。

2. 作为短期投资，能使资金利用水平达到最高，获取更大收益

当企业持有的有价证券价值超过其总资产的2%时，则可以视其为企业的短期投资行为。通常企业投资于有价证券能获得高于一般银行存款利息的收益，并减少了企业持有现金的机会成本。因为一般有价证券的收益率要高于银行的短期借款利率，企业有时宁愿用租赁弥补短期资金缺口，而继续持有短期有价证券。企业持有较多的有价证券，既保持了资产良好的流动性，又大大提高了公司的借款能力。因此，有些企业持有短期有价证券不仅仅是作为现金缺口的准备，获取盈利也是一个重要原因。

（二）短期有价证券投资对象

短期有价证券的种类很多，但并非所有的有价证券都适合作为现金的替代品进行投资。企业应在有价证券的流动性、风险性与收益性之间进行权衡。在我国，目前可以作为现金替代品的有价证券种类比较多，主要形式有国库券、商业票据、银行承兑汇票、短期融资债券、倾向市场共同基金、回购合同等。

1. 国库券

国库券是中央政府为调节国库收支差额而发售和担保的一种短期或中长期的政府债券。这种债券是短期有价证券最适宜的一种投资方式，其信誉较好，基本可视为无风险债券，但一般情况下其收益率略低于其他有价证券。

2. 商业票据

商业票据是某些信誉较好的公司或大型工商公司开出的短期无担保票据。这种票据的可靠性依赖于发行公司的资信程度，其利率较高。但因无交易市场，活动性略差。企业购入这种短期票据，没有特殊情况，一般公司会持有到期，这样可以获取大于存货利率的利息收入。

3. 银行承兑汇票

银行承兑汇票是出票人签发的、由商业银行承兑的汇票，其到期日一般不超过 6 个月。银行承兑汇票常被用来作为对内或对外交易的融资工具，其可靠性依赖于承兑银行的信誉，其收益率一般高于同期存款利率，并可贴现和背书转让，较为方便。

4. 短期融资债券

短期债券主要是由信誉良好的金融机构和公司发行的短期融资债券。由于这种债券的风险大于国库券，所以其收益率也相对较高，故投资者应在适宜的风险、收益和流动性方面做出合理的投资决策。

5. 货币市场共同基金

货币市场共同基金是通过向大量小储户或小公司出售基金份额来筹集资金，并进行有价证券投资的形式。这种形式较早出现在美国。因为市场上对商业票据或国债投资等会有最低资金限额，这样对一些小公司十分不利，因此共同基金就由此而生。这种基金不但接受小额投资，而且投资者可随时出售基金份额获取现金。

6. 回购合同

回购合同是指证券买方与卖方确定的卖方在今后一定时期按预定价格并加上一定利息向买方购回证券的协议。为什么作为短期投资公司不直接购入证券，而要采用回购合同的方式呢？这是因为企业可以确定回购期，便于资金控制。另外，也可以消除直接证券投资的价格和利率波动风险，但企业应充分估计对方的信誉程度。

（三）影响有价证券投资的因素

企业在满足其正常经营活动现金需求的前提下，将闲置资金进行有价证券投资时，由于市场上可选择的有价证券种类很多，企业需要根据各种证券的不同风险和收益，充分考虑各种因素而进行有效的投资组合。

1. 违约风险因素

违约风险因素是指证券发行人无法按期支付债券利息和偿还本金的风险。一般国库券等政府债券被认为是无违约风险的证券。但其利率较低，而其他有价证券都存在一定程度的风险，但利率较高。短期证券投资组合不能一味追求高收益而承担较大的风险，也不能过于保守放弃应得的利润，企业必须在预期收益与风险之间进行合理的权衡。

2. 利率风险因素

利率风险是指市场利率的变动导致的有价证券价格的变动而使投资者遭受损失的风险。市场利率与债券价格呈反方向的变动，企业应预计市场利率的变化而及时调整投资政策和投资组合，以避免利率波动带来的风险。

3. 购买力风险因素

购买力风险又叫通货膨胀风险，是指由于通货膨胀等因素导致的有价证券贬值或收到证券时的实际购买力下降的风险。一般短期投资受这种风险的影响较小，但企业仍需警惕物价短期发生变动，以及时调整自己的策略。

4. 流动性因素

企业持有价证券的目的除了获取收益外，还必须为企业资产的流动性做准备。以便应付各种不可预测的现金需求。因此，从短期来看企业也应充分关注短期证券投资的流动性。

5. 收益与税赋因素

有效的短期投资组合会直接影响到公司的收益水平和税赋成本，一般除了国库券和政府债券等可以免除税金外，其他有价证券都要依法纳税。所以，企业在进行短期投资时，应对证券实际收益进行比较。

第三节　应收账款管理

导入案例

2003 年 3 月初，有消息称，中国彩电巨头四川长虹在美国遭遇巨额诈骗，数亿元人民币可能无法追回。据传，长虹 2002 年出口彩电中有 300 多万台是由美国一家叫 PAEX 的公司代理出口的，就是这家公司拖欠了巨额货款。

据了解，四川长虹 2002 年以全球销售 1 129 万台和出口 398 万台夺得销售和出口两项第一，而 2001 年长虹的出口只有 12 万台，一年内出口增长了 33 倍多。

长虹 2002 年的应收账款较 2001 年增加了 13.4 亿元，同比增长了 46.5%。其中仅一年间，APEX 公司欠四川长虹的款项就由 3.46 亿元猛增至 38.3 亿元，占公司应收账款的 92%。

有关企业的追收实践表明，账款逾期在半年以内，收回成功率是 57.8%；一年以后，收回的成功率是 26.6%；两年以后，收回的成功率只有 13.6%。有些企业不遗余力以超低价或者其他信用策略销售产品，扩大了销售的同时也增大了应收账款投资，难道企业没有认识到这些拖欠账款的风险与成本？没有认识到信用政策对企业目标的影响？

一、应收账款概述

应收账款是企业对销售产品、提供劳务等所形成的尚未回收的款项，是企业短期资产的重要组成部分。企业加强应收账款的管理，目的是在充分发挥应收账款功能的基础上，降低应收账款投资的成本和风险，使应收账款投资所增加的收益大于其投资成本，使企业最大限度地获取收益。

（一）应收账款产生的原因

应收账款的存在是由于企业采用赊销或分期收款等方式从事经营活动引起的，虽然这些方式促进了企业的销售，但企业可能会承担坏账损失而给企业带来一定的经营风险。那么企业为什么还会让应收账款发生呢？其根本原因有两个：

1. 激烈的市场竞争

在市场经济条件下，竞争机制的作用迫使企业必须以各种手段扩大销售，除了依靠产品质量、价格、售后服务等外，给客户提供一定的信用优惠也成为手段之一。而赊销在现代社会中已被认为是一种通用的交易方式，它对进一步吸引客户、扩大企业销售具有不可低估的作用，所以在市场激烈的竞争下，商业信用的产生必然引起企业应收账款的发生。

2. 销货和收款的时间差

商品的销售与企业应收账款的结算过程由于时间的差异存在资金的滞留，这就导致企业需要承担由此引起的资金垫支。由于销售和收款的时间差而引起的应收账款是由结算过程引起的，不属于前面所说的商业信用，故不属于我们以下讨论的主要内容，本章只讨论由商业信用引起的应收账款的管理。

（二）应收账款的功能与成本

应收账款实质上是企业为了扩大产品销售收入而向买方提供的一种商业信用，这种商业信用的投资是有成本和风险的。企业对应收账款的管理，就是要对其应收账款投资上的收益和成本进行权衡，以便制定出最佳的信用政策和收账政策。

1. 应收账款的功能

（1）增加了企业的商品销售收入。企业销售商品可以采用两种基本形式，即现销和赊销。在竞争激烈的市场经济条件下，赊销已成为一种通用的交易方式。因为在赊销的情况下，企业在销售商品的同时，也向买方提供了一笔可以在一定期限内无偿使用的资金，即商业信用资金，其数额等同于商品的售价，这对于购买方而言具有极大的吸引力。因此，为适应竞争的需要，企业适时地采取各种有效的赊销方式，就显得尤为重要。

（2）减少了企业的存货量。企业由于赊销增加产品销售收入的同时，也降低了存货中库存商品的数量，有利于缩短商品的库存时间，节省了其所需的管理费、仓储费、保险费等各方面的支出。因此，当库存商品较多时，企业可以通过赊销把存货转化为应收账款，以节省各种开支，但同时也会加大应收账款的风险。

2. 应收账款的成本

企业采取赊销这一方式提高了企业的销售收入，获取了收益，但企业持有应收账款是有代价的，是需要成本支出的。其主要表现在以下几个方面：

（1）持有的机会成本。企业为促销而采用赊销方式，就意味着不能及时收回贷款，而为客户垫付一定时期的资金，由于这笔资金的搁置而不能进行其他投资所丧失的投资收益就是企业需承担的机会成本。这种成本一般按有价证券的收益率计算。

（2）持有应收账款的管理成本。管理成本主要是指对应收账款进行日常管理而耗费的开支，主要包括与应收账款相关的客户信誉调查费用、账簿记录费用、收账费用等。

（3）坏账损失成本。坏账成本是指由于某种原因导致应收账款无法收回而给企业带来的损失。这一成本一般与企业的应收账款规模呈正比例关系，并可按一定百分比来预测。企业的商业信用销售越大，承担的坏账损失风险就越大。

（三）应收账款的管理策略

影响应收账款管理策略的因素主要有以下三个方面：

（1）企业销售规模和市场竞争程度。通常，企业的销售规模越大，市场竞争越激烈，其应收账款的持有量就越大，企业的资金压力就越大。

（2）企业赊销的比例。赊销是产生应收账款的直接原因，因此赊销比例的确定对企业应收账款的规模具有很大的影响。当企业试图不断扩大市场份额时，往往会采取较高赊销比例的政策，这样就对企业的资金造成很大的压力。

（3）公司信用政策。企业信用政策的确定是应收账款管理的直接因素，而且是由财务人员直接来决策的，信用政策是在对企业的经营和财务状况做深入研究的基础上确定的。在具体运用过程中，采用适宜的和具有针对性的信用政策，才能提高企业信用管理水平，以实现对应收账款的有效管理。

二、信用调查与评估

（一）信用调查

信用调查的主要目的是获取客户的信用资料。企业可以通过直接调查客户获取，如采访、询问、记录等；也可以通过间接的调查获取，如根据企业自己以往的经验，查阅客户的财务报告，分析银行提供的客户信用资料，向国内外咨询公司咨询等。具体获取相关信息的渠道有如下几种：

1. 企业内部的客户历史数据

企业通过对以往的应收账款周转期进行研究，对客户信用质量进行书面评价。

2. 客户财务报告

查看客户的财务信息是企业进行信用分析主要的信息来源之一。企业若是能取得客户经过审计后的财务报表，并计算关键的财务比率，便能更好地掌握客户的基本财务状况。

3. 信用评估机构信息

企业可以从信用评估机构获取客户的信用评级信息。信用评估机构可以提供客户的信用报告，包括公司背景、行业性质、经营状况、财务信息、综合信用等级评价等。

4. 银行记录

银行是企业信用资料的一个重要来源，银行在向客户提供贷款时，都要对客户的信用情况进行严格的审查。通过开户行，企业可以得到有关客户的现金余额、贷款和信用历史信息以及一些财务信息。

（二）信用评估

经过对客户的信用状况进行调查，收集好信用资料后，企业就需要对客户的各种信用资料进行分析，并对客户的信用状况进行评估。在实践中，信用评估的方法有很多。下面主要介绍两种方法。

1.“5C”评估法

“5C”评估法是指对客户信用的5个方面进行评估，这是西方国家常用的方法。这5个方面的英文单词的第一个字母都是C，故称为“5C”评估法。

（1）品行。品行（character）是指客户试图履行其偿债义务的可能性，这是评估客户信用品质的首要因素。企业必须对客户过去的付款记录进行详细分析，据以推断其履行偿债义务的可能性。

（2）能力。能力（capacity）是指客户的偿债能力。企业可以通过分析客户的经营方式、资产流动性，以及对客户实地调查，做出对客户偿债能力的判断。

（3）资本。资本（capital）是指客户的一般财务状况，如注册资本、资产总额、净资产、主要财务比率等。

（4）担保品。担保品（collateral）是指客户为了获得商业信用所提供给企业作为担保用的资产。客户若能提供担保品，可以减少公司的赊销风险。客户提供的担保品越充足，信用安全保障就越大。

（5）条件。条件（condition）是指可能影响客户偿债能力的经济环境，如经济发展趋势、经济政策、某地区或某领域经济的特殊发展等。

2. 信用评分法

“5C”评估法主要是对客户的信用状况进行定性评估，而在实践中，企业还需要对客户的信用状况进行定量分析。信用评分法就是对反映客户信用质量的这种指标进行评分，然后进行加权平均，算出客户的综合信用分数，并据此进行信用评估的一种方法。信用评分法的基本公式是：

$$Y = \sum_{i=1}^{n} \alpha_i x_i \tag{7.6}$$

其中：Y 是某公式的信用评分，α_i 是事先拟订的第 i 种财务比率或信用品质指标的权数。x_i 是第 i 种财务比率或信用品质指标评分。

公式中的财务比率或信用品质指标主要包括流动比率、资产负债率、利息保障倍数、销售利润率、信用用评估等级、信用记录、资信调查等，它可以根据公式收集的资料分析确定，各种要素的权数是根据财务比率和信用品质的重要程度来确定的。

【例 7-4】现以 X 企业为例来说明这种方法，具体情况如表 7-3 所示。

表 7-3

项目	财务比率或信用品质（1）	分数（X_i）0~100（2）	预计权数（α_i）（3）	加权平均数（$\alpha_i X_i$）（4）=（2）×（3）
流动比率	1.9	90	0.20	18.00
资产负债率	50	85	0.10	8.50
销售利润率	15	85	0.10	8.50
信用评估等级	AA	85	0.25	21.25
信用记录	一般	75	0.25	18.75
未来发展预计	一般	75	0.05	3.75
其他因数	好	85	0.05	4.25
合计	—	—	1.00	83

在表 7-3 中，第（1）栏是根据收集来的资料及分析确定的；第（2）栏是根据第（1）栏的资料确定的；第（3）栏是根据财务比率或信用品质的重要程度来确定的。在

采用信用评分法进行信用评估时，分数在80分以上说明企业信用状况良好，分数在60～80分说明信用状况一般，分数在60分以下说明信用状况较差。

三、信用政策的制定

信用政策也称应收账款政策，是指企业对应收账款投资进行规划与控制而确立的基本原则和规范，本质是对客户的一种结算优惠和短期融资。

（一）信用标准

信用标准是指企业在销售业务中给予客户一定商业信用的基本标准。它主要是根据本企业的经营和财务实际状况、客户的信誉情况及市场竞争的激烈程度等综合因素来制定的。

信用标准反映了应收账款的质量水平，它对于可接受的风险提供了一个基本的判别标准。企业在设定某一位客户的信用标准时，往往先要评估它赖账的可能性，即它的信用状况。信用标准通常用坏账损失率表示，可允许的坏账损失率越低，表明企业的信用标准越高。

如果企业的信用标准严格，企业可以减少坏账损失、降低应收账款的机会成本和管理成本，但这不利于增加销售、扩大市场占有率，甚至可能会引起企业销售量的减少；反之，信用标准宽松，虽然增加了企业的销售量，但会相应增加坏账损失和应收账款的机会成本与管理成本。因此，企业必须在扩大销售与增加成本之间权衡利弊，针对不同的情况制定不同的信用标准。

（二）信用额度

信用额度是指根据企业的实际情况和客户的偿付能力所给予的最大赊销额。信用额度的确定在企业应收账款管理中具有特殊意义，它能防止局域客户过度的赊销信用，而造成企业不必要的损失。

赊销的信用额度体现了企业愿意承担赊销风险的最大限度。在正常情况下，企业一般可以一年测评一次，平时应严格执行，并及时发现赊销业务中的问题，不能随意扩大客户的赊销额，给那些套取信用的人可乘之机。

（三）信用期限

信用期限是企业赊销商品时允许客户延长付款的最长期限。确定信用期限是企业制定应收账款信用政策最重要的部分，因为延长信用期可以吸引客户，扩大销售，增加企业营业利润。但信用期的延长，必然使企业平均收账期延长，会造成不利的后果。所以，作为企业营销战略的重要手段，适当延长信用期是必要的，但只有当由此带来的利润大于增加的成本时，才能认为这种新的信用期限是合理的。

因此，从财务角度选取合理信用期限十分简单，只要分析一下新的信用期限政策运用后的边际收益能否抵销其边际成本，便可知其是否有利。

四、应收账款的日常管理

对大多数企业来说，存在应收账款是十分正常的事。应收账款是企业对外提供商业信用的结果，其往往蕴涵着巨大的风险。因此，企业对应收账款必须加强日常管理，采取有力的措施进行分析、控制，及时发现并解决问题。

（一）收账政策

收账政策是指客户违反信用条件，拖欠甚至拒付账款时企业所采取的收账策略和措施。

企业给客户提供信用条件，实际上已经承担了客户拖欠甚至拒付账款的风险。企业制定信用政策时，就应当考虑对客户有可能违反信用规定的收账政策。

企业如果采用严格的收账政策，则可能会减少应收账款的投资，减少坏账损失，但要增加收账成本；反之，如果采用宽松的收账政策，则可能增加应收账款和坏账损失，但会减少收账费用。

一般而言，收账费用支出与应收账款机会成本和坏账损失成本呈反比例关系，但是一种非线性关系。其变化规律是：当企业增加适量的收账成本时，应收账款的机会成本和坏账损失成本下降；收账成本继续增加，应收账款的机会成本和坏账损失成本会明显下降，但当收账成本的支出达到一定程度以后，这种对应关系明显减弱，这个限度成为饱和点。如图 7-11 所示。

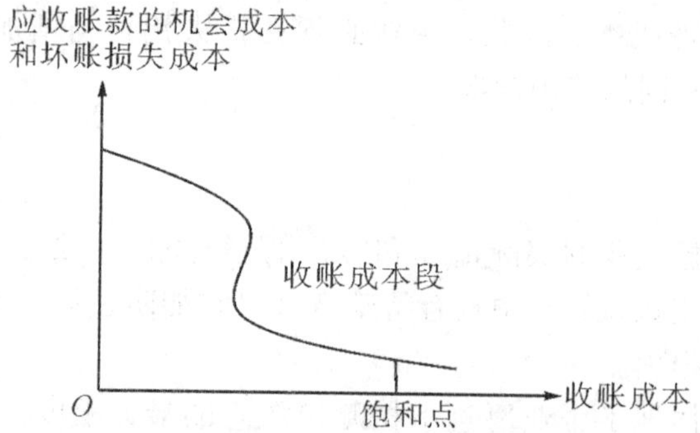

图 7-11　应收账款机会成本和坏账损失图

由于商业信用的存在，企业发生一定的坏账损失是不可避免的。企业在制定收账政策时，应该考虑饱和点问题，不能无限度地增加收账费用，应在增加的收账费用与坏账损失和机会成本之间进行权衡。

（二）应收账款的追踪分析

企业应对赊销客户的付款状况和付款能力进行追踪调查和分析，特别是对于大额交易和以往信用状况较差的客户应作为追踪分析的重点。通过追踪调查，企业能及时有效地控制不同客户的收款情况，能够把握客户延迟付款的原因，为企业当前调整分离的收款方式提供依据，更能为企业未来制定合理有效的信用政策打下基础。

（三）应收账款账龄分析

账龄分析是应收账款日常管理的重要内容，它是指定期对赊销客户的付款状况进行金额、期限和结构分析的重要方式。一般可将未收回的应收账款按开票日期和延迟期限进行分类，分别确定不同账龄的排序并编制成表。

通过账龄分析表，企业可以对当前客户的货款情况有一个整体的了解，掌握企业的实际收款状况是否良好，以及企业货款被拖欠的严重程度。同时，企业还可以了解不同客户的信用期限执行情况，是否有超越其规定的信用额度以及哪些客户将是企业进一步深入分析的对象。

（四）建立应收账款坏账准备制度

无论企业采用何种严格的信用政策，只要商业信用存在，坏账损失必然不可避免。所以，企业应该建立完备的坏账准备制度，这既是应收账款管理的重要内容之一，也是保障企业稳定发展的重要手段。

第四节　存货资产管理

【案例】

嘉农公司是几个年轻人集合了民间资本在3年前创立的，主要经营日用品、食物、饮料等杂货的网上销售业务。但由于金融危机的影响，企业出现了亏损，投资商纷纷修改了他们的预算。预计为嘉农公司投资的投资商拒绝了第二笔资金的注入，还勒令他们在3个月内让嘉农公司扭亏为盈，否则公司就难逃被卖掉的命运。管理层经过认真分析后，发现扭亏为盈的关键在存货上。

对于存货的问题，嘉农公司内部也多次召开会议进行研究。各个部门所持的意见大相径庭。销售部认为存货不够导致频频缺货，越来越低的订单完成率和糟糕的存货水平限制了销售额的增加。而仓库和采购部门认为现有的库存量已经太多，特别是那些货架期（保鲜要求）比较短的商品，过期损失的负担相当大。财务经理的分析也显示，存货在公司的资产中占用了大量的现金，已经到了警戒水平，而且和业务量的发展相比，存货呈几何级数的增长。显然，采购、销售、仓库、财务各部门对存货的库存量和订货方式意见不一，总经理该怎么解决这个问题呢？存货的库存量又该是多少才是最合适的呢？

一、存货管理概述

（一）存货的意义和管理目标

存货是企业在经营过程中为了满足销售或生产耗用的需要而储备的各种物质，主要包括原材料、低值易耗品、在产品和库存商品等。

企业持有充足的存货，不仅有利于生产过程的顺利进行，节约采购费用与生产时间，而且能够迅速满足客户各种订货的需要，从而为企业的生产与销售提供较大的机动性，避免因存货不足带来的机会损失。

然而，存货的增加必然会占用企业更多的资金，将使企业付出更大的持有成本

（存货的机会成本），而且存货的储存与管理费用也会相应增加，影响企业获利能力的提高。因此，如何在存货的功能（收益）与成本之间进行利弊权衡，在充分发挥存货功能的同时降低成本、增加收益、实现它们的最佳组合，成为存货管理的基本目标。

（二）存货的功能与成本

1. 存货的功能

（1）保证公司生产经营正常进行。

适量的原材料、在产品、半成品是公司正常生产经营的前提和保障。尽管理论上存在零存货目标，但要完全实现这一目标几乎不可能。就企业外部而言，供货方的生产和销售往往会因某些原因而暂停或推迟。就企业内部而言，有适量的半成品储备，能使生产环节的生产调度更加合理，让生产工序步调更为协调，联系更为紧密，不至于因等待半成品而影响生产。因此，适量的存货能有效地防止停工待料的发生，保障生产的连续性。

（2）适应市场变化。

市场对企业产品的需求量一般来说是不稳定的，一定数量的存货储备可以增强公司销售的机动性和适应市场变化的能力，特别是对于销售季节性很强的商品更应存储足够的存货，避免因存货不足而错失良机。

（3）降低成本。

一般来说，企业的采购成本、订货成本与采购物资的单位售价及采购次数有密切的关系。许多企业为了鼓励客户购买其产品，往往在采购量达到一定数量时在价格上给予相应的价格折扣。由此可见，企业采取大批量的集中进货，既可以降低单位物质的买价，又可以降低采购费用的支出，从而降低成本。

（4）保险储备防止意外损失。

企业面对的市场是千变万化的，不确定因素很多，如采购、运输、生产、销售过程中都可能发生意外事故。为防止意外事故的发生而影响企业的生产经营活动，企业保持定量的存货保险储备是必要的。

2. 存货成本

（1）采购成本。

采购成本由买价、运杂费、装卸费、运输途中的合理损耗费用和入库前的挑选整理费用等构成，等于采购单价乘以采购数量。由此可知，当进货总量在一定时期为既定的情况下，由于采购单价（假设物价不变而且无采购数量折扣）不变，采购成本在存货管理决策就属于无关成本；但在有数量折扣时，采购成本就成为决策的相关成本。年需要量用 D 表示，单价用 U 表示。

$$\text{采购成本}=D\times U \tag{7.7}$$

（2）订货成本。

订货成本是指企业为组织订购存货而发出的各项支出，如与存货采购有关的办公费、差旅费、邮资、电话电报费等。订货成本中有一部分与订货次数无关，如常设采购机构的基本开支等，这类固定性订货成本属于决策无关成本，用 F_1 表示；另一部分与订货次数有关，如差旅费、邮资等，这类变动性订货成本属于决策的相关成本。每次订货的变动成本用 K 表示，订货次数等于存货年需要量 D 与每次进货量 Q 之商。订货成本的计算公式为：

$$订货成本=F_1+\frac{D}{Q}K \tag{7.8}$$

（3）储存成本。

储存成本是指为保持存货而发生的成本。它包括存货占用资金的应计利息、仓库费用、保险费用、存货损耗费等，分为变动性储存成本和固定性储存成本。变动性储存成本与储存数量成正比，如存货占用资金的应计利息、保险费用、存货损耗费用等，单位存货的年变动储存成本用 Kc 表示。固定性储存成本与储存数量无关，如仓库折旧、仓库职工的固定月工资等，常用 F_2 表示。用公式表示的储存成本为：

$$储存成本=F_2+K_C\ \frac{Q}{2} \tag{7.9}$$

（4）缺货成本。

缺货成本是指由于存货数量不足而给生产和销售带来的损失，如停工损失、失去销售机会的损失、采取补救措施而发生的额外成本等。缺货成本与存货成本的储存数量成反比。

（三）存货管理的方法

1. 存货资金的统一管理

企业必须加强对存货资金的统一管理，促进供、产、销互相协调，实现资金的综合平衡，加速资金周转。财务部门对资金的统一管理包括以下几个方面：①根据国家财务制度和企业具体情况制定资金管理的各种制度；②预算各种资金占用数额，汇总编制存货资金计划；③将企业计划指标进行分解，落实到相关部门和个人；④对各部门的资金运用情况进行检查和分析。

2. 各项资金的归口管理

企业存货的每项资金由哪个部门使用，就归哪个部门管理。各项资金归口管理的分工如下：①原材料、燃料、包装物等的资金归采购部门管理；②在产品和自制半成品的资金归生产部门管理；③产成品的资金归销售部门管理；④修理用备件占用的资金归销售部门管理；⑤办公用品占用的资金归行政部门管理。

3. 存货资金的分组管理

各归口管理部门要根据本部门的具体情况，将存货资金计划指标进行分解，层层落实，明确权限与责任，实行分级管理。具体分解可按如下方式进行：①原材料资金计划指标可分配给材料采购、仓库保管、整理准备各业务组管理；②在产品资金计划指标可分配给各个车间半成品库管理；③产品资金计划指标可分配给销售、仓库管理、成品发运各业务组管理。

二、存货的经济批量模型

（一）经济批量的基本模型

与存货关系的四种成本中，通常情况下存货的采购成本是稳定的，且不考虑缺货成本。所谓经济批量模型就是用来确定存货最合理的采购批量，以确保企业一定时期的订货成本与储备成本合计的总成本最低的决策模型。

经济批量的基本模型以如下假设为前提：①企业一定时期某种存货的需求量能预测，且其耗用或销售比较均衡；②企业每次订货都集中到货，不允许缺货，故没有缺货成本；③企业能随时补充存货，即存货市场供应充足、企业资金充足，故不考虑安全存量；④存货的单价、订货成本和储备成本都是已知的，并在一定时期保持稳定。

根据上述假设，企业一定时期存货购买的总成本为：

$$TC = F_1 + \frac{D}{Q}K + DU + F_2 + K_C\,\frac{Q}{2} \quad (7.10)$$

其中，F_1为固定性订货成本，D为存货年需要量，Q每次进货量，K每次订货的变动成本，U表示存货单价，F_2固定性储存成本，K_C表示单位存货的年变动储存成本，当F_1、K、D、U、F_2、K_C为常数量时，TC的大小取决于Q。为了求出TC的极小值，我们对其进项求导演算，可得出下列公式：

$$Q^* = \sqrt{\frac{2KD}{K_C}} \quad (7.11)$$

$$TC(Q^*) = \frac{KD}{\sqrt{\frac{2KD}{K_C}}} + \frac{\sqrt{\frac{2KD}{K_C}}}{2} = \sqrt{2KDK_C} \quad (7.12)$$

这一公式称为经济批量模型，求出的每次订货批量，可使TC达到最小值。为了更清楚地反映表示该模型的原理，我们可绘制经济批量模型的函数图。如图7-12所示。

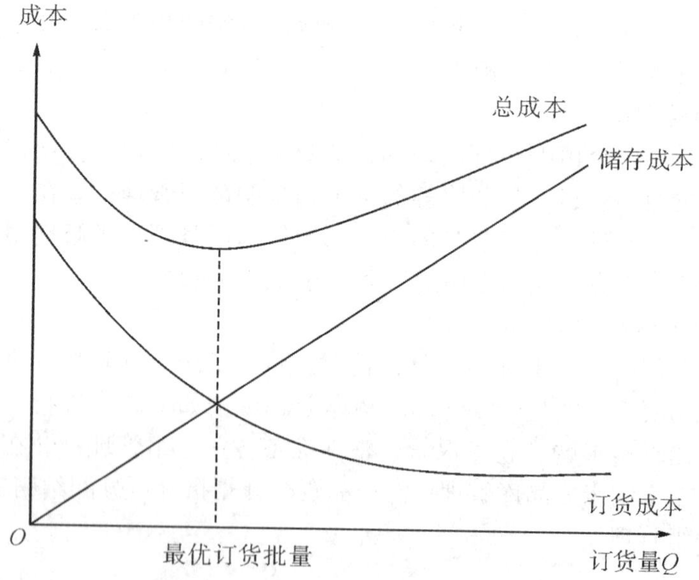

图7-12　存货模式示意图

【例7-5】某企业需耗用甲材料14 700千克，每次订货成本为500元，单位存储成本为30元。

解：存货的经济订货批量：

$$Q=\sqrt{\frac{2KD}{K_C}}=\sqrt{\frac{2\times 14\ 700\times 500}{30}}=700\text{（千克）}$$

存货经济订货批量下的存货总成本：

$$TC(Q^*)=\sqrt{2KDK_C}=\sqrt{2\times 14\ 700\times 500\times 30}=21\ 000\text{（元）}$$

2. 存在数量折扣时的经济批量模型

经济批量的基本模型的应用假设存货的购买单价不变，但在实际中如果企业一次购买大批量的存货，就有可能获得数量折扣。当所采用的采购批量不等于经济订货批量时，决策的标准就是以不采用经济批量将多支付的相关成本与因采用折扣批量而获得的折扣优惠进行大小比较。如果折扣超过额外存货成本，则应该增加订货数量以获得折扣。因此，公式中考虑折扣，即设 d 为单位价格折扣，则：

$$TC=F_1+\frac{D}{Q}K+DU+F_2+K_C\frac{Q}{2}-dD \tag{7.13}$$

【例 7-6】承【例 7-5】，假设企业一次订货如果超过 1 000 千克，可给予 0.2 元的数量折扣。请问该企业是否应该将订货批量从一次 700 千克增加到 1 000 千克？

解：在【例 7-5】中，我们已计算出一次订购 700 千克时的总成本为 21 000 元。如果订货批量为 1 000 千克时，计算出的成本低于 21 000 元，则可提高订货批量。考虑数量折扣，将相关数据代入公式得：

$$\begin{aligned}TC&=F_1+\frac{D}{Q}K+DU+F_2+K_c\frac{Q}{2}-dD\\&=\frac{14\ 700}{1\ 000}\times 500+30\times\frac{1\ 000}{2}-0.2\times 14\ 700\\&=22\ 350-2\ 940\\&=19\ 410\text{（元）}\end{aligned}$$

计算结果表明，虽然增加订货数量使得成本由 21 000 元上升至 22 350 元，但是考虑折扣有 2 940 元，实际上增加订货可以使总成本下降 1 590 元。所以，企业可以增加订货量一次 1 000 千克以获得数量折扣。

3. 存在缺货供应的模型

缺货供应模型的数学推导很复杂，这里限于篇幅只将其推导的结果加以说明。缺货供应模型的 Q^* 和 TCQ^* 的计算公式如下：

$$Q^*=\sqrt{\frac{2KD}{K_C}\times\frac{p}{p-d}} \tag{7.14}$$

$$TC(Q^*)=\sqrt{2KDK_C(\frac{p-q}{p})} \tag{7.15}$$

式中：p 为每天送货量，q 为每天的消耗量。

【例 7-7】承【例 7-5】，假定订货间隔期 10 天，每天送货量是 70 千克（700/10），每天的消耗量为 30 千克，代入上述公式，计算结果如下：

$$Q^*=\sqrt{[(2\times 14\ 700\times 500)/30]\times[70/(70-30)]}=926\text{（千克）}$$

$$TC(Q)^*=\sqrt{2\times 14\ 700\times 500\times(1-30/70)}=15\ 875\text{（元）}$$

可见，只要不影响正常生产，适度的缺货反而会使企业的存货总成本有所下降。

这是因为企业的订货批量上升能节约企业订货成本，同时其平均存货量下降又能节约企业的储备成本，从而使企业的存货总成本下降。

三、存货再订货点与存货安全储备量的确定

在前面介绍的经济批量模型下，其假设存货的需求是确定的，使用的存货是常数且瞬时交货（提前期是确定的）。然而，事实上，以上所列因素都不可能是确定的，企业的存货不能做到随用随补充，因此不能等存货用光再去订货，而需要在没有用完时提前订货。因此，需要了解正确的存货再订货点和安全储备量。

（一）存货再订货点的确定

存货再订货点是指当企业的存货降低到某一数量时，采购部门就应立即订货。一般企业的存货再订货的确定方法是企业订货间隔期内正常消耗用量加上安全储备量之和。其计算公式如下：

存货再订货点=（平均每天正常耗用量×订货间隔期）+ 安全储备量

= 预计每天最大耗用量×订货间隔期　　（7.16）

订货间隔期是指企业发出订货单到收到存货的周期。在实际生产中，无论是再订货点还是订货间隔期，哪个先碰到，就立即发出订货单。在生产正常的情况下，两者往往会同时出现。

【例7-8】某企业存货的订货间隔期为10天，每天存货平均正常耗用量为25千克，预计每天最大的耗用量为30千克，安全储备量为50千克。

再订货点=（25×10）+50=300（千克）

或：再订货点=30×10=300（千克）

即当企业存货尚存300千克时，采购部门就应发出订货单，或在上一次发出订货单10天后，企业均应发出再订货单。再订货单和订货间隔期对原来决策的经济批量没有影响，企业仍按原经济批量进行采购，只是订货的依据是存货量降到300千克。

（二）安全储备量

存货的安全储备量是指企业为了防止发生缺货或供货中断而造成损失，必须要储备的保险性库存量。那么企业要保持多少安全库存才是合适的呢？这首先取决于一定时期企业存货需求量和订货间隔期的变化。一般情况下，需求量变化越大和间隔期越长，企业应保持的安全储备量就越大。其基本公式如下：

安全储备量=（预计每天大耗用量-平均每天正常耗用量）×订货间隔天数（7.17）

【例7-9】某公司存货购入的经济批量为270千克，30天订货一次，订货间隔期为10天。如每天预计最大耗用量为12千克，则保险库存量计算如下：

平均每天正常耗用量$=\frac{270}{30}=9$（千克）

安全储备量=（12-9）×10=30（千克）

企业持有一定的安全储备量存货，虽然能保证企业的正常经营和减少缺货损失，但增加存货量就会增加企业的储备费用和资金的机会成本。所以，最合理的安全储备量

应该在缺货成本与储备成本和机会成本之间做出比较与权衡。最终能使这两类成本的合计达到最小，这样的安区储备量才是最合理的。

$$缺货损失=缺货数量×订货次数×缺货概率×单位缺货损失$$

$$储存费用=保障储备量×储存费用 \quad (7.18)$$

仍以【例 7-9】说明。设该种存货单位为 5 元，单位缺货损失为 2 元，每年采购次数为 12 次，存货单位储存成本为 2 元，其生产耗用量的不确定性如表 7-4 所示。

表 7-4

生产耗用量（千克）	概率（%）
270（正常耗用量）	80
300	15
330	4
360（最高耗用量）	1

根据上述资料，该企业的安全储备量计算如表 7-5 所示。

表 7-5

保险储备量（千克）	缺货数量（千克）	缺货概率	缺货损失（元）	存储成本（元）	成本合计（元）
0	30	15%	30×12×15%×2=108	0	187.2
	60	4%	60×12×4%×2=57.6		
	90	1%	90×12×1%×2=21.6		
30	30	4%	30×12×4%×2=28.8	30×2=60	103.2
	60	1%	60×12×1%×2=14.4		
60	30	1%	30×12×1%×2=7.2	60×2=120	127.2
90	0	0	0	90×2=180	180

通过表 7-5 的比较分析可以发现，企业安全储备量 30 千克是最合理的，因为这时候发生的缺货损失成本和存货存储费用合计最小。

四、存货的 ABC 管理法

ABC 管理法也称巴雷特法，由意大利经济学家巴雷特首创，以后经过不断地发展和完善，现已广泛应用于存货管理、成本管理和生产管理。ABC 管理法也称为重点管理法，是一种体现重要性原则的管理办法，其关键是要求对存货按其价值的大小分为 A、B、C 三类，再根据各类存货资金的占用程度，分别进行有针对性的管理。

存货 ABC 管理法的基本步骤如下：

首先，将企业的全部存货列表反映，并计算出每种存货的价值总额及其占全部存货金额的百分比。

其次，将存货按其数量及金额比重大小分为三类：一般企业 A 类存货的品种占全部存货的品种的5%~15%，而资金占用额占全部存货资金总金额的60%~80%；B类存货的品种占全部存货品种的20%~30%，资金占用总额占全部存货资金总额的15%~30%；C类存货品种最多，占全部存货品种的60%~80%，但资金占用总额只占全部存货资金总额的5%~15%。

最后，对于不同类别的存货，采用不同的管理方法：A类存货由于资金占用量大，对整个存货管理的好坏有极大影响，是存货管理的重点，一般要采取经济存货批量加以控制，并要经常检查这类存货的库存情况；对C类存货，由于其价值较低，在总资金中的比例很小，所以没有必要花费过多的精力和财力去实行严格控制，一般采用一些较为简单的方法进行日常的管理即可；B类存货介于A类与C类之间，可实施次重点管理，其日常控制虽没有A类存货那么严格，但不能仿照C类的管理模式，应对其进行具体分析，参照其在生产中的重要程度，采用宽严适度的管理方法。

实施ABC存货管理方法，对企业的存货能够有重点地进行针对性的控制，可以使企业分清主次，采用相应的对策进行有效的存货管理。但要注意的是，企业存货的应用状况是经常发生变化的，应对企业存货的分类进行定期分析和必要的调整，才能使该方法的应用达到预期的效果。

第八章 收益分配管理

第一节 收益分配概述

【案例】

某公司是一家生产制造钢材的有限责任公司，2018 年全年实现销售收入 5 000 万元，产品成本为 1 000 万元，管理费用为 30 万元，财务费用为 15 万元，为销售产品发生的费用为 23 万元。假设再无其他费用发生，所得税税率为 25%，2017 年企业发生亏损 500 万元。董事会该如何对本公司的收益进行分配呢？

案例的简单分析：

（1）首先应该对本公司的利润总额进行计算。根据所给的资料对收益构成进行分析、归类，最后计算出利润总额。

（2）在对净利润进行分配时，要遵循一定的分配原则，要充分考虑本公司的未来发展计划，而不是盲目地把所实现的利润分配给股东。要充分考虑公司的长远发展，正确处理公司与股东、员工、国家等各方面的关系。

（3）依照法定的程序对公司的收益依次进行合理的分配，不能打乱分配次序。比如没有用收益进行税前补亏，就不得把公司的收益分配给股东。

一、收益的构成

会计收益也称会计利润，它是企业一定时期从事生产经营和投资业务及其他非经营活动所取得的净收益。它集中反映企业在生产经营活动各方面的效益，在量上表现为企业全部收入抵减全部支出后的余额，是企业最终的财务成果，也是衡量企业生产经营管理的重要综合指标。

企业利润总额主要由营业利润和营业外收支净额构成。用公式表示为：

$$利润总额=营业利润+营业外收入-营业外支出 \quad (8.1)$$

（一）营业利润

营业利润是指企业在一定时期从事生产经营活动和其他经营活动所取得的利润。它是由营业收入减去营业成本、税金及附加、销售费用、管理费用、财务费用、资产减值损失，加上公允价值变动收益、投资收益和其他收益计算出来的。其计算公式为：

营业利润=营业收入-营业成本-税金及附加-销售费用-管理费用-财务费用-资产减值损失+公允价值变动收益+投资收益+其他收益 （8.2）

1. 营业收入

营业收入主要包括主营业务收入和其他业务收入。主营业务收入是指企业经营主要业务所取得的收入。它是指企业按照营业执照上规定的主要业务内容经营所发生的营业收入。其他业务收入是指企业除主营业务以外取得的收入，如材料销售、出租固定资产和包装物、转让无形资产使用权等取得的收入。

2. 营业成本

营业成本主要包括主营业务成本和其他业务成本。主营业务成本是指企业经由主要业务所发生的实际成本，通常包括直接材料、直接人工和制造费用等。其他业务成本是指除主营业务之外的其他成本、费用。

3. 税金及附加

税金及附加是指包含在销售收入中的消费税、城市维护建设税及教育费附加等。

4. 销售费用

销售费用是指企业在销售商品的过程中发生的费用，包括运输费、装卸费、包装费、广告费，以及专设销售机构的职工工资、福利费、业务费等经常费用。

5. 管理费用

管理费用是指企业为组织和管理生产经营活动而发生的各项费用，包括行政管理部门职工工资、修理费、物料消耗费、办公费、差旅费、工会经费、待业保险费、劳动保险费、董事会会费、咨询费、诉讼费、土地使用费、技术转让费、开办费、无形资产摊销、提取的坏账准备等。

6. 财务费用

财务费用是指企业为筹集和使用资金而发生的有关费用，包括利息支出、汇兑损益以及相关的手续费等。

7. 资产减值损失

资产减值损失是指资产的可收回金额低于其账面价值的部分，主要包括存货减值损失、长期投资减值损失、固定资产减值损失、在建工程减值损失、无形资产减值损失等。

8. 公允价值变动损益

公允价值变动损益是指企业核算交易性金融资产、交易性金融负债，以及采用公允价值模式计量投资性房地产、衍生工具、套期保值业务等公允价值变动形成的应计入当期损益的利得或损失。

9. 投资收益

投资收益是指企业进行投资所获得的经济利益。投资收益包括对外投资所分得的股利和收到的债券利息，以及投资到期收回或到期前转让债权的款项高于账面价值的差额等。

10. 其他收益

其他收益是指专门用于核算与企业日常活动相关但不宜确认收入或冲减成本费用的政府补助等。

（二）营业外收入

营业外收入是指企业发生的与其生产经营无直接关系的各项收入，主要包括非流动资产处置利得、非货币性资产交换利得、债务重组利得、政府补助、盘盈利得和捐赠利得等。

（三）营业外支出

营业外支出是指企业发生的与其经营活动无直接关系的各项支出，包括非流动资产处置损失、非货币性资产损失、债务重组损失、公益性捐赠支出、非常损失、盘亏损失等。

二、收益分配的原则

收益分配也称利润分配，它是财务管理的重要内容，一个企业对其收益进行不同方法的分配不仅会影响企业的融资和投资决策，而且还涉及国家、企业、投资者、职工等多方面的利益关系；不仅涉及企业长远利益和近期利益，而且也会涉及整体利益与局部利益等关系的处理与协调。为合理组织企业财务活动和正确处理财务关系，企业在进行收益分配时应遵循以下原则：

（一）依法分配的原则

企业进行利润分配，必须遵循依法分配原则，即依据国家财经法规和企业章程，依据法定的程序，对所实现的净利润在企业与投资者之间、利润分配各项目之间进行分配和提取。比如企业在进行利润分配前，必须先依法缴纳企业所得税，而在企业对股东进行利润分配前，必须先提取法定盈余公积和公益金。为此，国家制定和颁布了相关法律法规来规范企业的利润分配行为，企业应严格遵守，不得违反。

（二）分配与积累并重的原则

企业进行收益分配时，应正确处理好整体利益与局部利益、长远利益与眼前利益的关系，坚持分配与积累并重的原则，充分考虑到未来发展、增强后劲需要，合理安排企业留存与分配的比例。按照企业收益分配的程序，在按固定比例提取法定盈余公积金和公益金之后，还可以提取任意盈余公积，然后再向投资者分配。暂时留存企业的未向投资者分配的利润，其所有权仍属于投资者。留存收益形成的积累不仅能够为企业扩大再生产提供资金，增强企业筹集资金的能力，而且还有利于提高企业经营的安全系数和稳定性，保持良好的资本结构。此外，留存收益积累还可以用于弥补亏损、调整收益分配的波动幅度，达到稳定投资报酬的效果。同时，企业的利润分配政策向投资者传递着公司经营业绩和经营状况的信息。因此，只有正确处理好分配与积累的关系，才能使企业更加健康地成长、发展。

（三）投资与收益对等原则

理顺企业产权关系和分配关系就是要实行“谁投资、谁所有、谁收益”的原则，切实保障企业所有者的权益，严格按出资比例进行分配。企业在利润分配中应遵守公开、公平、公正的原则，不论大股东还是小股东，不论是在利润分配前还是利润分配后，所有的股东都应一视同仁，分配方案的实施都要透明，让广大的股东进行监督，坚决按照持股比例来进行分配。另外，企业的经营状况应当向所有的投资者及时公开，不发布虚假信息，不损害中小投资者的利益，利润分配方案应提交股东大会讨论，并充分尊重中、小股东的意见，保护他们的权益。

（四）兼顾职工经济利益的原则

企业的税后利润全部归投资者所有，这是企业的基本制度，并成为企业的所有者投资于企业的根本动力之所在。利润分配政策直接影响着企业所有者、经营者和职工各方面的经济利益。企业的员工包括经营者和普通职工，他们受聘于企业并为企业工作，作为企业利润的直接创造者，他们除获得工资和奖金等劳动报酬外，还要以适当方式参与净利润的分配。这样不仅有利于改善所有者和员工之间的关系，还有利于调动员工的工作积极性，为企业创造更大的利润。

（五）履行企业社会责任的原则

作为社会主义市场经济环境中的企业，绝不能片面地追求某种短期的财务目标，应该将企业的社会责任放在一个重要的地位。企业只有重视自己的社会责任，取得广大消费者和股民的信任，才能给自己创造良好的生存和发展的环境，才能给企业树立优质的品牌形象，才能最终实现企业价值最大化的财务目标。

总之，收益分配是企业对自己所创造价值的分配，直接关系到国家、企业、投资者和职工等有关各方的切身利益。国家作为社会管理者，为了保证其自身职能的正常行使，必须有充足的资金保证，这就要求企业必须以税收形式将实现利润的一部分上交国家，以保证国库的丰盈；投资者作为资本投入者，是企业的所有者，依法享有收益的支配权，而企业在对净利润按比例留存后，再对投资者进行分配，获取投资收益是投资者进行投资的根本动力。因此，企业进行收益分配时，应统筹兼顾，合理安排，既应满足国家集中财力的需要，又应考虑企业自身发展的要求；既应维护投资者的合法权益，又应保障职工的切身利益。

三、收益分配的程序

依照法律规定，企业缴纳依法所得税后的利润，除国家另有规定外，按照下列顺序进行分配。

（一）弥补企业以前年度亏损

企业发生的年度亏损，可以用下一年度的税前利润弥补。下一年度利润不足弥补的，可以在5年内连续弥补。5年内不足弥补的，用税后利润等弥补。这里弥补的亏损，包括以前年度所有的亏损，税前弥补和税后弥补主要反映在当年所缴纳的所得税的去向。

（二）提取法定盈余公积金

法定盈余公积金按税后利润扣除弥补以前年度亏损后的10%提取。盈余公积金已达注册资金的50%时可不再提取。法定盈余公积金可用于弥补以前年度亏损和转增资本金，转增资本金后的企业的法定盈余公积金不得低于转增前企业注册资本的25%。

（三）提取公益金

公益金是按规定比例从税后利润中提取的用于职工集体福利设施的支出，如新建职工集体宿舍、食堂、幼儿园等。公益金通常按照税后利润扣除弥补企业以前年度亏损后的5%~10%提取。

（四）向公司优先股股东分配股利

优先股先于普通股分配并取得股利率固定的股利，其分配总额应包括以前年度转入的未分配利润。根据优先股的类型不同，其股东所享受的分配股利的权利也不同。

（五）提取任意盈余公积金

股份公司可以根据公司章程和股东大会的决议提取任意盈余公积金。任意盈余公积金的提取，主要是为了满足企业经营管理的需要、控制向投资者分配利润的水平以及调整各年度利润分配的波动、均衡各年度的股利分配。提取比例由董事会决定并经股东大会决议通过。提取任意公积金必须在分配优先股股利之后，这是股份有限公司利润分配顺序的一个主要特点。

（六）支付普通股股利

普通股股东在公司利润分配顺序中处于最后位置，因此，普通股股东承担着最大风险。公司当年无利润时，一般不得向股东分配股利。但在用盈余公积金弥补亏损后，经股东大会特别决议，可以按照不超过股票面值6%的比率用盈余公积金分配股利，在分配股利后，公司法定盈余公积金不得低于注册资金的25%。

第二节　收益分配理论

【案例】

某公司是一家上市公司，2018年实现的利润总额为5 000万元，发行在外的股数为1 000万股。公司2019年的投资计划所需要的资金为3 000万元，公司的目标资本结构为自有资金占60%，借入资金占40%。当前该公司股票的市价为12元/股。为了稳定股价，提高投资者对公司的信心并树立良好的企业形象，公司准备分配股利。那么该公司的董事会应该实施何种股利政策对其收益进行分配？

案例的简单分析：

(1) 从股利的基本理论分析，我们可以看出，该公司倾向于人为股利政策与股票价格是密切相关的，属于股利相关论。

(2) 该公司在制定股利分配政策时要受到多方面因素的制约，比如公司因素、股东的因素等。

(3) 进行股利分配时，该公司要考虑使用何种股利形式对股东进行分配，是采用单纯的现金股利方式，还是采用现金股利和股票股利相结合的方式。

(4) 进行股利的发放也要遵守一定的程序。要确定股利的发放公告日、股权登记日、除息日和股利发放日，这些日期就是对股东进行股利分配的日期依据。

一、股利政策的基本理论

(一) 股利无关论

这种理论认为一定假设条件限制下股利政策与股票价格无关，也不会对企业价值产生影响。投资者不会关心公司股利的分配情况，公司股票价格由公司投资方案和获利能力所确定。股利无关论又分成以下两种观点：

1. 效率市场理论

在股利政策研究方面，最重要的贡献是莫迪格利安尼和米勒于1961年发表的《股利政策、增长和股票价值》一文，这也是第一次对股利政策的性质和影响进行系统的分析，因而该理论也称为MM理论。

莫迪格利安尼和米勒的论证是在一系列严密的假设条件下进行的，这些条件包括“完善的资本市场”“理性行为”和“充分确定性”等。在当前股利政策研究中，这些条件一般又被理解为：①企业的投资决策既定，并为投资者所了解，即投资者和管理者之间不存在信息不对称；②不存在企业所得税和个人所得税；③买卖证券没有交易费用；④公司的投资决策和股利政策是彼此独立的；⑤没有与股权有关的订约成本或代理成本。上述假设描述的是一个完美的市场，因而被称为效率市场理论。

效率市场理论存在一种套利机制，即支付股利与外部融资把这两项经济业务所产生的效益与成本正好抵销。当公司做出投资决策后，它是决定把盈利留存下来，还是决定把盈利分配给股东，再发行新股筹集等额的资金进行投资。一旦公司采用后一方案，就会发生股利发放与外部融资之间的套利过程。给股东发放股利会使股票价格上升，而发行新股却会使股票终止下降，这就是套利的结果。由此得出股东对于股利与盈利的留存没有任何偏好，并据此得出企业股利政策与企业价值无关这一著名论断。

2. 剩余股利论

这种理论认为，公司的股利支付应由投资计划的报酬率决定。如果一个公司有可盈利的投资机会，那么就不应该发放股利，而采用保留盈余的方法以满足投资者的需要；反之，将其分配给股东。如果公司的盈余在满足了投资的需求之后，还有剩余，则应该把剩余的盈余分配给股东。由此可见，把股利当作完全由投资计划来决定的剩余股利论认为，投资者不会计较股利与资本收益之间的差别。

（二）股利相关论

这种理论认为企业股利政策与股票的价格不是无关，而是密切相关的。从这一基本观点出发，根据对股利政策与股票价格的不同解释，又形成几种各具特色的股利相关论。

1.“在手之鸟”理论

由于投资者对风险天生的反感，并且认为风险将随时间延长而增大，因而在他们的心目中，通过保留盈余再投资而获得的资本利得的不确定性要高于股利支付的不确定性，从而认为股利的增加是现实的、至关重要的。实际能拿到的股利，同增加留存收益后再投资得到的未来收益相比，后者的风险性大很多。所以，投资者宁愿目前收到较少的股利，也不愿等到将来再收回不确定的较大的股利或获得较高的资本收益。这样把将来较高的股利和较高的资本收益比喻为“双鸟在林”，而把现在收到的股利比喻为“一鸟在手”，即投资者认为“双鸟在林，不如一鸟在手”。当公司支付较高的股利时，公司的股票价格随之上升，公司的价值将得到提高。

2. 信号传递理论

这种理论同“在手之鸟”理论密切相关。信息论者认为，在信息不对称的情况下，股利给投资者传播了企业生产经营状况和财务状况的信息。如果某公司改变了过去较长时期稳定的股票股利，投资者会认为这是公司管理层发出了改变企业未来收益的信号。股利提高表明公司创造未来现金的能力增强，该企业的股票会受到投资者的青睐；反之，则可能意味着公司经营出了麻烦，投资者会抛出这种股票。另外，相当一部分投资者认为，企业的财务报表可能被管理者巧妙地加以粉饰，而股利所传播的信息则是无法粉饰的。

3. 代理理论

代理理论认为，股利政策有助于缓解管理者与股东之间，以及股东与债权人之间的代理冲突。也就是说，股利政策相当于是在股东与管理者之间代理关系的一种约束机制。根据代理理论，当存在代理问题时，股利政策的选择至关重要。一方面，从投资角度看，当企业存在大量闲置现金时，管理者通过发放股利不仅减少了因过度投资而造成的资源浪费，而且有助于减少管理者潜在的代理成本，从而增加企业价值；另一方面，从融资角度看，企业发放股利减少了内部融资，导致进入资本市场寻求外部融资，从而可以经常接受资本市场的有效监督，这样通过加强资本市场的监督而减少代理成本。因此，高水平股利支付政策将有助于降低企业的代理成本，但同时也增加了企业的外部融资成本。因此，最优的股利政策应使两种成本之和最小化。

二、股利政策的影响因素

（一）法律因素

任何公司总是在一定的法律环境下从事经营活动，因此法律会直接制约公司的股利政策。这些制约主要包括：

（1）资本保全，即规定公司不能用筹集的经营资本发放股利，只能用当期利润或留存收益来分配股利。这样做的目的是维护债权人的利益。

（2）公司积累的约束，即规定公司必须从年度税后利润中提取10%的法定盈余公积金。只有当盈余公积金积累数达到注册资本的50%时才可以不再计提。

（3）公司利润的约束，即规定公司只有在弥补完亏损后，才可以发放股利，否则不能进行股利分配。

（4）偿债能力的约束，即规定公司如果要发放股利，就必须保有充分的偿债能力。也就是说，如果公司无力偿付到期债务或因支付股利而失去其偿债能力，则公司不能支付现金股利，以保障债权人的利益。

（5）超额累积利润。许多国家法律规定如果公司的留存收益超过法律所认可的合理水平将被加征额外税款。这是因为股东所获得的收益包括股利和资本利得，前者的税率一般大于后者，公司通过少发股利，已累积利润使股份上涨以帮助股东避税。我国的法律对公司累积利润未做限制性规定。

（二）契约性约束

债务契约是指债权人为了防止企业过多发放股利，影响其偿债能力，增加债务风险，而以契约的形式限制企业现金股利的分配。这种限制通常包括下列内容：

（1）规定每股股利的最高限额。

（2）规定未来股息只能用贷款协议签订以后的新增收益来支付，而不能动用签订协议之前的留存利润。

（3）规定企业的流动比率、利息保障倍数低于一定标准时，不得分配现金股利等。其目的在于促使公司利润的一部分按有关条款的要求，以某种形式进行再投资，以保证借款如期归还，维护债权人的利益。

（三）公司因素

公司资金的灵活周转，是公司生产经营活动得以正常进行的必要条件。因此，公司正常的经营活动对现金的要求便成为对股利的最重要的限制因素。这一因素对股利政策的影响程度取决于公司资产的变现能力、投资机会、举债能力、盈利的稳定性以及公司现有经营状况和经营环境等因素。

1. 公司资产的变现能力

公司持有一定的现金和其他适当的流动资产，是维持其正常经营的重要条件。公司现金股利的支付能力，在很大程度上受其资产变现能力的限制，较多地支付现金股利会减少公司的现金持有量，降低公司资产的流动性。

2. 公司投资机会

股利政策在很大程度上要受投资机会左右。如果公司有良好的投资机会，首选的筹资方式就是企业的留存收益；如果公司暂时缺乏良好的投资机会，则倾向于将盈利分配给股东，以免保留大量现金造成资金浪费。因此，处于成长期的公司往往采取较低的股利政策，而许多处于经营收缩期的公司，却往往采取较高的股利政策。

3. 公司举债能力

举债能力较强的公司往往采取较为宽松的股利政策；举债能力较弱的公司为维持企业正常的经营活动就不得不留滞利润，因而常采取较紧的股利政策。

4. 公司盈利的稳定性

一般来说，如果公司的盈利一向比较平稳，而且在可预测的时期内大致不会有大幅度的升降，其股利支付率通常要高；相反，盈利不稳定的公司，对于日后的盈利状况不敢肯定，获利或亏损都有可能，通常会选择少支付股利。

5. 公司现有经营状况和经营环境

处于扩充中的公司一般采用低股利政策；盈利能力较强的公司可以采用比较高的股利政策，反之则采用较低的股利政策；经营上有周期变动的公司，在经营周期的萧条阶段采用较低的固定股利，而在经营周期的高峰阶段采用固定股利加额外股利政策。

（四）股东因素

股东在稳定收入、保证控股权、税赋等方面的要求也会对公司的股利政策产生影响。

1. 稳定的收入

公司股东的收益包括两部分，即股利收入和资本利得。对依靠现金股利维持生活的股东来说，他们往往要求较为稳定的股利收入。如果公司留存较多的盈余，将首先遭到这部分股东的反对。而且，公司留存盈余带来的收益或股票交易价格产生的资本利得具有很大的不确定性，因此，与其获得不确定的未来收益，不如得到现实的确定的股利。

2. 保证控股权

高股利支付率容易导致现有股东股权和盈利的稀释，从而打破原有股东对公司的控制格局。如果公司支付大量现金股利，然后再发行新的普通股以融通资金，现有股东的控制权就可能被稀释。因此，这些股东往往限制股利的支付，而愿意保留较多的盈余。另外，随着新股票的发行，流通在外的普通股股数必将增加，最终会导致普通股的每股盈利和每股市价的下降，从而对现有股东产生不利影响。

3. 税赋

国家的税收政策会影响股东的利益，从而引起股东对公司股利分配策略的选择。由于股利收入的税率要高于资本利得的税率，因此，很多股东由于纳税的考虑往往倾向于低股利支付政策。因为这种低股利政策可以给股东带来更多的资本利得收入，从而达到少缴纳所得税的目的。

三、股利的种类

企业发放股利有许多形式，主要形式有以下两种：

（一）现金股利

企业将股东应得的股利收益以现金的形式支付给股东，即为现金股利。现金股利是企业最常见的，也是最主要的股利发放形式，通常被有大量闲置现金的企业所采用。

该形式能满足一部分投资者希望获得一定数额现金的投资回报要求，易于被投资者接受。公司支付现金股利，除了要有累积盈余外，还要有足够的现金。由于现金股利的发放来源于上市公司的净流入现金流量，因而现金股利的发放水平和上市公司的经营业绩之间存在着紧密的关系。一般而言，上市公司的经营效益好，发放的现金股利水平就比较高。但现金股利的发放水平与上市公司的经营效益之间可能存在一种互相矛盾的关系。上市公司的经营效益好，表明上市公司的投资项目带来丰富的现金流量，上市公司具有大量高效益的投资机会，需要大量的资本。因此，经营效益好的公司也可能由于上述原因较少发放股利。

（二）股票股利

股票股利是以增发股票向股东赠送股票的形式发放股利。能用于发放股票股利的包括当年可供分配的利润、提存的公积金和转作资本的资本公积。发放股票股利，一般都按现有股东持有股份的比例来分派。股票股利的发放，不会改变企业所有者权益的数量和股东的股权结构。但股票股利会增加市场流通的股票数量，导致股票价格下跌。与现金股利相比，股票股利的作用在于：①对于现金短缺的公司，股票股利既可以节约现金支出，又可以视作与股东分享利润；②对于股价过高的公司，股票股利的发放使股价下跌，增强股票的流动性，同时又可以防止股票被恶意收购，有助于大股东控股；③发放股票股利可能向投资者暗示公司管理当局预期利润将会继续增长，即传播给投资者企业利润将增加的信息。

四、股利的发放程序

（一）发放公告

发放公告是指由企业的董事会将股利的发放情况予以公告，并同时公布股权登记日、除息日和股利发放日。我国的股份公司通常一年派发一次股利，但也有在年中派发中期股利的。

（二）股权登记日（除权日）

股权登记日是指有权领取股利的股东资格登记截止日期，也称除权日。只有在股权登记日前在公司股东名册上有名字的股东，才有资格领取股利，未登记的股东不能领取股利。证券交易所的中央清算登记系统为股权登记提供了很大的方便，一般在营业结束的当天即可打印出股东名册。

（三）除息日

除息日是指除去股利的日期，一般在股权登记日的后一天，在除息日之前，股利权从属于股票，除息日之后股利权不再从属于股票。这是因为股票买卖的交接、过户需要一定的时间，如果股票交易日期离股权登记日太近，公司将无法在股权登记日得知更换股东的信息，只能以原股东为股利支付对象。除息日以后买进股票的投资者不能领到股息，企业的股息仍要支付给原来的股票持有人，因此除息日后股票的交易价格将略有下降。

(四) 股利发放日

股利发放日是指将股利发给股东的日期。在这一天，企业将通过邮寄支票等各种方式将股利支付给股东，也可以通过中央清算登记系统直接打入股东账户，由股东向其证券代理商领取。

例如，某上市公司于2018年4月10日举行董事会会议，讨论上年度股利分配方案并于2018年4月20日提交股东大会表决通过，同日发表公告如下："公司于2005年4月20日召开股东大会，讨论通过2017年度分配方案，决定每10股派送现金1.2元，所有2018年5月1日前持有本公司股票的股东都将获得这一部分股利。股利将在2018年5月16日发放。"则2018年4月20日为股利宣告日，2018年5月1日为股权登记日，5月2日为除息日，5月16日为股利支付日。

第三节　收益分配政策

【案例】

某公司是一家上市公司，2018年实现的利润总额为5 000万元，发行在外股数为1 000万股。公司2019年的投资计划所需要的资金为3 000万元，公司的目标资本结构为自有资金占60%、借入资金占40%。采用不同的股利分配政策会对公司产生不同的影响，经董事会讨论并经股东大会决定：为了保持最佳的资本结构，决定采用剩余股利分配政策，每股分配0.1元的现金股利，另外每10股还送2股。

案例的简单分析：

(1) 选择不同的股利政策不仅会对公司的股票产生影响，而且会对公司的资本结构、盈余积累、股东投资信心等方面产生不同程度的影响。本例中，该公司选择的剩余股利政策充分保证了公司的资本结构。

(2) 对股利进行分割和回购是股票股利的分配方式，对其进行了解也是很有必要的，也是公司确定股利政策时必须考虑的另一方面。

一、基本收益分配政策概述

股利政策受多种因素影响，并且不同的股利政策也会对公司的股票价格产生不同影响。股利政策的实施，不仅可以决定企业分配多少股利，也可以决定留存多少收益。因此，对股份公司来说，制定一个正确的、合理的股利政策是非常重要的。股利政策的核心问题是确定分配与留存的比例，即股利支付比率问题。长期以来，通过对股利政策实施的总结，归纳出常用的股利政策主要有以下几种类型：

(一) 固定比率股利政策

固定比率股利政策是指公司确定固定的股利支付率，并长期按此比率从净利润中支付股利政策，这就保证了公司的股利支付与公司盈利状况之间保持稳定关系。固定比率股利政策的理论依据是股利相关理论。由于股利多少被看成公司是否具有发展前景的重要指标之一，固定发放率政策会对公司股票价格产生影响。在一般情况下，每股股利较高时，每股平均价格也较高；每股股利较低时，每股平均价格也较低。

固定比率政策的优点：

（1）使股利与公司的净利润紧密结合，体现多盈多分、少盈少分、无盈不分的原则。在公司盈利较差时，能减轻公司支付股利的压力。

（2）由于公司的盈利能力在年度间经常变动，因此每年的股利也应随着公司收益的变动而变动，保持股利与利润间的一定比例关系，体现投资风险与收益的对等。从公司支付能力的角度看，这是一种稳定的股利政策。

固定比率政策的缺点：

（1）传递信息容易给公司造成不良影响。股利支付随着公司经营的好坏而上下波动，甚至波动很大，传递给股票市场的是公司经营不稳定的信息，容易造成企业的信用地位下降、股票价格下跌与股东信心动摇的局面。

（2）合适的固定股利支付率确定难度大。如果固定股利支付率确定得很低，不能满足投资者对投资收益的需求；而固定比率确定得很高，没有足够的现金派发股利时容易给公司带来巨大的财务压力，所以确定较优的股利支付率的难度很大。

固定比率政策只能适用于稳定发展的公司和公司财务状况较稳定的阶段。

【例 8-1】A 公司长期以来采用固定比率政策来进行股利分配，确定的股利支付率为 20%。该公司 2018 年可供分配的税后利润为 1 000 万元，如果仍按此政策来分配股利，则本年度将支付的股利为：

1 000×20%＝200（万元）

（二）固定股利政策

固定股利政策是指公司每年派发的股利额都固定在某个特定水平，然后在一段时期内无论公司的业绩如何，派发的股利额均保持不变。稳定的股利政策在企业受益发生一般变化时，并不影响股利的支付，而是使其保持稳定的水平。实行这种股利政策者都支持股利相关论，他们认为企业的股利政策会对公司股票价格产生影响，股利的发放是向投资者传递企业经营状况的某种信息。

固定股利政策的优点：

（1）股利政策是向投资者传递重要的信息。如果公司支付的股利稳定，就说明该公司的经营业绩比较稳定，经营风险较少，这样可使投资者要求的股票必要报酬率降低，有利于股票价格上升；如果公司的股利政策不稳定，股利忽高忽低，这就给投资者传递企业经营不稳定的信息，从而导致投资者对风险的担心，会使投资者要求的股票必要报酬率提高，进而使股票价格下降。

（2）稳定的股利政策有利于投资者有规律地安排股利收入和支出，特别是那些希望每期能有固定收入的投资者更欢迎这种股利政策。忽高忽低的股利政策可能会降低他们对这种股票的需求，这样也会使股票价格下降。

（3）固定股利政策有利于吸引那些打算长期投资的股东。这部分股东希望其投资的获利能力能够成为其稳定收入的来源，以便安排各种经营性的消费和其他支出。

固定股利政策的缺点：

（1）公司股利支付与公司盈利相脱离，造成投资风险与投资收益的不对称。

（2）由于公司盈利较低时仍要支付较高的股利，容易引起公司资金短缺，导致财务状况恶化，甚至侵蚀公司留存收益和公司资本。

固定股利政策一般适用经营比较稳定或正处于成长期、信誉一般的公司，但该政策很难被长期采用。

【例 8-2】B 公司是一家刚上市交易的外贸公司，为了吸引投资者，上市的第一年年末采用固定股利支付政策。当年发行在外的股数为 1 000 万股，每股股利 0.3 元，税后利润为 500 万元。第二年该公司的税后利润为 200 万元，该年度没有增发新股，所以第二年应该发放的股利仍为：

1 000×0.3=300（万元）

（三）低正常股利加额外股利政策

低正常股利加额外股利政策是指公司每年保证支付固定的、数额较低的正常股利，但当公司的收益特别好时，再额外增加股利。这一政策是介于稳定股利政策与变动股利政策之间的折中的股利政策，具有较大的灵活性。它的依据是股利相关论。

低正常股利加额外股利政策的优点：

（1）低正常股利加额外股利政策赋予公司较大的灵活性，使公司在股利发放上留有余地，具有较大的财务弹性；同时，每年可以根据公司的具体情况，选择不同的股利发放水平，以完善公司的资本结构，进而实现公司的财务目标。

（2）低正常股利加额外股利政策有利于稳定股价，增强投资者信心。由于公司每年固定派发的股利都维持在一个较低的水平上，所以无论公司盈利多少，投资者都能保持一个固定的收益，这有助于维持公司股票的现有价格。当公司盈利状况较好且有剩余现金时，就可以在正常股利的基础上再派发额外股利，这有助于公司股票价格的上涨，增强投资者的信心。

低正常股利加额外股利政策的缺点：

（1）股利派发仍缺乏稳定性，额外股利随盈利的变化而变化，时高时低，给人漂浮不定的印象。

（2）如果公司较长时期一直发放额外股利，股东就会误认为这是正常股利，一旦取消，极易造成公司财务状况恶化，导致股价下跌。

【例 8-3】C 公司 2018 年发行在外的股数为 1 000 万股，每股股利为 0.2 元，税后利润为 500 万元。2019 年后该公司由于产品畅销，税后利润上升为 1 000 万元。为了提高企业形象，该公司决定采用低正常股利加额外股利政策进行分配。本年度公司没有增发新股，决定额外增发股利 0.2 元/股，所以 2019 年应分配的股利为：

1 000×0.2+1 000×0.2=400（万元）

（四）剩余股利政策

剩余股利政策是指公司的盈余首先要满足营利性投资项目资金的需要，在解决了营利性投资项目的资金需要之后，若有剩余，则公司可将剩余部分作为股利发放给股东。实际上，股利政策受投资机会及所需资本成本的双重影响。在企业有良好的投资机会时，可以考虑在一定的项目资本结构下，按投资所需的资金测算出应当留存的税后利润，将剩余金额作为股利予以分配。此政策的理论依据是股利无关论。采用这一政策的步骤如下：

（1）确定按此设定的目标资本结构，即确定权益资本与债务资本的比率；

（2）确定按此资本结构所需达到的股东权益的数额；

（3）最大限度地利用留存税后利润来满足股东这一股东权益数；

（4）在税后利润有剩余的情况下发放股利。

剩余股利政策的优点：

在投资机会较多的情况下，可节省融资成本。因为与外部融资相比，将公司的税后利润直接用于再投资，可省去有关费用开支，包括利息开支。

剩余股利政策的缺点：

股利的支付在很大程度上取决于公司的盈利状况和再投资情况，这就会造成股利支付的不确定性，容易给投资者传递公司经营不稳定、财务状况不稳定、股票价格有下降趋势的信息。

剩余股利政策一般适用于公司初创阶段。

【例 8-4】假定 D 公司 2018 年年末提取了公积金、公益金后的税后利润为 40 万元，2019 年投资计划所需资金 50 万元，公司的目标资本结构为权益资本占 60%、债务资本占 40%。那么按照目标资本结构的要求，该公司当年可发放的股利数额是多少？

公司投资方案所需的权益资本数额为：

50×60%＝30（万元）

2018 年公司应向股东分配的股利为：

40−30＝10（万元）

二、股票的分割

（一）股票分割的含义

股票分割又称股票拆细，是指企业管理当局将一股面额较高的股票交换成数股面额较低的股票行为，但它不属于某种股利。例如，两股换一股的股票分割是指用两股新股票换取一股旧股票。股票分割对企业的财务结构和股东权益不会产生任何影响。但是股票分割后，发行在外的股数增加，每股面额降低，每股盈余下降，而公司价值、股东权益总额、股东权益各项目的金额及其相互间的比例保持不变。

（二）进行股票分割的动机

（1）降低公司股票市价，吸引更广泛的散客投资者。对于公司来讲，实行股票分割的主要目的在于通过增加股票股数来降低每股市价，从而吸引更多的投资者。如果企业管理当局认为，企业的股票价格过高，散户投资者的参与兴趣小，长此下去，不利于股票的交易活动，此时企业管理当局就有可能采取股票分割的方法。企业通过股票分割，使股票的价格下降，使企业发行在外的普通股股票将广泛地分散到散户投资者手中，从而有利于防止少数集团股东通过委托代理权实现对企业的控制。

（2）促使企业兼并、合并政策的实施。当一个企业兼并或合并另一个企业时，通过分割自己的股票，会增加被并购方股东的吸引力。例如，甲企业将准备通过股票交换实施对乙企业的并购，假设甲、乙企业的股票价格分别为 50 元和 5 元，如果以 1 股甲企业股票换取 10 股乙企业股票，可能会使乙企业的股东在心理上难以承受；相反，如果甲企业先按 5 股新股换取 1 股旧股的方式进行股票分割，然后用 1：2 的比例换取乙企业的股票，此时，乙企业的股东在心理上可能会容易接受。这种心理上的差异，有利于企业兼并与企业合并。

（3）股票分割可以向投资者传递公司发展前景良好的信息。因为股票分割意味着公司想以较低的发行价吸引投资者购买公司的新股票，亦即意味着公司的投资机会较多，发展前景良好。因此，公司的股票价格有上升趋势。

（4）股票分割可以为公司发行新股做准备。公司股票价格太高，会使许多潜在的投资者力不从心而不敢轻易对公司的股票进行投资。在新股发行之前，利用股票分割降低股票价格，可以促进新股的发行。

【例 8-5】某股份公司现有股本 10 000 万元（1 000 万股，每股面值 10 元），资本公积 1 000 万元，盈余公积 2 000 万元，未分配利润 5 000 万元，股票的市价为每股 50 元。

现按 1：2 进行股票分割后，该公司股东权益变化情况如表 8-1 所示。

表 8-1　某公司股票分割前后股东权益情况　　单位：万元

股票分割前		股票分割后	
股本（1 000 万股，面值 10 元）	10 000	股本（2 000 万股，面值 5 元）	10 000
资本公积	1 000	资本公积	1 000
盈余公积	2 000	盈余公积	2 000
未分配利润	5 000	未分配利润	5 000
股东权益合计	18 000	股东权益合计	18 000

通过上例我们可以看到，股票分割后只是股数发生了变化，使得每股面值由10元降为 5 元，而资本公积、盈余公积和未分配利润均未发生变化，这就不会对企业的资本结构产生影响，但会稀释每股收益，增加股东的持有股股数，降低股票的价格，吸引新的投资者。

三、股票的回购

（一）股票回购的含义及库存股的特点

1. 股票回购的含义

股票回购是指公司在证券市场上将其发行流通在外的股票以一定的价格重新购回予以注销或作为库存股的一种资本运作的方式。公司通过回购使得流通在外的股份减少，每股收益增加，从而会使股票市价上升，股东因此获得资本利得，这就相当于公司支付给股东股利。所以，可将股票回购看成现金股利的一种替代方式。

2. 库存股的特点

库存股是指公司以多余现金把发行的普通股重新购回的股票，但不包括企业持有的其他企业股票及本企业购回注销的股票。库存股具有以下四个特点：①该股票是本公司的股票；②它是已发行的股票；③它是收回后尚未注销的股票；④它是还可再次出售的股票。因此，凡是公司未发行的、持有其他公司的及已收回并注销的股票都不能视为库存股。此外，库存股还具有以下特性：

（1）库存股不是公司的一项资产，而是股东权益的减项。这是因为：首先，股票是股东对公司净资产要求权的证明，而库存股不能使公司成为自己的股东、享有公司股东的权利，否则会损害其他股东的权益；其次，资产不可注销，而库存股可注销；最后，在公司清算时，资产可变现而后分给股东，但库存股票并无价值。正因为如此，西方各国都普遍规定：公司回购股份的成本，不得高于留存收益或留存收益与资本公积之和；同时把留存收益中相当于回购库存股股本的那部分，限制用来分配股利，以免侵蚀法定资本的完整。这种限制只有在再次发行或注销库存股票时方可取消。

（2）由于库存股不是公司的一项资产，故而再次出售库存股所产生的收入与取得时的账面价值之间的差额不会引起公司损益的变化，而是引起公司股东权益的增加或减少。

（3）库存股票既非企业资产又不代表股东权益，故而库存股的权利会受到一定限制，如它不具有股利的分派权、表决权、优先认购权、分派剩余财产权等。

3. 库存股的形成原因

公司持有库存股，不仅仅是因为它可以满足管理者和一般员工的购股需要，而且还因为它是公司理财的一种手段。①能进一步提高股票收益率，吸引投资者。公司通过增加库存股可以减少发行在外的流通股，从而达到提高每股净收益和股利的目的，以保持或提高股价。②可减少股东人数，化解外部控制或施加重要影响的公司和企业，以避免自身被外部集团收购的厄运。③作为公司融资的一种手段，可低价买走高价卖出，增加公司的净资产。

此外，公司购买股东所退的股份，本公司股东或债务人以股票抵偿公司的债务，股东捐赠本公司的股票，以及公司为了缩小股本总额，在股票市场上买回自己的股票等行为都会形成库存股。

（二）进行股票回购的动机

（1）提高每股收益。由于每股收益指标是以流通在外的股数作为计算基础，把已发行在外的普通股重新购回，形成库存股，将直接减少公司发行在外的普通股股数，引起每股收益增加，从而有利于提升公司形象，满足投资者获取高回报的需要。

（2）稳定或提高公司股价。过低的市价会对公司经营造成很多不良影响，降低投资者对公司的信心，削弱公司销售产品、开拓市场的能力，使公司难以从证券市场进一步融资。股票回购所引起的每股收益增加，将会直接导致公司股价上升，有利于投资者恢复对公司的信心，并使股东从股价上升中得到更多的资本利得，从而增加公司进一步配股融资的可能。因此，股票回购是公司在股价过低时维护自身形象的有力途径。

（3）改善公司的资本结构。当公司认为其权益资本在资本结构中所占的比重较大、负债对权益的比率失衡时，就有可能对外举债，并用举债的资金进行股票回购，从而在一定程度上降低整体资金成本，达到优化资本结构的目的。

（4）防止恶意收购。股票回购可提高公司股价，减少流通在外的股份，从而使股票价格上升，给收购方造成更大的收购难度，因此股票回购可作为一种反并购策略加以利用。而且股票的回购可能会使公司的流动资金大大减少、财务状况恶化，这样的结果也会减少收购公司的兴趣，但如果运用不当，也会给公司带来灾难。

（5）增加公司股利分配的灵活性。公司在短期获得较高收益时，如果认为过多的现金只是暂时的现象，为了保持原来股利分配的稳定性，不再提高股利分配比例。此时回购股票，便可以增加公司在股利分配策略上的机动性。而收回的库存股既可用于调换或购回公司其他已发行的可转换证券，也可将库存股在适当时机再行出售以获得额外资金，而不必另行发行新的有价证券。

【例 8-6】某公司 2018 年税后利润为 5 500 万元，公司管理层为了提升股价，增加投资者信心，决定进行股票回购。目前每股市价 10 元，流通在外的普通股股数为 11 000 万股，公司决定按每股 12 元的价格回购 6 000 万股流通在外的股票。假定市盈率不变，股票回购后对剩余股东的影响如表 8-2 所示。

表 8-2　股票回购对剩余股东的影响分析

项目	股票回购前	股票回购后
税后利润（万元）	5 500	5 500
流通股股数（万股）	11 000	5 000
每股收益（元）	0. 5	1. 1
每股市价（元）	10	22
市盈率	20	20

通过上例我们可以看到，公司经过股票回购后，使得流通在外的股票由 11 000 万股减少为 5 000 万股，使得每股收益增加了 0. 6 元，市价由 10 元上涨到 22 元。可见，经过股票回购后，会吸引更多的投资者，增加投资者对公司的信心，提升公司的股价，改善公司的资本结构。

（三）股票回购方式

1. 公开市场收购

公开市场收购是指公司在股票市场以等同于任何潜在投资者的地位按照公司股票当前市场价格回购。通常公司使用该方式在股票市场表现欠佳时小规模回购，用于特殊用途，如股票期权、职工持股计划所需的股票。

2. 要约回购

要约回购是指公司在特定期间向市场发出的以高于股票当前市场价格的某一价格回购既定数量股票的要约。这种方式赋予所有股东向公司出售其所持股票的均等机会。

与公开市场回购相比，要约回购通常被市场认为是更积极的信号，原因在于要约价格存在高于股票当前价格的溢价。但是，溢价的存在也使得回购要约的执行成本较高。

3. 协议回购

协议回购是指公司以协商价格为基础，直接向一个或几个以上的大股东回购股票。在此购买方式下，公司同样必须披露其购回股票的目的、数量的信息，并使其他股东相信：公司的购买价格是公平的，他们的利益和机会并未受到损害。

第九章 财务预算控制与分析

第一节 财务预算

【案例】

A公司目前只生产一种产品，耗用一种材料。该产品的市场销售价为200元/件。2019年12月，企业财务部门准备编制2020年财务预算。如果你是公司财务部经理，你将需要从哪些部门获得相关预算数据，并如何编制财务预算?

案例的简单分析：

财务经理应当与以下部门协商研究，取得相关预算数据，并着手编制2020年财务预算。

(1) 与销售部门沟通，了解销售部门预测的2020年度各季度的销售量、每季度销售款中当季度可收到现金的比例及欠款的收讫时间，并据此编制销售预算。

(2) 从生产部门了解产品的材料消耗量、人工工时耗用量等，据此编制生产预算、直接材料预算和制造费用预算。

(3) 从采购部门获取关于产品耗用材料的单价、采购货款的支付情况等的相关资料，据此编制直接材料预算中的预计现金支出。

(4) 从劳资部门获得工人工资标准，编制直接人工预算。

(5) 编制产品成本预算。

(6) 预计销售费用和管理费用，编制销售费用和管理费用预算。

(7) 在以上工作的基础上，编制相关预算。

一、财务预算的含义和意义

财务预算是专门反映未来一定预算期内预计财务状况和经营成果，以及现金收支等价值指标的各种预算总称。财务预算具体包括现金预算、预计资产负债表、预计利润表和预计现金流量表等内容。

财务预算是财务计划工作的成果，它既是财务决策的具体化，又是控制企业经营活动的依据。编制财务预算，对搞好企业财务工作、实现财务目标具有重要意义。

（1）财务预算可以使管理层明确今后的奋斗目标，在制订经营计划时具有前瞻性。

（2）财务预算可以实现企业资源的有效配置。由于企业的资源有限，其通过编制财务预算可以将有限的资源分配给获利能力相对较强的相关部门或项目、产品。

（3）财务预算可以作为日常控制的标准和依据。预算一经制定，就要付诸实施。在预算执行过程中，财务部门要把实际执行情况和预算进行对比，发现差异，分析原因，并采取必要的措施，协调各部门、各单位和各环节的业务活动，减少乃至消除它们之间可能出现的矛盾和冲突，使企业的产、供、销和人、财、物始终处于最佳平衡状态，保证预算的顺利完成。

（4）财务预算可以作为绩效考核的标准，正确评价企业的财务成果。通过预算建立绩效考核体系，可以帮助企业各部门管理者做好绩效考核工作。

二、财务预算在全面预算体系中的地位

企业全面预算体系是根据企业目标所编制的经营、资本、财务等年度收支总体计划，用来规划计划期内企业的全部经济活动及其成果。它实质上是一整套预计的财务报表及其附表。

企业的全面预算包括业务预算、财务预算和专门决策预算。

业务预算又叫经营预算，是指企业日常发生的各项具有实质性经营内容的基础活动的预算，包括销售预算、生产预算、直接材料预算、直接人工预算、制造费用预算、单位生产成本预算、销售费用及管理费用预算等。

财务预算是企业在计划期内反映有关现金收支、经营成果和财务状况的预算，包括现金预算、预计利润表、预计资产负债表和预计现金流量表。

专门决策预算又叫特种决策预算，是指企业不经常发生的、需要更具特定决策临时编制的一次性预算，如资本支出预算。

财务预算是企业全面预算体系的一个重要组成部分，在企业全面预算体系中居于核心地位。财务预算以其他预算为基础，与其他预算紧密联系在一起。整个全面预算是一个数字相互衔接的整体，是一系列预算构成的体系，各项预算之间相互联系。图9-1反映了各预算之间的主要关系。

企业应根据长期市场预测和生产能力编制长期销售预算，以此为基础确定本年度的销售预算，并根据企业财力确定资本支出预算。销售预算是年度预算的编制起点，根据“以销定产”的原则确定生产预算，同时确定所需要的销售费用。生产预算的编制，除了考虑计划销售量以外，还需要考虑现有存货和年末存货，根据生产预算来确定直接材料、直接人工和制造费用预算。产品成本预算和现金预算是有关预算的汇总，利润表预算和资产负债表预算是全部预算的综合。

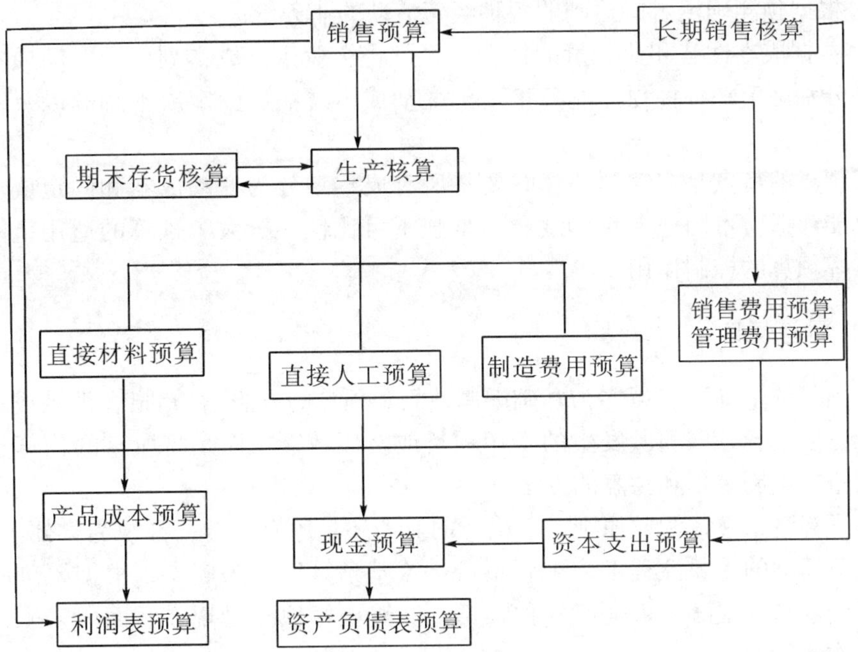

图 9-1 全面预算体系

三、财务预算的编制方法

（一）固定预算

固定预算又称静态预算，是指在编制预算时，只根据预算期内正常的、可实现的某一固定业务量（如生产量、销售量）水平来编制预算的一种方法。

固定预算的特点是在预算编制完成以后，在预算期内除特殊情况外，一般对预算不加以修正或更改，具有相对稳定性。固定预算具有以下两个缺点：

（1）过于呆板，缺乏灵活性。不论未来预算期内实际业务量水平是否发生波动，都只按事先预计的某一确定的业务量作为编制预算的基础，缺乏灵活性。

（2）可比性差。这也是固定预算的致命弱点。当实际业务量与编制预算时所依据的预计业务量相差较大时，有关预算指标的实际数和预算数之间就会因业务量基础不同而失去可比性。

因此，固定预算一般适用于业务量水平比较稳定的企业，而不适用于业务量水平经常发生波动的企业。

（二）弹性预算

弹性预算又称动态预算，是为了克服固定预算方法的缺点而设计的。弹性预算是指以业务量、成本和利润之间的依存关系为依据，以预算期内可预见的各种业务量水平为基础，编制能够适应多种情况预算的一种方法。

弹性预算的编制步骤：

（1）选择和确定各种经营活动的计量单位；

（2）根据预测确定可能达到的各种经营活动的业务量；

（3）根据成本性态和业务量的依存关系，将企业生产成本划分为变动成本和固定成本，并分别确定在各种预计业务量下的变动成本总额、固定成本总额以及销售收入总额。

弹性预算的特点是在编制预算时要将所有成本划分为变动成本和固定成本，所编制的预算能够适应不同业务量的变化，增强了可比性，扩大了预算的适用范围，可以更好地发挥预算的控制作用。

（三）零基预算

零基预算的全称为"以零为基础编制计划和预算的方法"，是指在编制成本费用预算时不考虑以往会计期间所发生的费用项目或费用数额，而是将所有的预算支出均以零为基数重新编制计划和预算的方法。

零基预算注重整体利益原则，不论新增业务还是原有业务，都视为整体的一部分，按各项业务活动的重要性程度来配置资源。零基预算以零为起点，根据预测的未来业务量及费用水平、报酬率来确定各种预算，能够更好地立足现在、面向未来，充分发挥预算的作用。

零基预算的优点体现在以下几个方面：①不受现有费用项目和开支水平的限制；②能够调动企业各部门降低费用的积极性；③有助于企业的未来发展。

零基预算的缺点体现在：一切从零出发，需要对企业现状和市场进行大量的调查研究，对现有资金使用效果和投入产出关系进行定量分析等，耗费大量的人力、财力和物力，增加了预算的工作量。

零基预算特别适用于产出较难辨认的服务型部门费用预算的编制。

（四）滚动预算

1. 滚动预算的含义

滚动预算又称连续预算，是指在编制预算时，将预算期和会计年度脱离，随着预算的执行不断延伸、补充预算，逐期向后滚动，使预算期始终保持在一个固定期间的一种预算编制方法。

滚动预算的主要特点是：预算期是连续的，始终保持一定的期限（一般为12个月）。每经过一个月，都要根据变化的内外部情况修订和调整预算，并补充下一个月的预算，使预算期始终保持在一定的期限（12个月）。

2. 滚动预算的分类

滚动预算按其预算编制和滚动的时间单位不同，可分为逐月滚动、逐季滚动和混合滚动三种方式。

（1）逐月滚动方式。

逐月滚动方式是指在预算编制过程中以月份为预算的编制、每一个月调整一次预算的方法。比如，2019年1~12月的预算执行过程中，需要1月末根据当月执行情况，修订2~12月的预算，同时补充2020年1月的预算；到2月末应该根据当月预算的执行情况，修订2019年3月—2020年1月的预算，同时补充2020年2月的预算……以此类推。

（2）逐季滚动方式。

逐季滚动方式是指在预算编制过程中以季度为预算的编制、每个季度调整一次的方法。比如，2019 年第一季度至第四季度的预算执行过程中，需要在 2019 年第一季度末根据当季度预算的执行情况，修订 2019 年第二季度至第四季度的预算，同时补充 2020 年第一季度的预算；2020 年第二季度末根据当季预算的执行情况，修订 2019 年第三季度至 2020 年第一季度的预算，同时补充 2020 年第二季度的预算……以此类推。

（3）混合滚动方式。

混合滚动方式是指在预算编制过程中同时使用月份和季度作为预算的编制和滚动单位的方法。比如，2019 年 1～3 月的头三个月逐月详细预算，其余 4～12 月分别按季度编制粗略预算；3 月末根据第一季度预算的执行情况，编制 4～6 月的详细预算，并修订第三季度至第四季度的预算，同时补充 2020 年第一季度的预算……以此类推。

（五）概率预算

概率预算是指企业在编制预算时，根据客观条件，对相关变量做了一些近似的估计，估计它们可能变动的范围以及出现的概率，然后计算各变量的期望值，在此基础上对预算进行调整，使其结构更符合实际。

四、现金预算

现金预算亦称现金收支预算，是指以业务预算和专门决策预算为基础所编制的用来反映企业在整个预算期内现金收支情况的预算。

编制现金预算的目的在于使企业合理地处理现金收支，安排资金来源，妥善地调度资金，保证企业财务的正常有序运转，从而保证企业生产经营的正常进行，并提高资金的使用效率。

现金预算由四部分组成：

（1）现金收入。现金收入包括期初的现金结存数和预算期内预计发生的现金收入（主要是指企业经营业务活动的现金收入）。

（2）现金支出。现金支出是指预算期内预计发生的现金支出。

（3）现金的结余和不足。企业在预算期内现金收入和现金支出相抵后的余额，反映了企业在预算期内的现金余缺。若收入大于支出，则为现金结余，除了用于归还银行借款外，还可用于短期投资；若收入小于支出，则为现金不足或短缺，需要融资。

（4）融资。融资是由于企业因预算期内现金短缺，而通过向银行贷款、发行短期证券等方式从外部获取资金。

由于现金预算是企业全面预算中其他各项资金收支预算的汇总，以及根据汇总后的收支差额采取平衡措施的具体计划，所以现金预算的编制要以其他各项业务预算为基础。具体说来，它是从销售预算开始的，综合了生产预算、直接材料预算、直接人工预算、制造费用预算、产品成本预算和销售及管理费用预算而编制的。

五、业务预算的编制

下面以 A 公司 20××年度预算案例来说明预算的具体方法。

（一）销售预算

销售预算是整个预算的编制起点，其他预算的编制都以销售预算作为基础。表 9-1 是 A 公司的销售预算，表 9-2 是 A 公司的预计现金收入表。

表 9-1 销售预算

季度	一	二	三	四	五
预计销售量（件）	100	150	200	180	630
预计单位售价（元）	200	200	200	200	200
销售收入（元）	20 000	30 000	40 000	36 000	126 000

表 9-2 预计现金收入

单位：元

季度	一	二	三	四	全年
上年应收账款	6 200				6 200
第一季度（销售 20 000）	12 000	8 000			20 000
第二季度（销售 30 000）		18 000	12 000		30 000
第三季度（销售 40 000）			24 000	16 000	40 000
第四季度（销售 36 000）				21 600	21 600
现金收入合计	18 200	26 000	36 000	37 600	117 800

销售预算的主要内容是销量、单价和销售收入。销售量是根据市场预测或销货合同并结合企业生产能力确定的；单价是通过价格决策确定的；销售收入是两者的乘积，在销售预算中计算得出。

销售预算通常要分品种、分月份、分销售区域、分推销员来编制。为了简化，本例只划分了季度销售数据。

销售预算中通常还包括预计现金收入的计算，其目的是为编制现金预算提供必要的资料。第一季度的现金收入还包括两部分，即上年应收账款在本年第一季度收到的货款，以及本季度销售中可能收到的货款部分。本例中，假设每季度销售收入中，本季度收到 60%的现金，另外的 40%现金要到下季度才能收到。

（二）生产预算

生产预算是在销售预算的基础上编制的，其主要内容有销售量、期初和期末存货、生产量。表 9-3 是 A 公司的生产预算。

表 9-3　生产预算　　单位：件

季度	一	二	三	四	全年
预计销售量	100	150	200	180	630
加：预计期末存货	15	20	18	20	20
合计	115	170	218	200	650
减：预计期初存货	10	15	20	18	10
预计生产量	105	155	198	182	640

通常，企业的生产和销售不能做到“同步同量”，需要设置一定的存货，以保证能在发生意外需求时按时供货，并可均衡生产，节省赶工的额外支出。存货数量通常按下期销售量的一定百分比确定，本例按 10%安排期末存货。年初存货是编制预算时预计的，年末存货根据长期销售趋势来确定，本例假设年初有存货 10 件，年末留存 20 件，存货预算也可单独编制。

生产预算的“预计销售量”来自销售预算，其他数据见表 9-3。

$$预计期末存货=下季度销售量\times 10\% \tag{9.1}$$

$$预计期初存货=上季度期末存货 \tag{9.2}$$

$$预计生产量=（预计销售量+预计期末存货）-预计期初存货 \tag{9.3}$$

生产预算在实际编制时是比较复杂的，产量受到生产能力的限制，存货数量受到仓库容量的限制，只能在此范围内来安排存货数量和各期生产量。此外，有的季度可能销量很大，可以用赶工方法增产，为此要多付加班费。如果提前在淡季生产，会因增加存货而多付资金利息。因此，要权衡两者得失，选择成本最低的方案。

（三）直接材料预算

直接材料预算是以生产预算为基础编制的，同时要考虑原材料存货水平。

表 9-4 是 A 公司的直接材料预算。其主要内容包括直接材料的单位产品用量、生产需用量、期初和期末存量等。“预计生产量”的数据来自生产预算，“单位产品材料用量”的数据来自标准成本资料或消耗定额资料，“生产需用量”是上述两项的乘积。年初和年末的材料存货量，是根据当前情况和长期销售预测估计的。各季度“期末材料存量”根据下季度生产量的一定百分比确定，本例按 20%计算。各季度“期初材料存量”是上季度的期末存货。预计各季度“采购量”根据下式计算确定：

$$预计采购量=（生产需用量+期末存量）-期初存量 \tag{9.4}$$

企业为了便于以后编制现金预算，通常要预计材料采购各季度的现金支出。每个季度的现金支出包括偿还上期应付账款和本期应支付的采购货款。本例假设材料采购的货款有 50%在本季度内付清，另外 50%在下季度付清。该百分比是根据经验确定的。如果材料品种很多，需要单独编制材料存货预算。表 9-5 是 A 公司的现金支出预算表。

表 9-4　直接材料预算

季度	一	二	三	四	全年
预计生产量（件）	105	155	198	182	640
单位产品材料用量（千克/件）	10	10	10	10	10
生产需用量（千克）	1 050	1 550	1 980	1 820	6 400
加：预计期末存量（千克）	310	396	364	400	400
合计	1 360	1 946	2 344	2 220	6 800
减：预计期初存量（千克）	300	310	396	364	300
预计材料采购量（千克）	1 060	1 636	1 948	1 856	6 500
单价（元/千克）	5	5	5	5	5
预计采购金额（元）	5 300	8 180	9 740	9 280	32 500

表 9-5　预计现金支出

季度	一	二	三	四	全年
上年应付账款	2 350				2 350
第一季度（采购 5 300）	2 650	2 650			5 300
第二季度（采购 8 180）		4 090	4 090		8 180
第三季度（采购 9 740）			4 870	4 870	9 740
第四季度（采购 9 280）				4 640	4 640
合 计	5 000	6 740	8 960	9 510	30 210

（四）直接人工预算

直接人工预算也是以生产预算为基础编制的。其主要内容有预计产量、单位产品工时、人工总工时、每小时人工成本和人工总成本。“预计产量”数据来自生产预算。单位产品人工工时和每小时人工成本数据来自标准成本资料。人工总工时和人工总成本是在直接人工预算中计算出来的。A 公司的直接人工预算见表 9-6。由于人工工资需要使用现金支付，所以，不需另外预计现金支出，可直接参加现金预算的汇总。

表 9-6　直接人工预算

季度	一	二	三	四	全年
预计产量（件）	105	155	198	182	640
单位产品工时（小时/件）	10	10	10	10	10
人工总工时（小时）	1 050	1 550	1 980	1 820	6 400
每小时人工成本（元/小时）	2	2	2	2	2
人工总成本（元）	2 100	3 100	3 960	3 640	12 800

（五）制造费用预算

制造费用预算通常分为变动制造费用和固定制造费用两部分。变动制造费用预算以生产预算为基础来编制。如果有完善的标准成本资料，用单位产品的标准成本与产量相乘，即可得到相应的预算金额。如果没有标准成本资料，就需要逐项预计计划产量需要的各项制造费用。固定制造费用需要逐项进行预计，通常与本期产量无关，按每季度实际需要的支付额预计，然后求出全年数。表 9-7 是 A 公司的制造费用预算。

表 9-7　制造费用核算　　单位：元

季度	一	二	三	四	全年
变动制造费用：					
间接人工	105	155	198	182	640
间接材料	105	155	198	182	640
修理费	210	310	396	364	1 280
水电费	105	155	198	182	640
小计	525	775	990	910	3 200
固定制造费用：					
修理费	1 000	1 140	900	900	3 940
折旧	1 000	1 000	1 000	1 000	4 000
经理人员工资	200	200	200	200	800
保险费	75	85	110	190	460
财产税	100	100	100	100	400
小计	2 375	2 525	2 310	2 390	9 600
合计	2 900	3 300	3 300	3 300	12 800
减：折旧	1 000	1 000	1 000	1 000	4 000
现金支出的费用	1 900	2 300	2 300	2 300	8 800

为了便于以后编制产品成本预算，企业需要计算小时费用率：

变动制造费用分配率=3 200/6 400=0.5（元/小时）

固定制造费用分配率=9 600/6 400=1.5（元/小时）

为了便于以后编制现金预算，企业需要预计现金支出。在制造费用中，除折旧费外都需支付现金。所以，根据每个季度制造费用数额扣除折旧费后，即可得出“现金支出的费用”。

（六）产品成本预算

产品成本预算是生产预算、直接材料预算、直接人工预算、制造费用预算的汇总。其主要内容是产品的单位成本和总成本。单位成本的有关数据来自前述三个预算。生产量、期末存货量来自生产预算，销售量来自销售预算、生产成本、存货成本和销货成本等数据根据单位成本和有关数据计算得出。表 9-8 是 A 公司的成本预算。

表 9-8　产品成本预算

	单位成本			生产成本（元）	期末存货（件）	销售成本（元）
	每千克或每小时	投入量	成本(元)			
直接材料	5	10 千克	50	32 000	1 000	31 500
直接人工	2	10 千克	20	12 800	400	12 600
变动制造费用	0.5	10 千克	5	3 200	100	3 150
固定制造费用	1.5	10 千克	15	9 600	300	9 450
合计			90	57 600	1 800	56 700

（七）销售及管理费用预算

销售费用预算是指为了实现销售预算所需支付的费用预算。它以销售预算为基础，分析销售收入、销售利润和销售费用的关系，力求实现销售费用的最有效使用。在安排销售费用时，要利用本量利分析方法，费用的支出应能获取更多的收益。在草拟销售费用预算时，企业要对过去的销售费用进行分析，考察过去销售费用支出的必要性和效果。表 9-9 是 A 公司的销售费用及管理费用预算。

表 9-9 销售费用及管理费用预算 单位：元

销售费用：	
销售人员工资	12 000
广告费	2 000
包装、运输费	3 000
保管费	1 000
管理费用：	
管理人员工资	10 000
福利费	2 000
保险费	1 500
办公费	2 500
合计	34 000
每季度支付现金	8 500

管理费用是做好一般管理业务所必要的费用。随着企业规模的扩大，一般管理职能日益重要，其费用也相应增加。在编制管理费用预算时，相关人员要分析企业的业务成绩和一般经济状况，务必做到费用合理化。管理费用多属于固定成本，所以，一般是以过去的实际开支为基础，按预算期的可预见变化来调整。

（八）现金预算

现金预算由四部分组成：现金收入、现金支出、现金结余或不足、现金的筹措和运用。见表 9-10。

表 9-10 现金预算 单位：元

季度	一	二	三	四	全年
期初现金余额	8 000	6 700	5 060	5 890	8 000
加：销货现金收入（见表 9-1）	18 200	26 000	36 000	37 600	117 800
可供使用现金	26 200	32 700	41 060	43 490	143 450

表9-10（续）

季度	一	二	三	四	全年
减各项支出：					
直接材料（见表9-3）	5 000	6 740	8 960	9 510	30 210
直接人工（见表9-5）	2 100	3 100	3 960	3 640	12 800
制造费用（见表9-6）	1 900	2 300	2 300	2 300	8 800
销售及管理费用（见表9-8）	8 500	8 500	8 500	8 500	34 000
所得税费用（估计）	2 000	2 000	2 000	2 000	8 000
购买设备		10 000			10 000
股利		4 000		4 000	8 000
支出合计	19 500	36 640	25 720	29 950	111 810
现金结余或不足	6 700	（3 940）	15 340	13 540	31 640
向银行借款		9 000			9 000
还银行借款			9 000		9 000
短期借款利息（年利率10%）			450		450
长期借款利息（年利率12%）				1 200	1 200
期末现金余额	6 700	5 060	5 890	12 340	12 340

“现金收入”部分包括期初现金余额和预算期现金收入，销货取得的现金收入是其主要来源。期初的“现金余额”是在编制预算时预计的，“销货现金收入”的数据来自销售预算“可供使用现金”，是期初余额与本期现金收入之和。

“现金支出”部分包括预算期的各项现金支出。“直接材料”“直接人工”“制造费用”“销售及管理费用”的数据分别来自前述有关预算。此外，还包括所得税费用、购置设备、股利分配等现金支出，有关的数据分别来自另行编制的专门预算。

“现金结余或不足”部分列示现金收入合计与现金支出合计的差额。差额为正，说明收大于支，现金有结余，可用于偿还过去向银行取得的借款，或者用于短期投资；差额为负，说明支大于收，现金不足，要向银行取得新的借款。本例中，该企业需要保留的现金余额为 5 000 元，不足时需要向银行借款。假设银行借款的金额要求是1 000元的倍数，那么第二季度借款额为：

借款额＝最低现金余额+现金不足额

－5 000+3 940

＝8 940

≈9 000（元）

第三季度现金结余，可用于偿还借款。一般按“每期期初借入，每期期末归还”来预计利息，故本例借款期限为 6 个月。假设利率为 10%，则应计利息为：

利息＝9 000×10%×6/12

＝450（元）

此外，还应将长期借款利息纳入预算。本例中长期借款余额为 10 000 元，利率为12%，预计在第四季度支付利息 1 200 元。

还款后，仍需保持最低现金余额；否则，只能部分归还借款。

现金预算的编制，以各项营业预算和资本预算为基础，它反映各预算期的收入项和支出款项，并做对比说明。其目的在于资金不足时筹措资金，资金结余时及时处理现金余额，并且提供现金收支的控制限额，发挥现金管理的作用。

六、预算财务报表的编制

财务报表预算是财务管理的重要工具，包括利润表预算和资产负债表预算。

财务报表预算的作用与年末编制的财务报表不同。所有企业都要在年终编制财务报表，这是有关法规的强制性规定，其主要目的是向外部报表使用人提供财务信息。当然，这并不表明常规财务报表对企业经理人员没有价值。财务报表预算主要为企业财务管理服务，是控制企业资金、成本和利润总量的重要手段。因其可以从总体上反映一定期间企业经营的全局情况，通常称为企业的“总预算”。

（一）预算利润表

表9-11是A公司的利润表预算，它是根据上述各有关预算编制的。

表9-11　利润表预算

单位：元

销售收入（表9-1）	126 000
销货成本（表9-6）	56 700
毛利	69 300
销售及管理费用（表9-7）	34 000
利息（表9-8）	1 650
利润总额	33 650
所得税费用（估计）	8 000
税后净收益	25 650

其中：“销售收入”项目的数据来自销售收入预算；“销售成本”项目的数据来自产品成本预算；“毛利”项目的数据是前两项的差额；“销售及管理费用”项目的数据来自销售费用及管理费用预算；“利息”项目的数据来自现金预算。

另外，“所得税费用”项目是在利润规划时估计的，并已列入现金预算。它通常不是根据“利润”和所得税税率计算出来的，因为有诸多纳税调整的事项存在。此外，从预算编制程序上来看，如果根据“本年利润”和税率重新计算所得税，就需要修改“现金预算”，引起信贷计划修订，进而改变“利息”，最终又要修改“本年利润”，从而陷入数据的循环修改。

利润表预算与实际利润表的内容、格式相同，只不过数据是面向预算期的。它是在汇总销售、成本、销售及管理费用、营业外收支、资本支出等预算的基础上加以编制的。通过编制利润表预算可以了解企业预期的盈利水平。如果预算利润与最初编制方针中的目标利润有较大的不一致，就需要调整部门预算，设法达到目标，或者经企业领导同意后修改目标利润。

（二）预算资产负债表

资产负债表预算与实际的资产负债表内容、格式相同，只不过数据是反映预算期末的财务状况。该表是利用本期期初资产负债表，根据销售、生产、资本等预算的有关数据加以调整编制的。

表 9-11 是 A 公司的资产负债表预算。大部分项目的数据来源已注明在表中。普通股、长期借款两项指标本年度没有变化。年末“未分配利润”是这样计算的：

期末未分配利润 = 期初未分配利润+本期利润-本期股利

= 16 250+25 650−8 000

= 33 900（元）

表 9-12　资产负债表预算　　单位：元

资产			所有者权益		
项目	年初	年末	项目	年初	年末
现金（见表 9-9）	8 000	12 340	应付账款（见表 9-3）	2 350	4 640
应收账款（见表 9-1）	6 200	14 400	长期借款	10 000	10 000
直接材料（见表 9-3）	1 500	2 000	普通股	20 000	20 000
产成品（见表 9-7）	900	1 800	未分配利润	16 250	33 900
固定资产	36 000	46 000			
累计折旧（见表 9-6）	4 000	8 000			
资产总额	48 600	68 540	负债及权益总额	48 600	68 540

“应收账款”是根据表 9-1 中的第四季度销售额和本期收现率计算的：

期末应收账款 = 本期销售额×（1-本期收现率）

= 36 000×（1−60%）

= 14 400（元）

“应付账款”是根据表 9-4 中的第四季度采购金额和付现率计算的：

期末应付账款 = 本期采购金×（1-本期付现率）

= 9 280×（1−50%）

= 4 640（元）

编制资产负债表预算的目的在于判断预算反映的财务状况的稳定性和流动性。如果通过资产负债表预算的分析发现某些财务比率不佳，企业在必要时可修改有关预算，以改善财务状况。因为已经编制了现金预算，企业通常没有必要再编制现金流量表预算。

第二节　财务控制

【案例】

A 公司在编制好 2020 年财务预算之后，下一步的工作就是财务控制，即对财务活动的各个环节以及影响和制约公司绩效的各因素实施约束，并对脱离预算或制度的偏差进行调节。那么 A 公司应当如何进行有效的财务控制呢？

案例的简单分析：

根据责、权范围及业务流动的特点，在公司内部将责任中心细分为成本中心、利润中心、投资中心三大类，明确各责任中心应承担的经济责任、应有的权力和利益。

将财务预算分解、落实到各责任中心，使之成为控制各责任中心经济活动的依据。

按照一定的绩效考核指标，分别对这三种责任中心进行绩效考评，检查预算的执行情况，发现偏差并进行纠正。

对责任中心的完成情况进行绩效考核和奖惩。

一、财务控制概述

（一）财务控制的含义及意义

财务控制是为实现公司预期财务目标，由公司各级财务管理主体根据财务预算和财务制度等，对公司财务活动的各个环节、各个方面，以及影响和制约公司绩效的各因素实施约束，并对脱离预算或制度的偏差进行调节的一种管理活动。财务控制对优化公司财务管理、提高公司财务效益具有重要意义。

1. 财务控制是实现公司财务目标的重要保证

财务目标的实现有赖于对实际财务活动的有效控制，包括两方面：一是约束；二是调节。约束是事前的防范性控制，调节则是事中的纠偏性控制，两者的目的均在于确保事后的财务实际能够符合规定的财务目标。

2. 财务控制是优化财务预算管理的需要

财务控制是以财务预算为依据进行的管理。财务预算作为一种预期性指标，是在特定的环境假定条件下形成的，而环境变化具有高度的不确定性。为此，企业有必要根据环境变化调整预算，使预算更符合实际。可见，财务控制有利于财务预算管理的动态化，是优化公司财务预算管理的客观要求。

3. 财务控制是优化财务行为的需要

财务控制过程既包括各级财务主体以公司财务制度为依据实施自我约束和自我调节的能动行为过程，也包括按照上级调节指令纠正财务行为偏差的被动行为过程。而无论是能动行为过程还是被动行为过程，其目的均是确保财务行为的规范和有效，即实现财务行为的优化。

（二）财务控制的分类

财务控制可以按照以下不同的标准进行分类：

1. 按控制主体的性质，财务控制分为所有者财务控制、经营者财务控制和财务部门财务控制

所有者财务控制是为了实现其资本保值和增值的目标而对经营者的财务收支活动进行的控制，通常表现为：由公司的投资者或股东通过召开股东大会，以审议批准公司重大财务方案（如财务预算方案、利润分配方案等），决定公司财务发展战略规划。

经营者财务控制是为了实现财务预算而对公司及各责任中心的财务活动进行的控制，主要是通过经营者制定财务决策目标，并促使这些目标被贯彻执行而实现的。如公司的筹资、投资、资产运用、成本支出决策及其执行等。

财务部门财务控制是各级财务管理机构和人员通过制定与分解财务预算，拟订和

颁布内部财务管理制度，通过分析并调节实际脱离预算的偏差等方式对公司财务所实施的控制。

2. 按控制的时间，财务控制分为事前财务控制、事中财务控制和事后财务控制

事前财务控制是在实际财务活动发生之前所实施的控制。这种控制的职能作用在于通过制定和分解财务预算、拟订和颁布财务制度等为事中的财务活动提供约束标准和行为规范。

事中财务控制是在实际财务活动中所实施的控制。其职能作用在于通过预算、制度执行情况的检查、分析和调节，确保财务活动与财务行为符合预定的标准和规范。

事后财务控制是按照财务预算的要求对各责任中心的财务收支结果进行评价，并以此实施奖惩标准，在产品成本形成之后进行综合分析与考核，以确定各责任中心和公司的成本责任。

3. 按控制的依据，财务控制分为预算控制和制度控制

预算控制是指以财务预算为依据所实施的控制。这种控制的职能作用在于通过制定、分解和执行财务预算，使公司财务活动按照预定的目标运行。

制度控制是指以日常财务管理制度为依据所实施的控制。其职能作用在于通过制定、颁布和执行财务制度，实现各级控制主体财务行为的规范化和有效化。

4. 按控制的对象，财务控制分为收支控制和现金控制

收支控制是指对公司和各责任中心的财务收入和财务支出活动所进行的控制。控制财务收入活动，旨在达到高收入的目标；控制财务支出活动，旨在降低成本，减少支出，实现利润最大化。

现金控制是对公司和责任中心的现金流入和现金流出活动所进行的控制。通过现金控制应力求实现现金流入和现金流出的基本平衡，既要防止因现金短缺而可能出现的支付危机，也要防止因现金闲置而可能导致的机会成本增加。

（三）财务控制基础

1. 组织保证

控制必然涉及控制主体和控制对象。就控制主体而言，企业应围绕财务控制建立有效的组织保证；就被控制的对象而言，企业应本着有利于将财务预算分解、落实到各部门、各层次和各岗位原则，建立各种执行预算的责任中心，使各责任中心既能控制分解的预算指标，又能承担完成的责任。

2. 制度保证

内部控制制度包括组织机构的设计和企业内部采取的所有相互协调的方法与措施。这些方法与措施用于保护企业的财产，检查企业会计信息的准确性和可靠性，提高经营效率，促使有关人员遵循既定的管理方针。为保证财务预算的有效执行，企业也应建立相应的保证措施或制度，如人事制度、奖惩制度等。

3. 预算目标

财务控制应以健全的财务预算为依据。财务预算应分解、落实到各责任中心，使之成为控制各责任中心经济活动的依据。若财务预算确定的目标严重偏离实际，财务控制就无法达到预定的目的。

4. 会计信息

（1）财务预算总目标的执行情况必须通过企业的汇总会计核算资料予以反映。企业通过这些资料可以了解、分析企业财务预算总目标的执行情况、存在的差异及其原因，并提出相应的纠正措施。

（2）各责任中心以及岗位的预算目标的执行情况必须通过各自的会计核算资料予以反映。企业通过这些会计资料可以了解、分析各责任中心以及各岗位预算目标的完成情况，并将其作为各责任中心以及岗位改进工作的依据和考核其工作业绩的依据。

会计信息对财务控制非常重要，因此必须通过建立健全会计核算基础工作，确保会计信息真实、准确、及时提供，并建立按责任中心设置的会计核算体系。

5. 信息反馈系统

财务控制是一个动态的控制过程，要确保财务预算的贯彻实施，必须对各责任中心执行预算的情况进行跟踪监控，不能调整执行偏差。为此，企业必须建立一个信息反馈系统。信息反馈系统须具有以下特征：

（1）信息反馈系统应该是一个双向流动系统，做到下情上报、上情下达。

（2）信息反馈系统应该是一个传输程序和传输方式都十分规范的系统。

（3）信息反馈系统应灵敏、有效。它既要求信息传输及时、迅速，也要求确保传输的信息真实、可靠，并建立起相应的信息审查机构和责任制度。

6. 奖罚制度

财务控制的最终效率取决于是否有切实可行的奖罚制度，以及是否严格执行这一制度；否则，即使有符合实际的财务预算，也会因为财务控制的软化而得不到贯彻落实。

二、责任中心

（一）责任中心的含义和特征

1. 责任中心的含义

企业为了实行有效的内部协调与控制，通常按照统一领导、分级管理的原则在其内部合理划分责任单位，明确各责任单位应承担的经济责任、应有的权力和利益，促使各责任单位尽其责任能够协同、配合。责任中心就是承担一定的经济责任、并享有一定权利和利益的企业内部单位或责任单位。

2. 责任中心的特征

（1）责任中心是一个责、权、利相结合的实体；

（2）责任中心具有承担经济责任的条件；

（3）责任中心所承担的责任和行使的权利都应是可控的；

（4）责任中心具有相对独立的经营业务和财务收支活动；

（5）责任中心便于进行责任会计核算或单独核算。

根据企业内部责任中心的责权范围及业务流动的特点的不同，责任中心又可以分为成本中心、利润中心、投资中心三大类。

（二）成本中心及其绩效评价

1. 成本中心的含义及分类

成本中心是指对成本或费用承担责任的责任中心。它不会形成可用货币计量的收入，因而不对收入、利润或投资负责。成本中心一般包括负责产品生成的生产部门、劳务提供部门以及给予一定费用指标的管理部门。

成本中心有两种类型：标准成本中心和费用成本中心。

（1）标准成本中心。

标准成本中心是既有投入又有产出的成本中心。它可以为企业提供一定的物质成果，如在产品、半成品或产成品的成本中心。其发生的成本可以通过标准成本或弹性预算予以控制。

（2）费用成本中心。

费用成本中心主要为企业提供一定的专业化服务，如企业的财会、统计、设计、行政、总务等部门。其特点是：只有管理和服务，无所谓投入和产出，因此只能通过预算的形式进行控制。

2. 成本中心绩效评价

由于成本中心没有收入，只对成本负责，因而对成本中心的评价与考核应以责任成本为重点，即以它的绩效报告为依据来衡量责任成本的实际数与预算数出现的差异，并分析差异产生的原因。

责任成本不同于一般的产品成本，它不是以有关产品为对象，而是以有关责任中心为对象进行归集的，是某一特定成本中心必须且能够负责的有关成本费用。

为保证对成本中心的工作绩效进行恰当的考评，企业除了正确计算、归集各成本中心的责任成本，对其所能控制和调节的直接成本实施有效的控制之外，还必须使间接成本在各有关成本中心之间进行合理的分配。间接费用在若干有关的责任中心之间的分配，不应当依据费用的实际发生额和实际费用分配率，而应当依据间接费用预算额和预算分配率。

（三）利润中心及其绩效评价

1. 利润中心的含义及分类

利润中心是对利润负责的责任中心。由于利润是收入扣除成本费用后的差额，因此利润中心不仅要调节和控制成本、费用的发生，还要调节和控制收入、利润的实现，应对成本和利润同时承担责任。

利润中心往往处于公司内部的较高层次，如分厂、分店、分公司，一般具有独立的收入来源，或能视同为一个独立收入的部门，具有独立的经营权。利润中心与成本中心相比，其权利和责任都相对较大，它不仅要绝对地降低成本，而且更要寻求收入的增长，并且使之超过成本的增长。

利润中心分为自然利润中心和人为利润中心两种。

自然利润中心是指可以直接对外销售产品并取得收入的利润中心。这种利润中心本身直接面向市场，具有产品销售权、价格制定权、材料采购权和生产决策权。自然利润中心应满足三个条件：①有独立的收入来源；②能够进行独立核算；③销售产品和提供劳务的数量、价格、成本具有控制能力。

人为利润中心是指只对内部责任单位提供产品或劳务而取得“内部销售收入”的利润中心。这种利润中心一般不直接对外销售产品。人为利润中心应满足两个条件：①该中心可以向其他责任中心提供产品或劳务；②能为该中心的产品或劳务确定合理的内部转移价格，以实现公平交易、等价交换。

2. 利润中心绩效评价

利润中心对利润负责，必然要计算成本，以便正确计算利润，作为对利润中心绩效评价的依据。

因此，利润中心的责任预算包括销售收入、成本和利润三个组成部分。在利润中心的责任成本中，大部分是下属成本中心的责任成本，通常只有管理费用和销售费用是利润中心的可控成本。

对利润中心的成本进行计算，通常有两种方式：

（1）利润中心只计算可控成本，不分担不可控成本，即不分摊共同成本。这种方式主要适用于成本难以合理分摊或无须进行共同成本分摊的场合。按这种方式计算出的盈利不是通常意义上的利润，而是相当于“边际贡献总额”。公司各个利润中心的“边际贡献总额”之和，减去未分配的共同成本，经过调整后才是公司的利润总额。人为利润中心适合采取这种计算方式。其考核指标是：

利润中心边际贡献总额=该利润中心销售收入总额-该利润中心可控成本总额（或变动成本总额）

如果可控成本中包含可控固定成本，其就不完全等于变动成本总额。但一般而言，利润中心的可控成本就是变动成本。

（2）利润中心不仅计算可控成本，还计算不可控成本。这种方式适用于共同成本易于合理分摊或不存在共同成本分摊的场合。在这种方式下，利润中心在计算时，如果采用变动成本法，则应先计算出边际贡献，再减去固定成本，才是税前利润；如果采用完全成本法，此时的利润就是全公司的利润总额。自然利润中心适合采取这种计算方式。其考核指标是：

利润中心边际贡献总额=该利润中心销售收入总额-该利润中心变动成本总额

利润中心负责人可控利润总额 = 该利润中心边际贡献-该利润中心负责人可控固定成本

利润中心可控利润总额=该利润中心负责人可控利润总额-该利润中心负责人不可控固定成本

公司利润总额=各利润中心可控利润总额之和-公司不可分摊的各种管理费用、财务费用等

（四）投资中心及其评价

1. 投资中心的含义

投资中心是指既对成本、收入和利润负责，又对投资效果负责的责任中心。

投资中心是最高层次的责任中心，它既具有最大的决策权也承担最大的责任。投

资中心的管理特点是较高程度的分权管理。一般而言，大型集团所属的子公司、分公司、事业部往往都是投资中心。在组织形式上，成本中心一般不是独立法人，利润中心可以是独立法人也可以不是独立法人，而投资中心一般是独立法人。

2. 投资中心的绩效考核

为了准确地计算各投资中心的经济效益，企业应对各投资中心共同使用的资产划清界限；对共同发生的成本按适当的标准进行分配，各投资中心之间调剂使用的现金、存货、固定资产等，均应计算清偿，实行有偿使用。

考核和评价投资中心绩效的指标通常有以下几种：

（1）投资报酬率。

投资报酬率又称投资利润率，是指投资中心所获得的利润与投资额之间的比率。其计算公式如下：

$$投资报酬率=\frac{利润}{投资额}\times 100\% \tag{9.5}$$

这一方式还可以进一步推导：

$$\begin{aligned}投资报酬率&=\frac{销售收入}{投资额}\times\frac{成本费用}{销售收入}\times\frac{利润}{成本费用}\\&=资本周转率\times销售成本率\times成本费用利润率\end{aligned} \tag{9.6}$$

该指标主要说明投资中心的投资对所有者权益的贡献程度。

（2）剩余收益。

剩余收益是一个绝对数值，是指投资中心获取的利润扣除其最低投资收益后的余额。

最低投资收益是投资中心的投资额（或资产占用额）按规定或预期的最低报酬率计算的收益。其计算公式如下：

$$剩余收益=利润-投资额\times规定或预期的最低投资报酬率 \tag{9.7}$$

以剩余收益作为投资中心经营业绩的评价指标，各投资中心只要投资利润率大于规定或预期的最低投资报酬率，该项投资便是可行的。

综上所述，责任中心根据其控制范围和责权范围的大小，可分为成本中心、利润中心和投资中心三种类型。它们之间并不是孤立存在的，每个责任中心都要承担相应的责任。最基层的成本中心应就其经营的可控成本向其上层成本中心负责；上层的成本中心应就其本身的可控成本和下层转来的责任成本一并向其利润中心负责；利润中心应就其本身经营的收入、成本（含下层转来的成本）和利润（或边际贡献）向投资中心负责；投资中心最终就其经营的投资报酬率和剩余收益向总经理与董事会负责。所以，公司各种类型和层次的责任中心形成一个“连锁责任”网络，这就促使每个责任中心为保证经营目标的一致而协调运转。

第三节　财务分析

【案例】

王先生近期做生意发了财，就想利用手中闲置的资金进行股票投资，但由于缺乏相关专业知识，不了解准备投资的公司的财务状况和经营业绩，王先生不敢轻易决定投资哪些股票，于是就特意请教从事财务分析工作的朋友李先生。那么李先生会怎样帮助王先生进行财务分析呢？

案例的简单分析：

（1）首先李先生会收集王先生准备投资的几家上市公司的财务报表，主要是资产负债表和利润表。

（2）对几家上市公司的财务报表分别进行基本财务能力分析，主要从以下三个方面入手：

①偿债能力分析。偿债能力是企业偿还各种到期债务的能力。反映偿债能力的财务指标主要有流动比率、速动比率、现金比率、资产负债率、产权比率、利息保障倍数等。

②营运能力分析。营运能力反映了企业的资金周转情况。投资者对此进行分析，可以了解企业的营运情况及经营管理水平。评价营运能力的财务指标有应收账款周转率、存货周转率、流动资产周转率、固定资产周转率、总资产周转率等。

③盈利能力分析。盈利能力是企业获取利润的能力。评价企业盈利能力的财务比率主要有销售净利率、资产收益率、权益净利率等。

（3）李先生除需要对前述基本财务比率进行分析和评价外，还应对反映股票投资价值的特定财务比率进行分析评价，包括每股盈余、每股股利、市盈率、每股净资产、市净率、留存收益率以及股利支付率等。这些财务比率与王先生的投资收益有直接关系，应着重分析。

一、财务分析概述

（一）财务分析的含义

财务分析是相关信息使用者以企业财务报告为主要依据，结合相关的环境信息，对企业财务状况、经营业绩和财务状况变动的合理性、有效性进行客观评价，并分析企业内在财务能力和财务潜力，预测企业未来财务趋势和发展前景，评估企业的预期收益和风险，据此为特定决策提供有用的财务信息的经济活动。

（二）财务分析的意义

（1）评价企业财务状况的好坏，揭示企业财务活动中存在的矛盾，总结财务管理工作的经验教训，从而采取措施，改善经营管理，挖掘潜力，实现企业的理财目标。

（2）为投资者、债权人和其他有关部门与人员提供正确、完整的财务分析资料，便于他们更加深入地了解企业的财务状况、经营成果和现金流量情况，为他们做出经济决策提供依据。

（3）能够检查出企业内部各职能部门和单位对于分解、落实的各项财务指标完成的情况，考核各职能部门和单位的绩效，以利于合理进行奖励，加强企业内部责任控制。

（三）财务分析的方法

财务分析的方法，主要有比较分析法、比率分析法和因素分析法三种。

1. 比较分析法

比较分析法又可以细分为以下三种：

（1）水平比较分析法。

水平比较分析法是指将同质指标进行比较、从对比中发现差异、鉴别优劣的一种分析方法。这种方法应用比较广泛，分为绝对数比较分析和相对数比较分析两种模式。

绝对数比较模式：

增减变动量=分析期某项指标实际数-基期同项指标实际数

相对数比较模式：

增减变动率=某项指标增减变动数/基期同项指标实际数

在运用水平比较分析法时，必须注意主要指标的可比性，即用于比较的指标必须在性质、内容、计价基础、计算时间等方面口径一致，否则比较将会毫无意义。

（2）垂直比较分析法。

垂直比较分析法是指通过计算报表中各项目占总体的比重或结构，反映报表中的项目与总体的关系情况及其变动情况的分析方法。

垂直比较分析法的一般步骤：

第一步，确定报表中各项目占总额的比重或百分比。

第二步，通过各项目的比重，分析各项目在企业经营中的重要性。一般项目比重越大，说明其重要程度越高，对总体的影响越大。

第三步，将分析基期各项目的比重与前期同项目的比重对比，研究各项目的比重变动情况。

（3）趋势比较分析法。

趋势比较分析法是指根据企业连续几年或几个时期的分析资料，通过指数或完成率的计算，确定分析期有关项目的变动情况和趋势的一种分析方法。采用这种方法可以揭示企业财务状况和生产经营情况的变化，分析引起变化的主要原因、变动的性质，并预测企业未来的发展前景。

计算趋势指数，通常有两种方法：一是定基指数，二是环比指数。定基指数是指各个时期的指数都以某一固定时期为基期来计算。环比指数则是指各个时期的指数以前一期为基期来计算。基期各项目均以100%来表示。趋势分析通常采用定基指数。

2. 比率分析法

比率分析法是指将财务报告中相互关联的指标加以比较，计算财务比率，据以分析企业财务状况、经营业绩及各项财务能力的方法。这里的比率，按性质不同，可分为相关比率、结构比率和趋势比率三种。

相关比率是将互相联系而性质不同的指标进行对比所形成的比率。其作用在于从指标之间的相互联系中揭示企业内在的财务能力和财务潜力。现行财务分析中所使用的有关企业能力、投资价值等方面的指标大多属于相关比率的范畴。

结构比率是将某一指标的总体单位值与总体值加以对比所形成的比率。其作用在于从指标的内在构成方面揭示企业财务状况及经营业绩的合理性和有效性。

趋势比率是将同质指标的不同期间的数值加以对比所形成的比率。其作用在于揭示指标在不同期间的变化趋势和规律，为财务预测提供依据。趋势比率的计算有定基和环比两种形式。

3. 因素分析法

因素分析法是指为深入分析某一指标，而将该指标按构成因素进行分解，分别测定各因素变动对该项指标影响程度的一种分析方法。其作用在于揭示指标差异的原因，以便更深入、更全面地理解和认识企业的财务状况及经营情况。

因素分析法根据其特点可分为连环替代法和差额分析法。这里重点介绍连环替代法。

连环替代法是在计算某个因素变动对经济指标的影响程度时，假定其他因素不发生变动，并且是通过每次替换以后的计算结果与其前一次替换以后的计算结果进行比较，即连环替代来确定各因素的影响程度。

假定某一经济指标 E 是由相互联系、相互制约的 a、b、c 三个因素组成的，它们的数量关系为：$E=a\times b\times c$。以下下标 0 表示各指标的基期数，下标 1 表示各指标的分析期数。则：

$E_0=a_0\times b_0\times c_0$

$E_1=a_1\times b_1\times c_1$

$\triangle E_0=E_1-E_0$

根据上式，指标 E 的分析期数和基期数的差异（分析对象：E_1-E_0）同时受 a、b、c 三个因素的影响。现将上述算式按连环替代法排列如下：

$E_0=a_0\times b_0\times c_0$ (1)

$E'=a_1\times b_0\times c_0$ (2)

(2)式-(1)式：$E'-E_0$（a 因素变动所产生的影响）

$E''=a_1\times b_1\times c_0$ (3)

$E_1=a_1\times b_1\times c_1$ (4)

(3)式-(2)式：$E''-E'$（b 因素变动所产生的影响）

(4)式-(3)式：E_1-E''（c 因素变动所产生的影响）

将各因素变动的影响加以综合，则：

$(E'-E_0)+(E''-E')+(E_1-E'')=E_1-E_0=\triangle E$

若各因素对分析指标的影响额相加，其代数和等于分析对象，说明分析结果可能是正确的；如果两者不相等，则说明分析结果一定是错误的。

二、财务能力分析

（一）偿债能力分析

偿债能力是企业偿还各种到期债务的能力。由于债务按到期时间分为短期借款和长期债务，所以偿债能力分析也分为短期偿债能力分析和长期偿债能力分析。

1. 短期偿债能力分析

短期偿债能力是指企业偿付短期负债的能力。流动负债是指将在一年内或超过一年的一个营业周期内需要偿付的债务。这部分负债对企业的财务风险影响较大，如果不能及时偿还，就可能使企业面临倒闭的危险。评价企业短期偿债能力的指标主要有流动比率、速动比率、现金比率、现金流量比率等。

（1）流动比率。

流动比率是企业一定时点的流动资产与流动负债的比率。其计算公式为：

$$流动比率=\frac{流动资产}{流动负债} \tag{9.8}$$

该项比率从流动资产对流动负债的保障程度的角度说明企业的短期偿债能力。其比率越高，表明企业流动资产对流动负债的保障程度越高，企业的短期偿债能力越强；反之，则企业的短期偿债能力越弱。但从优化资本结构和提高资本利用效率的角度考虑，流动比率过高，可能表明企业的资本利用效率低下，不利于企业的经营发展。一般认为，该指标通常为2比较合理。

（2）速动比率。

速动比率是企业一定时点的速动资产（扣除存货后的流动资产）与流动负债的比率。其计算公式为：

$$速动比率=\frac{速动资产}{流动负债}=\frac{流动资产-存货}{流动负债} \tag{9.9}$$

速动比率越高，说明企业速动资产对流动负债的保障程度越高，短期偿债能力越强；反之，短期偿债能力越弱。速动比率指标国际公认标准为1。

在计算速动比率时，之所以将存货从流动资产中剔除，是因为：存货相对于其他流动资产项目来说，不仅变现速度慢，而且可能由于积压、变质以及抵押等原因，而使其变现金额具有不确定性，甚至无法变现。事实上，除存货外，还有一些流动资产项目的变现速度也比较慢，甚至不能变现，如预付账款、待摊费用等。如果把这些项目也从流动资产中剔除，则可以计算保守速动比率。其计算公式为：

$$保守速动比率=\frac{流动资产-存货-预付账款-待摊费用}{流动负债} \tag{9.10}$$

（3）现金比率。

速动资产中，流动性最强、可直接用于偿债的资产称为现金资产。现金资产包括货币资产、交易性金融资产等。其计算公式为：

$$现金比率=\frac{货币资金+交易性金融资产}{流动负债} \tag{9.11}$$

现金比率表示1元流动负债有多少现金资产作为偿还保障。其指标越高，表明企业的短期偿债能力越强；反之，则企业的短期偿债能力越弱。

（4）现金流量比率。

其计算公式为：

$$现金流量比率=\frac{经营活动现金净流量}{流动负债} \tag{9.12}$$

“经营活动现金净流量”通常使用现金流量表中的“经营活动产生的现金流量净额”，它代表了企业生产现金的能力。

该比率越高，表明企业短期偿债能力越强。但并非比率越高越好，因为比率过高，可能表明企业流动资产的利用不充分，影响收益能力。因此，对该比率的评价应结合企业的现金流转效率与效益分析。

2. 长期偿债能力分析

（1）资产负债率。

其计算公式为：

$$资产负债率=\frac{负债总额}{资产总额}\times100\% \tag{9.13}$$

资产负债率反映总资产中有多大比例是通过负债取得的。该比率从总资产对总负债的保障程度的角度来反映企业的长期偿债能力。该比率越低，表明企业资产对负债的保障程度越高，企业的长期偿债能力越强；反之，则企业的长期偿债能力越弱。

（2）产权比率和权益乘数。

其计算公式为：

$$产权比率=\frac{负债总额}{股东权益} \tag{9.14}$$

产权比率反映了债权人所提供的资金与股东所提供资金的对比关系，因此它可以揭示企业的财务风险及股东权益对债务的保障程度。该比率越低，说明企业长期财务状况越好，债权人贷款的安全越有保障，企业的财务风险越低。

权益乘数表明资产总额是股东权益的多少倍。其计算公式为：

$$权益乘数=\frac{资产总额}{股东权益} \tag{9.15}$$

权益乘数越大，表明股东投入的资本在资产中的比重越小，股东权益对债务的保障程度越低，企业的财务风险越高。

（3）利息保障倍数。

其计算公式为：

$$利息保障倍数=\frac{息税前利润}{利息费用}=\frac{利润总额+利息费用}{利息费用} \tag{9.16}$$

利息费用不仅包括财务费用，还包括计入固定资产成本中的资本化利息。

该指标反映企业的经营所得支付债务利息的能力。利息保障倍数越大，企业用于偿还利息的缓冲资金就越多，利息支付就越有保障。

（二）营运能力分析

企业的营运能力反映了企业资金周转情况，投资者对此进行分析，可以了解企业的营业情况及经营管理水平。资金周转状况好，说明企业的经营管理水平高，资金利用效率高。评价企业营运能力的财务指标有应收账款周转率、存货周转率、流动资产周转率、固定资产周转率、总资产周转率等。

1. 应收账款周转率

应收账款周转率是用来衡量企业应收账款管理效率和企业变现能力的财务比率。其计算公式为：

$$应收账款周转率=\frac{销售收入}{应收账款平均余额} \tag{9.17}$$

$$应收账款平均余额=（期初应收账款+期末应收账款）\div 2 \tag{9.18}$$

$$应收账款周转天数=360\div 应收账款周转率 \tag{9.19}$$

销售收入是指销售收入净额，即扣除销售退回、销售折扣和折让后的净额。以下如果无特别说明，销售收入均为销售收入净额。

应收账款周转率高，应收账款周转天数少，表明企业应收账款的管理效率高，变现能力强；反之，企业营运资金将会过多地占用在应收账款上，影响企业的正常的资金运转。

2. 存货周转率

存货周转率是用来衡量企业对存货的营运能力和管理效率的财务比率。其计算公式为：

$$存货周转率=\frac{销货成本}{平均存货} \tag{9.20}$$

$$平均存货=(期初存货+期末存货)\div 2 \tag{9.21}$$

$$存货周转天数=360\div 存货周转率 \tag{9.22}$$

存货周转率越高，周转天数越少，表明存货的周转速度快，变现能力强，进而说明企业具有较强的存货营运能力和较高的存货管理能力。

3. 流动资产周转率

流动资产周转率是用来衡量企业流动资产综合营运效率和变现能力的财务比率。其计算公式为：

$$流动资产周转率=\frac{销售收入}{流动资产平均余额} \tag{9.23}$$

$$流动资产平均余额=（期初流动资产+期末流动资产）\div 2 \tag{9.24}$$

流动资产周转率表明一个会计年度内企业流动资产周转次数，它反映了流动资产周转的速度。该指标越高，说明企业对流动资产的营运能力越强，利用效率越高。

4. 固定资产周转率

固定资产周转率也称固定资产利用率，主要用于分析企业对厂房、设备等固定资产的利用效率。其计算公式为：

$$固定资产周转率=\frac{销售收入}{固定资产平均净值} \tag{9.25}$$

固定资产平均净值 = (期初固定资产净值 + 期末固定资产净值) ÷2 (9.26)

该比率越高,说明固定资产的利用率越高,管理水平越好。

5. 总资产周转率

总资产周转率可以用来分析企业全部资产的使用效率。其计算公式为:

$$总资产周转率 = \frac{销售收入}{资产平均总额} \tag{9.27}$$

资产平均总额 = (期初资产总额 + 期末资产总额) ÷2 (9.28)

如果总资产周转率越低,说明企业利用其资产进行经营的效率较差,会影响企业的盈利能力,企业应采取措施提高销售收入或处置闲置资产,以提高总资产利用率。

(三) 盈利能力分析

盈利能力是企业获取利润的能力。盈利是企业的重要经营目标,是企业生存和发展的物质基础。评价企业盈利能力的财务指标主要有以下几种:

1. 销售毛利率和销售净利率

销售毛利率的计算公式为:

$$销售毛利率 = \frac{销售毛利}{销售收入} \times 100\% = \frac{销售收入 - 销售成本}{销售收入} \times 100\% \tag{9.29}$$

销售毛利率是表示 1 元销售收入扣除销售成本后,有多少钱剩余可用于各项期间费用和形成利润。销售毛利率反映了企业的销售成本和销售收入的比例关系。销售毛利率越大,说明销售成本在销售收入中所占的比重越小,企业通过销售获取利润的能力越强。

销售净利率的计算公式为:

$$销售净利率 = \frac{净利润}{销售收入} \times 100\% \tag{9.30}$$

销售净利率说明了企业净利润占销售收入的比例,它可以评价企业获取利润的能力。

销售净利率表明 1 元销售收入所获得的净利润。该比率越高,表明企业获利能力越强。

2. 资产收益率

资产收益率也称资产报酬率或投资报酬率,主要用来衡量企业利用资产获取利润的能力,它反映企业总资产的利用效率。其计算公式为:

$$资产收益率 = \frac{净利润}{资产平均总额} \times 100\% \tag{9.31}$$

资产收益率越高,表明企业的获利能力越强;反之,则企业的获利能力越弱。

3. 权益净利率

权益净利率又称净资产收益率、股东权益报酬率,它反映 1 元股东资本获取的净收益,可以衡量企业的总体盈利能力。其计算公式为:

$$权益净利率 = \frac{净利润}{股东权益平均总额} \times 100\%$$

$$=\frac{净利润}{销售收入}\times\frac{销售收入}{资产平均总额}\times\frac{资产平均总额}{股东权益平均总额}$$

$$=销售净利率\times总资产周转率\times权益乘数 \tag{9.32}$$

企业从事财务管理活动的最终目标是实现股东财富最大化。从静态角度来讲，首先就是要最大限度地提高权益净利率。因此，该指标是企业盈利能力指标的核心，也是整个财务指标体系的核心。该比率越高，说明企业的盈利能力越强。

（四）上市公司盈利能力分析

投资者在对上市公司进行财务分析时，除需要对前述基本财务比率进行分析和评价外，还应对反映股票投资价值的特定财务比率进行分析评价。特定财务指标主要有以下几种：

1. 每股盈余

每股盈余又称每股收益，是公司一定期间（如半年、一年）的净收益与期末普通股股数之比。它是评估一家上市公司经营绩效以及不同公司运行情况的重要指标。其计算公式为：

$$每股盈余=\frac{净利润-优先股股利}{期末流通在外的普通股股数} \tag{9.33}$$

该指标反映普通股的获利水平，指标值越高，表明每股可获得的利润越多，股东的投资效益越好。

2. 每股股利

每股股利是公司股利总额与期末流通在外的普通股股数之比。其计算公式为：

$$每股股利=\frac{股利总额}{期末流通在外的普通股股数} \tag{9.34}$$

在具体应用该比率时，应注意以下几点：

（1）在计算该比率时，分母仅限于普通股股数，分子也仅限于普通股股利，而不包括优先股股数及其应分配的股利。

（2）当每股盈余一定时，每股股利的高低取决于多种因素，如公司的投资机会、资产流动性、举债能力、现金流量、股利分配政策以及累计未分配利润等。因此，在评价该项指标时，投资者应全面分析，综合考察，以便能够客观地评价公司股票的投资价值。

（3）投资者在利用该指标进行投资收益预测时，应注意前后各期进行比较，以了解股利分配是否在各个期间上具有连续性和稳定性，谨防以偏概全而影响收益预测和投资决策的正确性。

3. 市盈率

市盈率是股票市场价格与每股盈余之比，即：

$$市盈率=\frac{每股市价}{每股盈余} \tag{9.35}$$

市盈率是股票市场上反映股票投资价值的首选指标。该比率反映了投资者对公司股票未来投资收益和风险的预期，即投资者对公司预期收益能力越看好，其股票的市盈率越高，表明公司股票的投资价值就越大；反之，则为低值股票。

在运用该比率评价时，应注意以下几点：

（1）该比率的应用前提是每股盈余维持在一定的水平之上。若每股盈余很小或者亏损时，由于市价不会降为零，因此市盈率将会很高，而此时过高的市盈率却不能说明任何问题。

（2）该比率具有两个缺陷：①股票价值的高低取决于多种因素。其中，既有公司内在的获利因素，也有很多投机性的非理性因素，这就使得股票价未能代表其内在投资价值，甚至可能大幅度地偏离其内在价值。②获取信息的有限性和不完整性，可能导致投资者对公司的获利潜力的错误估计，从而使股票市价偏离其真实价值。

（3）市盈率一方面反映了投资者对公司股票投资价值的预期，另一方面又能说明按现行市价投资于股票的收益性和风险性。具体地说，当每股盈余一定时，市盈率越高，投资者的投资风险越大，期望获得的投资报酬率就越高；反之，则表明投资风险小，投资者期望获得的投资报酬率低。

因此，在评价公司股票的投资价值时，不能简单地把市盈率的高低作为选择股票投资的标准。投资者不仅要权衡收益和风险，而且应该将股票的市盈率在不同期间以及同行业不同公司之间进行比较，或与行业平均市盈率比较，从比较的差异中确定其投资价值。

4. 每股净资产

每股净资产是期末股东权益与期末流通在外的普通股股数的比率，即：

$$每股净资产=\frac{期末股东权益}{期末流通在外的普通股股数} \tag{9.36}$$

该比率用于说明公司股票的现实财富含量（含金量）。该比率越高，表明公司股票的财富量越高，内在价值越大；反之，则表明股票财富含量低，内在价值小。

在评价该比率时，投资者应结合市价进行分析，即利用市净率指标进行分析。其计算公式为：

$$市净率=\frac{每股市价}{每股净资产} \tag{9.37}$$

市净率大于1，即每股市价高于每股净资产，表明投资者对公司未来的发展前景看好，其股票有投资价值；反之，市净率小于1，表明公司发展前景暗淡，投资者缺乏信心。

5. 留存收益率

留存收益率是企业留存收益与企业净利润的比率。其计算公式为：

$$留存收益率=\frac{净利润-全部股利}{净利润}\times100\% \tag{9.38}$$

留存收益包括法定盈余公积金、公益金和任意盈余公积金等，它不是每年累计下来的盈利，而是当年利润留存下来的部分。全部股利包括优先股股利和普通股股利。

留存收益用于衡量当期净利润总额中有多大的比例留存在企业用于发展，它体现了企业的经营发展方针。从长远利益考虑，为内部融资积累资金以扩大经营规模，留存收益率应适当大些；如果可以通过其他方式筹集资金，那么为了不影响投资者当期利益，留存收益应小些。

6. 股利支付率

股利支付率是普通股每股股利与每股盈余的比率。其计算公式为：

$$股利支付率=\frac{每股股利}{每股盈余}\times 100\% \tag{9.39}$$

该比率反映普通股股东从每股盈余中得到多少。这一指标比每股盈余更能直接体现当期利益，与投资者的关系更为密切。但每股支付并没有一个固定标准，还要受到公司的股利分配政策的影响。

三、财务综合分析评价

杜邦财务分析方法是由美国杜邦公司经理人员创造的一种综合财务分析方法。该方法以权益净利率为起点。它是评价企业绩效最具综合性和代表性的指标，按从综合到具体的逻辑关系层层分解到企业最基本生产要素的使用、成本与费用的构成。其分解方法如图 9-2 所示。

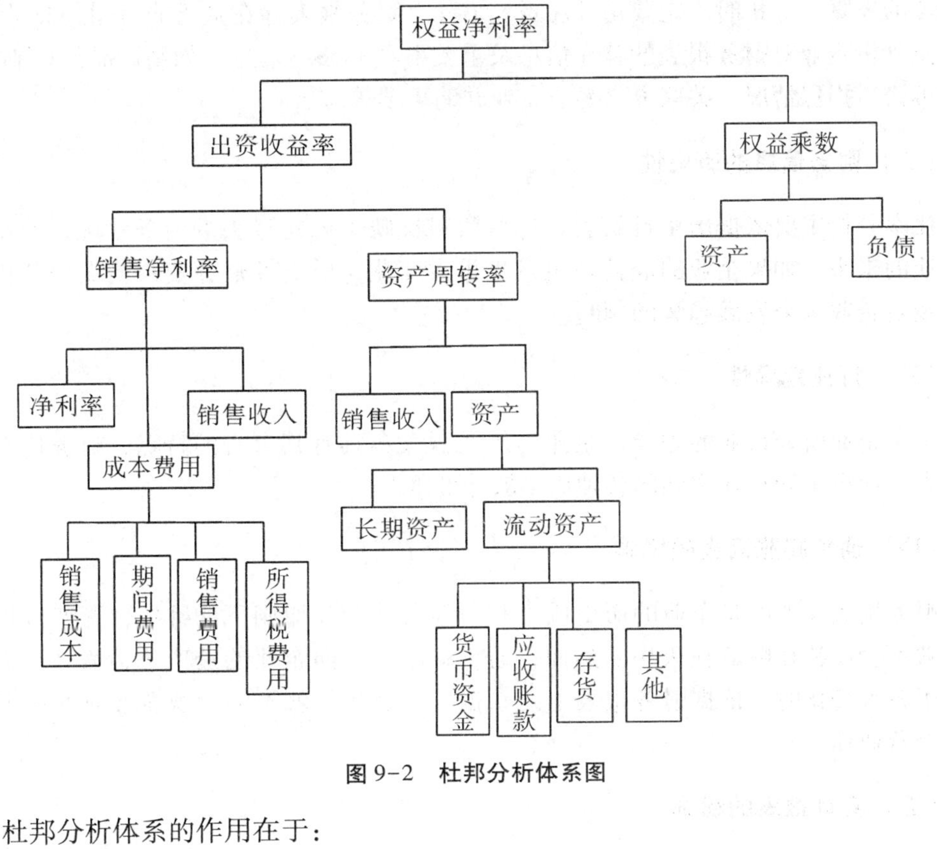

图 9-2　杜邦分析体系图

杜邦分析体系的作用在于：

（1）解释财务指标变动的原因，为财务分析和财务控制提供依据。

（2）为提高公司权益金利率，实现股东财富增长目标指明了可采取的途径，即：①扩大收入，控制成本费用，并确保销售收入的增长幅度高于成本和费用的增长幅度；②提高总资产周转率，即在现有资产的基础上增加销售收入，或在现有收入的基础上减少资产；③在不危及公司财务安全的前提下，增加债务规模，提高负债比率。

（3）为财务预算的编制和预算指标的分解提供了基本思路和方法。杜邦财务分析体系是从股东财富最大化的目标出发，以反映股东财富水平的权益净利率为起点，进行层层分解的体系。其主要作用在于揭示权益净利率的构成要素以及影响权益净利率变动的主要因素，进而提高权益净利率，实现股东财富最大化目标。因此，在预算编制时，企业可以采用该方法对财务指标层层分解，使预算指标间符合钩稽关系，预算编制条理清晰。

四、财务分析应注意的问题

财务分析可以提供企业财务状况和经营业绩方面的重要信息，但财务分析也存在局限性。在进行财务分析时应注意以下问题：

（一）财务报表中的信息质量

财务分析以财务报表为基础，财务报表中的信息一般经过企业的提炼和综合，或多或少带有企业的主观色彩。企业诚信度和采用的会计处理方法均会造成财务信息一定程度的失真，分析时一定要格外注意。另外，财务报表存在缺乏非货币信息的缺陷，应注意分析企业对财务报表的补充信息及重要事项的披露信息，如新产品的研制情况，重大诉讼、担保情况，关联方交易、企业并购事项等。

（二）财务信息的历史性

比率分析主要依据历史性资料，这些资料反映了公司过去的财务状况，并不能代表企业的未来。如果企业的经营环境发生重大变化，历史性财务资料会误导分析的方向以及对企业未来发展趋势的判断。

（三）行业差异性

由于企业所处行业的差异，企业生产经营大多具有其自身的特点，财务比率也相差很大，使得不同行业之间的各种比率缺乏可比性。

（四）通货膨胀因素的影响

财务报表反映的是企业的历史成本和一般公认会计原则下的数据，资产价格的变化一般不会反映在财务报表中。然而，通货膨胀会歪曲企业的资产负债表。当资产价值发生较大变化时，依据财务报表上的数据进行分析，就不能反映企业真实的财务状况和经营业绩。

（五）会计报表的粉饰

企业尤其是上市公司为了自身利益，会利用各种手段进行会计报表的粉饰。企业对会计报表进行粉饰主要包括粉饰经营业绩和粉饰财务状况。粉饰经营业绩主要体现在利润指标上，粉饰财务状况主要体现在资产指标上。

公司主要利用资产重组、关联方交易、会计政策和会计估计变更、利息资本化、时间差、股权投资、虚拟资产等来调增或调减利润。

粉饰财务状况主要通过高估资产和低估负债两种手段。当公司进行对外投资时，往往倾向于高估资产，以便获得较大比例的股权，如虚拟资产长期挂账。利用利息费用资本化、资产溢价转让，提高当期收益、以不良资产对外投资，高估其价值、虚拟业务交易和利润等来高估资产。当公司需要向银行贷款或者是发行债券时，公司为了证明其财务风险较低，通常有低估负债的欲望，通过账外设账或将负债隐藏在关联企业。这样就可以大大降低上市公司的资产负债率，提高公司的偿债能力，进而实现其借款目的。

在进行财务分析时，投资者一定要识别会计报表粉饰的手段，去伪存真，还原公司真实的利润水平和财务状况。

附录　时间价值系数表

附表一：复利终值系数表 1-1（$F/P,i,n$）

计算公式：$f=(1+i)^n$

期数	1%	2%	3%	4%	5%	6%	7%	8%	9%	10%
1	1.010 0	1.020 0	1.030 0	1.040 0	1.050 0	1.060 0	1.070 0	1.080 0	1.090 0	1.100 0
2	1.020 1	1.040 4	1.060 9	1.081 6	1.102 5	1.123 6	1.144 9	1.166 4	1.188 1	1.210 0
3	1.030 3	1.061 2	1.092 7	1.124 9	1.157 6	1.191 0	1.225 0	1.259 7	1.295 0	1.331 0
4	1.040 6	1.082 4	1.125 5	1.169 9	1.215 5	1.262 5	1.310 8	1.360 5	1.411 6	1.464 1
5	1.051 0	1.104 1	1.159 3	1.216 7	1.276 3	1.338 2	1.402 6	1.469 3	1.538 6	1.610 5
6	1.061 5	1.126 2	1.194 1	1.265 3	1.340 1	1.418 5	1.500 7	1.586 9	1.677 1	1.771 6
7	1.072 1	1.148 7	1.229 9	1.315 9	1.407 1	1.503 6	1.605 8	1.713 8	1.828 0	1.948 7
8	1.082 9	1.171 7	1.266 8	1.368 6	1.477 5	1.593 8	1.718 2	1.850 9	1.992 6	2.143 6
9	1.093 7	1.195 1	1.304 8	1.423 3	1.551 3	1.689 5	1.838 5	1.999 0	2.171 9	2.357 9
10	1.104 6	1.219 0	1.343 9	1.480 2	1.628 9	1.790 8	1.967 2	2.158 9	2.367 4	2.593 7
11	1.115 7	1.243 4	1.384 2	1.539 5	1.710 3	1.898 3	2.104 9	2.331 6	2.580 4	2.853 1
12	1.126 8	1.268 2	1.425 8	1.601 0	1.795 9	2.012 2	2.252 2	2.518 2	2.812 7	3.138 4
13	1.138 1	1.293 6	1.468 5	1.665 1	1.885 6	2.132 9	2.409 8	2.719 6	3.065 8	3.452 3
14	1.149 5	1.319 5	1.512 6	1.731 7	1.979 9	2.260 9	2.578 5	2.937 2	3.341 7	3.797 5
15	1.161 0	1.345 9	1.558 0	1.800 9	2.078 9	2.396 6	2.759 0	3.172 2	3.642 5	4.177 2
16	1.172 6	1.372 8	1.604 7	1.873 0	2.182 9	2.540 4	2.952 2	3.425 9	3.970 3	4.595 0
17	1.184 3	1.400 2	1.652 8	1.947 9	2.292 0	2.692 8	3.158 8	3.700 0	4.327 6	5.054 5
18	1.196 1	1.428 2	1.702 4	2.025 8	2.406 6	2.854 3	3.379 9	3.996 0	4.717 1	5.559 9
19	1.208 1	1.456 8	1.753 5	2.106 8	2.527 0	3.025 6	3.616 5	4.315 7	5.141 7	6.115 9
20	1.220 2	1.485 9	1.806 1	2.191 1	2.653 3	3.207 1	3.869 7	4.661 0	5.604 4	6.727 5
21	1.232 4	1.515 7	1.860 3	2.278 8	2.786 0	3.399 6	4.140 6	5.033 8	6.108 8	7.400 2
22	1.244 7	1.546 0	1.916 1	2.369 9	2.925 3	3.603 5	4.430 4	5.436 5	6.658 6	8.140 3
23	1.257 2	1.576 9	1.973 6	2.464 7	3.071 5	3.819 7	4.740 5	5.871 5	7.257 9	8.954 3
24	1.269 7	1.608 4	2.032 8	2.563 3	3.225 1	4.048 9	5.072 4	6.341 2	7.911 1	9.849 7
25	1.282 4	1.640 6	2.093 8	2.665 8	3.386 4	4.291 9	5.427 4	6.848 5	8.623 1	10.834 7
26	1.295 3	1.673 4	2.156 6	2.772 5	3.555 7	4.549 4	5.807 4	7.396 4	9.399 2	11.918 2
27	1.308 2	1.706 9	2.221 3	2.883 4	3.733 5	4.822 3	6.213 9	7.988 1	10.245 1	13.110 0
28	1.321 3	1.741 0	2.287 9	2.998 7	3.920 1	5.111 7	6.648 8	8.627 1	11.167 1	14.421 0
29	1.334 5	1.775 8	2.356 6	3.118 7	4.116 1	5.418 4	7.114 3	9.317 3	12.172 2	15.863 1
30	1.347 8	1.811 4	2.427 3	3.243 4	4.321 9	5.743 5	7.612 3	10.062 7	13.267 7	17.449 4

附表一：复利终值系数表 1-2（$F/P,i,n$）

计算公式：$f=(1+i)^n$

期数	11%	12%	13%	14%	15%	16%	17%	18%	19%	20%
1	1. 110 0	1. 120 0	1. 130 0	1. 140 0	1. 150 0	1. 160 0	1. 170 0	1. 180 0	1. 190 0	1. 200 0
2	1. 232 1	1. 254 4	1. 276 9	1. 299 6	1. 322 5	1. 345 6	1. 368 9	1. 392 4	1. 416 1	1. 440 0
3	1. 367 6	1. 404 9	1. 442 9	1. 481 5	1. 520 9	1. 560 9	1. 601 6	1. 643 0	1. 685 2	1. 728 0
4	1. 518 1	1. 573 5	1. 630 5	1. 689 0	1. 749 0	1. 810 6	1. 873 9	1. 938 8	2. 005 3	2. 073 6
5	1. 685 1	1. 762 3	1. 842 4	1. 925 4	2. 011 4	2. 100 3	2. 192 4	2. 287 8	2. 386 4	2. 488 3
6	1. 870 4	1. 973 8	2. 082 0	2. 195 0	2. 313 1	2. 436 4	2. 565 2	2. 699 6	2. 839 8	2. 986 0
7	2. 076 2	2. 210 7	2. 352 6	2. 502 3	2. 660 0	2. 826 2	3. 001 2	3. 185 5	3. 379 3	3. 583 2
8	2. 304 5	2. 476 0	2. 658 4	2. 852 6	3. 059 0	3. 278 4	3. 511 5	3. 758 9	4. 021 4	4. 299 8
9	2. 558 0	2. 773 1	3. 004 0	3. 251 9	3. 517 9	3. 803 0	4. 108 4	4. 435 5	4. 785 4	5. 159 8
10	2. 839 4	3. 105 8	3. 394 6	3. 707 2	4. 045 6	4. 411 4	4. 806 8	5. 233 8	5. 694 7	6. 191 7
11	3. 151 8	3. 478 6	3. 835 9	4. 226 2	4. 652 4	5. 117 3	5. 624 0	6. 175 9	6. 776 7	7. 430 1
12	3. 498 5	3. 896 0	4. 334 5	4. 817 9	5. 350 3	5. 936 0	6. 580 1	7. 287 6	8. 064 2	8. 916 1
13	3. 883 3	4. 363 5	4. 898 0	5. 492 4	6. 152 8	6. 885 8	7. 698 7	8. 599 4	9. 596 4	10. 699 3
14	4. 310 4	4. 887 1	5. 534 8	6. 261 3	7. 075 7	7. 987 5	9. 007 5	10. 147 2	11. 419 8	12. 839 2
15	4. 784 6	5. 473 6	6. 254 3	7. 137 9	8. 137 1	9. 265 5	10. 538 7	11. 973 7	13. 589 5	15. 407 0
16	5. 310 9	6. 130 4	7. 067 3	8. 137 2	9. 357 6	10. 748 0	12. 330 3	14. 129 0	16. 171 5	18. 488 4
17	5. 895 1	6. 866 0	7. 986 1	9. 276 5	10. 761 3	12. 467 7	14. 426 5	16. 672 2	19. 244 1	22. 186 1
18	6. 543 6	7. 690 0	9. 024 3	10. 575 2	12. 375 5	14. 462 5	16. 879 0	19. 673 3	22. 900 5	26. 623 3
19	7. 263 3	8. 612 8	10. 197 4	12. 055 7	14. 231 8	16. 776 5	19. 748 4	23. 214 4	27. 251 6	31. 948 0
20	8. 062 3	9. 646 3	11. 523 1	13. 743 5	16. 366 5	19. 460 8	23. 105 6	27. 393 0	32. 429 4	38. 337 6
21	8. 949 2	10. 803 8	13. 021 1	15. 667 6	18. 821 5	22. 574 5	27. 033 6	32. 323 8	38. 591 0	46. 005 1
22	9. 933 6	12. 100 3	14. 713 8	17. 861 0	21. 644 7	26. 186 4	31. 629 3	38. 142 1	45. 923 3	55. 206 1
23	11. 026 3	13. 552 3	16. 626 6	20. 361 6	24. 891 5	30. 376 2	37. 006 2	45. 007 6	54. 648 7	66. 247 4
24	12. 239 2	15. 178 6	18. 788 1	23. 212 2	28. 625 2	35. 236 4	43. 297 3	53. 109 0	65. 032 0	79. 496 8
25	13. 585 5	17. 000 1	21. 230 5	26. 461 9	32. 919 0	40. 874 2	50. 657 8	62. 668 6	77. 388 1	95. 396 2
26	15. 079 9	19. 040 1	23. 990 5	30. 166 6	37. 856 8	47. 414 1	59. 269 7	73. 949 0	92. 091 8	114. 475 5
27	16. 738 7	21. 324 9	27. 109 3	34. 389 9	43. 535 3	55. 000 4	69. 345 5	87. 259 8	109. 589 3	137. 370 6
28	18. 579 9	23. 883 9	30. 633 5	39. 204 5	50. 065 6	63. 800 4	81. 134 2	102. 966 6	130. 411 2	164. 844 7
29	20. 623 7	26. 749 9	34. 615 8	44. 693 1	57. 575 5	74. 008 5	94. 927 1	121. 500 5	155. 189 3	197. 813 6
30	22. 892 3	29. 959 9	39. 115 9	50. 950 2	66. 211 8	85. 849 9	111. 064 7	143. 370 6	184. 675 3	237. 376 3

附表一：复利终值系数表 1-3（$F/P,i,n$）

计算公式：$f=(1+i)^n$

期数	21%	22%	23%	24%	25%	26%	27%	28%	29%	30%
1	1.210 0	1.220 0	1.230 0	1.240 0	1.250 0	1.260 0	1.270 0	1.280 0	1.290 0	1.300 0
2	1.464 1	1.488 4	1.512 9	1.537 6	1.562 5	1.587 6	1.612 9	1.638 4	1.664 1	1.690 0
3	1.771 6	1.815 8	1.860 9	1.906 6	1.953 1	2.000 4	2.048 4	2.097 2	2.146 7	2.197 0
4	2.143 6	2.215 3	2.288 9	2.364 2	2.441 4	2.520 5	2.601 4	2.684 4	2.769 2	2.856 1
5	2.593 7	2.702 7	2.815 3	2.931 6	3.051 8	3.175 8	3.303 8	3.436 0	3.572 3	3.712 9
6	3.138 4	3.297 3	3.462 8	3.635 2	3.814 7	4.001 5	4.195 9	4.398 0	4.608 3	4.826 8
7	3.797 5	4.022 7	4.259 3	4.507 7	4.768 4	5.041 9	5.328 8	5.629 5	5.944 7	6.274 9
8	4.595 0	4.907 7	5.238 9	5.589 5	5.960 5	6.352 8	6.767 5	7.205 8	7.668 6	8.157 3
9	5.559 9	5.987 4	6.443 9	6.931 0	7.450 6	8.004 5	8.594 8	9.223 4	9.892 5	10.604 5
10	6.727 5	7.304 6	7.925 9	8.594 4	9.313 2	10.085 7	10.915 3	11.805 9	12.761 4	13.785 8
11	8.140 3	8.911 7	9.748 9	10.657 1	11.641 5	12.708 0	13.862 5	15.111 6	16.462 2	17.921 6
12	9.849 7	10.872 2	11.991 2	13.214 8	14.551 9	16.012 0	17.605 3	19.342 8	21.236 2	23.298 1
13	11.918 2	13.264 1	14.749 1	16.386 3	18.189 9	20.175 2	22.358 8	24.758 8	27.394 7	30.287 5
14	14.421 0	16.182 2	18.141 4	20.319 1	22.737 4	25.420 7	28.395 7	31.691 3	35.339 1	39.373 8
15	17.449 4	19.742 3	22.314 0	25.195 6	28.421 7	32.030 1	36.062 5	40.564 8	45.587 5	51.185 9
16	21.113 8	24.085 6	27.446 2	31.242 6	35.527 1	40.357 9	45.799 4	51.923 0	58.807 9	66.541 7
17	25.547 7	29.384 4	33.758 8	38.740 8	44.408 9	50.851 0	58.165 2	66.461 4	75.862 1	86.504 2
18	30.912 7	35.849 0	41.523 3	48.038 6	55.511 2	64.072 2	73.869 8	85.070 6	97.862 2	112.455 4
19	37.404 3	43.735 8	51.073 7	59.567 9	69.388 9	80.731 0	93.814 7	108.890 4	126.242 2	146.192 0
20	45.259 3	53.357 6	62.820 6	73.864 1	86.736 2	101.721 1	119.144 6	139.379 7	162.852 4	190.049 6
21	54.763 7	65.096 3	77.269 4	91.591 5	108.420 2	128.168 5	151.313 7	178.406 0	210.079 6	247.064 5
22	66.264 1	79.417 5	95.041 3	113.573 5	135.525 3	161.492 4	192.168 3	228.359 6	271.002 7	321.183 9
23	80.179 5	96.889 4	116.900 8	140.831 2	169.406 6	203.480 4	244.053 8	292.300 3	349.593 5	417.539 1
24	97.017 2	118.205 0	143.788 0	174.630 6	211.758 2	256.385 3	309.948 3	374.144 4	450.975 6	542.800 8
25	117.390 9	144.210 1	176.859 3	216.542 0	264.697 8	323.045 4	393.634 4	478.904 9	581.758 5	705.641 0
26	142.042 9	175.936 4	217.536 9	268.512 1	330.872 2	407.037 3	499.915 7	612.998 2	750.468 5	917.333 3
27	171.871 9	214.642 4	267.570 4	332.955 0	413.590 3	512.867 0	634.892 9	784.637 7	968.104 4	1 192.533 3
28	207.965 1	261.863 7	329.111 5	412.864 2	516.987 9	646.212 4	806.314 0	1 004.336 3	1 248.854 6	1 550.293 3
29	251.637 7	319.473 7	404.807 2	511.951 6	646.234 9	814.227 6	1 024.018 7	1 285.550 4	1 611.022 5	2 015.381 3
30	304.481 6	389.757 9	497.912 9	634.819 9	807.793 6	1 025.926 7	1 300.503 8	1 645.504 6	2 078.219 0	2 619.995 6

附表二：复利现值系数表 2-1（$P/F,i,n$）

计算公式：$f=(1+i)^{-n}$

期数	1%	2%	3%	4%	5%	6%	7%	8%	9%	10%
1	0.990 1	0.980 4	0.970 9	0.961 5	0.952 4	0.943 4	0.934 6	0.925 9	0.917 4	0.909 1
2	0.980 3	0.961 2	0.942 6	0.924 6	0.907 0	0.890 0	0.873 4	0.857 3	0.841 7	0.826 4
3	0.970 6	0.942 3	0.915 1	0.889 0	0.863 8	0.839 6	0.816 3	0.793 8	0.772 2	0.751 3
4	0.961 0	0.923 8	0.888 5	0.854 8	0.822 7	0.792 1	0.762 9	0.735 0	0.708 4	0.683 0
5	0.951 5	0.905 7	0.862 6	0.821 9	0.783 5	0.747 3	0.713 0	0.680 6	0.649 9	0.620 9
6	0.942 0	0.888 0	0.837 5	0.790 3	0.746 2	0.705 0	0.666 3	0.630 2	0.596 3	0.564 5
7	0.932 7	0.870 6	0.813 1	0.759 9	0.710 7	0.665 1	0.622 7	0.583 5	0.547 0	0.513 2
8	0.923 5	0.853 5	0.789 4	0.730 7	0.676 8	0.627 4	0.582 0	0.540 3	0.501 9	0.466 5
9	0.914 3	0.836 8	0.766 4	0.702 6	0.644 6	0.591 9	0.543 9	0.500 2	0.460 4	0.424 1
10	0.905 3	0.820 3	0.744 1	0.675 6	0.613 9	0.558 4	0.508 3	0.463 2	0.422 4	0.385 5
11	0.896 3	0.804 3	0.722 4	0.649 6	0.584 7	0.526 8	0.475 1	0.428 9	0.387 5	0.350 5
12	0.887 4	0.788 5	0.701 4	0.624 6	0.556 8	0.497 0	0.444 0	0.397 1	0.355 5	0.318 6
13	0.878 7	0.773 0	0.681 0	0.600 6	0.530 3	0.468 8	0.415 0	0.367 7	0.326 2	0.289 7
14	0.870 0	0.757 9	0.661 1	0.577 5	0.505 1	0.442 3	0.387 8	0.340 5	0.299 2	0.263 3
15	0.861 3	0.743 0	0.641 9	0.555 3	0.481 0	0.417 3	0.362 4	0.315 2	0.274 5	0.239 4
16	0.852 8	0.728 4	0.623 2	0.533 9	0.458 1	0.393 6	0.338 7	0.291 9	0.251 9	0.217 6
17	0.844 4	0.714 2	0.605 0	0.513 4	0.436 3	0.371 4	0.316 6	0.270 3	0.231 1	0.197 8
18	0.836 0	0.700 2	0.587 4	0.493 6	0.415 5	0.350 3	0.295 9	0.250 2	0.212 0	0.179 9
19	0.827 7	0.686 4	0.570 3	0.474 6	0.395 7	0.330 5	0.276 5	0.231 7	0.194 5	0.163 5
20	0.819 5	0.673 0	0.553 7	0.456 4	0.376 9	0.311 8	0.258 4	0.214 5	0.178 4	0.148 6
21	0.811 4	0.659 8	0.537 5	0.438 8	0.358 9	0.294 2	0.241 5	0.198 7	0.163 7	0.135 1
22	0.803 4	0.646 8	0.521 9	0.422 0	0.341 8	0.277 5	0.225 7	0.183 9	0.150 2	0.122 8
23	0.795 4	0.634 2	0.506 7	0.405 7	0.325 6	0.261 8	0.210 9	0.170 3	0.137 8	0.111 7
24	0.787 6	0.621 7	0.491 9	0.390 1	0.310 1	0.247 0	0.197 1	0.157 7	0.126 4	0.101 5
25	0.779 8	0.609 5	0.477 6	0.375 1	0.295 3	0.233 0	0.184 2	0.146 0	0.116 0	0.092 3
26	0.772 0	0.597 6	0.463 7	0.360 7	0.281 2	0.219 8	0.172 2	0.135 2	0.106 4	0.083 9
27	0.764 4	0.585 9	0.450 2	0.346 8	0.267 8	0.207 4	0.160 9	0.125 2	0.097 6	0.076 3
28	0.756 8	0.574 4	0.437 1	0.333 5	0.255 1	0.195 6	0.150 4	0.115 9	0.089 5	0.069 3
29	0.749 3	0.563 1	0.424 3	0.320 7	0.242 9	0.184 6	0.140 6	0.107 3	0.082 2	0.063 0
30	0.741 9	0.552 1	0.412 0	0.308 3	0.231 4	0.174 1	0.131 4	0.099 4	0.075 4	0.057 3

附表二：复利现值系数表 2-2（$P/F, i, n$）

计算公式：$f=(1+i)^{-n}$

期数	11%	12%	13%	14%	15%	16%	17%	18%	19%	20%
1	0.900 9	0.892 9	0.885 0	0.877 2	0.869 6	0.862 1	0.854 7	0.847 5	0.840 3	0.833 3
2	0.811 6	0.797 2	0.783 1	0.769 5	0.756 1	0.743 2	0.730 5	0.718 2	0.706 2	0.694 4
3	0.731 2	0.711 8	0.693 1	0.675 0	0.657 5	0.640 7	0.624 4	0.608 6	0.593 4	0.578 7
4	0.658 7	0.635 5	0.613 3	0.592 1	0.571 8	0.552 3	0.533 7	0.515 8	0.498 7	0.482 3
5	0.593 5	0.567 4	0.542 8	0.519 4	0.497 2	0.476 1	0.456 1	0.437 1	0.419 0	0.401 9
6	0.534 6	0.506 6	0.480 3	0.455 6	0.432 3	0.410 4	0.389 8	0.370 4	0.352 1	0.334 9
7	0.481 7	0.452 3	0.425 1	0.399 6	0.375 9	0.353 8	0.333 2	0.313 9	0.295 9	0.279 1
8	0.433 9	0.403 9	0.376 2	0.350 6	0.326 9	0.305 0	0.284 8	0.266 0	0.248 7	0.232 6
9	0.390 9	0.360 6	0.332 9	0.307 5	0.284 3	0.263 0	0.243 4	0.225 5	0.209 0	0.193 8
10	0.352 2	0.322 0	0.294 6	0.269 7	0.247 2	0.226 7	0.208 0	0.191 1	0.175 6	0.161 5
11	0.317 3	0.287 5	0.260 7	0.236 6	0.214 9	0.195 4	0.177 8	0.161 9	0.147 6	0.134 6
12	0.285 8	0.256 7	0.230 7	0.207 6	0.186 9	0.168 5	0.152 0	0.137 2	0.124 0	0.112 2
13	0.257 5	0.229 2	0.204 2	0.182 1	0.162 5	0.145 2	0.129 9	0.116 3	0.104 2	0.093 5
14	0.232 0	0.204 6	0.180 7	0.159 7	0.141 3	0.125 2	0.111 0	0.098 5	0.087 6	0.077 9
15	0.209 0	0.182 7	0.159 9	0.140 1	0.122 9	0.107 9	0.094 9	0.083 5	0.073 6	0.064 9
16	0.188 3	0.163 1	0.141 5	0.122 9	0.106 9	0.093 0	0.081 1	0.070 8	0.061 8	0.054 1
17	0.169 6	0.145 6	0.125 2	0.107 8	0.092 9	0.080 2	0.069 3	0.060 0	0.052 0	0.045 1
18	0.152 8	0.130 0	0.110 8	0.094 6	0.080 8	0.069 1	0.059 2	0.050 8	0.043 7	0.037 6
19	0.137 7	0.116 1	0.098 1	0.082 9	0.070 3	0.059 6	0.050 6	0.043 1	0.036 7	0.031 3
20	0.124 0	0.103 7	0.086 8	0.072 8	0.061 1	0.051 4	0.043 3	0.036 5	0.030 8	0.026 1
21	0.111 7	0.092 6	0.076 8	0.063 8	0.053 1	0.044 3	0.037 0	0.030 9	0.025 9	0.021 7
22	0.100 7	0.082 6	0.068 0	0.056 0	0.046 2	0.038 2	0.031 6	0.026 2	0.021 8	0.018 1
23	0.090 7	0.073 8	0.060 1	0.049 1	0.040 2	0.032 9	0.027 0	0.022 2	0.018 3	0.015 1
24	0.081 7	0.065 9	0.053 2	0.043 1	0.034 9	0.028 4	0.023 1	0.018 8	0.015 4	0.012 6
25	0.073 6	0.058 8	0.047 1	0.037 8	0.030 4	0.024 5	0.019 7	0.016 0	0.012 9	0.010 5
26	0.066 3	0.052 5	0.041 7	0.033 1	0.026 4	0.021 1	0.016 9	0.013 5	0.010 9	0.008 7
27	0.059 7	0.046 9	0.036 9	0.029 1	0.023 0	0.018 2	0.014 4	0.011 5	0.009 1	0.007 3
28	0.053 8	0.041 9	0.032 6	0.025 5	0.020 0	0.015 7	0.012 3	0.009 7	0.007 7	0.006 1
29	0.048 5	0.037 4	0.028 9	0.022 4	0.017 4	0.013 5	0.010 5	0.008 2	0.006 4	0.005 1
30	0.043 7	0.033 4	0.025 6	0.019 6	0.015 1	0.011 6	0.009 0	0.007 0	0.005 4	0.004 2

附表二：复利现值系数表 2-3（$P/F,i,n$）

计算公式：$f=(1+i)^{-n}$

期数	21%	22%	23%	24%	25%	26%	27%	28%	29%	30%
1	0.826 4	0.819 7	0.813 0	0.806 5	0.800 0	0.793 7	0.787 4	0.781 3	0.775 2	0.769 2
2	0.683 0	0.671 9	0.661 0	0.650 4	0.640 0	0.629 9	0.620 0	0.610 4	0.600 9	0.591 7
3	0.564 5	0.550 7	0.537 4	0.524 5	0.512 0	0.499 9	0.488 2	0.476 8	0.465 8	0.455 2
4	0.466 5	0.451 4	0.436 9	0.423 0	0.409 6	0.396 8	0.384 4	0.372 5	0.361 1	0.350 1
5	0.385 5	0.370 0	0.355 2	0.341 1	0.327 7	0.314 9	0.302 7	0.291 0	0.279 9	0.269 3
6	0.318 6	0.303 3	0.288 8	0.275 1	0.262 1	0.249 9	0.238 3	0.227 4	0.217 0	0.207 2
7	0.263 3	0.248 6	0.234 8	0.221 8	0.209 7	0.198 3	0.187 7	0.177 6	0.168 2	0.159 4
8	0.217 6	0.203 8	0.190 9	0.178 9	0.167 8	0.157 4	0.147 8	0.138 8	0.130 4	0.122 6
9	0.179 9	0.167 0	0.155 2	0.144 3	0.134 2	0.124 9	0.116 4	0.108 4	0.101 1	0.094 3
10	0.148 6	0.136 9	0.126 2	0.116 4	0.107 4	0.099 2	0.091 6	0.084 7	0.078 4	0.072 5
11	0.122 8	0.112 2	0.102 6	0.093 8	0.085 9	0.078 7	0.072 1	0.066 2	0.060 7	0.055 8
12	0.101 5	0.092 0	0.083 4	0.075 7	0.068 7	0.062 5	0.056 8	0.051 7	0.047 1	0.042 9
13	0.083 9	0.075 4	0.067 8	0.061 0	0.055 0	0.049 6	0.044 7	0.040 4	0.036 5	0.033 0
14	0.069 3	0.061 8	0.055 1	0.049 2	0.044 0	0.039 3	0.035 2	0.031 6	0.028 3	0.025 4
15	0.057 3	0.050 7	0.044 8	0.039 7	0.035 2	0.031 2	0.027 7	0.024 7	0.021 9	0.019 5
16	0.047 4	0.041 5	0.036 4	0.032 0	0.028 1	0.024 8	0.021 8	0.019 3	0.017 0	0.015 0
17	0.039 1	0.034 0	0.029 6	0.025 8	0.022 5	0.019 7	0.017 2	0.015 0	0.013 2	0.011 6
18	0.032 3	0.027 9	0.024 1	0.020 8	0.018 0	0.015 6	0.013 5	0.011 8	0.010 2	0.008 9
19	0.026 7	0.022 9	0.019 6	0.016 8	0.014 4	0.012 4	0.010 7	0.009 2	0.007 9	0.006 8
20	0.022 1	0.018 7	0.015 9	0.013 5	0.011 5	0.009 8	0.008 4	0.007 2	0.006 1	0.005 3
21	0.018 3	0.015 4	0.012 9	0.010 9	0.009 2	0.007 8	0.006 6	0.005 6	0.004 8	0.004 0
22	0.015 1	0.012 6	0.010 5	0.008 8	0.007 4	0.006 2	0.005 2	0.004 4	0.003 7	0.003 1
23	0.012 5	0.010 3	0.008 6	0.007 1	0.005 9	0.004 9	0.004 1	0.003 4	0.002 9	0.002 4
24	0.010 3	0.008 5	0.007 0	0.005 7	0.004 7	0.003 9	0.003 2	0.002 7	0.002 2	0.001 8
25	0.008 5	0.006 9	0.005 7	0.004 6	0.003 8	0.003 1	0.002 5	0.002 1	0.001 7	0.001 4
26	0.007 0	0.005 7	0.004 6	0.003 7	0.003 0	0.002 5	0.002 0	0.001 6	0.001 3	0.001 1
27	0.005 8	0.004 7	0.003 7	0.003 0	0.002 4	0.001 9	0.001 6	0.001 3	0.001 0	0.000 8
28	0.004 8	0.003 8	0.003 0	0.002 4	0.001 9	0.001 5	0.001 2	0.001 0	0.000 8	0.000 6
29	0.004 0	0.003 1	0.002 5	0.002 0	0.001 5	0.001 2	0.001 0	0.000 8	0.000 6	0.000 5
30	0.003 3	0.002 6	0.002 0	0.001 6	0.001 2	0.001 0	0.000 8	0.000 6	0.000 5	0.000 4

附表三：年金终值系数表 3-1

(*F/A*, *i*, *n*)

期数	1%	2%	3%	4%	5%	6%	7%	8%	9%	10%
1	1.000 0	1.000 0	1.000 0	1.000 0	1.000 0	1.000 0	1.000 0	1.000 0	1.000 0	1.000 0
2	2.010 0	2.020 0	2.030 0	2.040 0	2.050 0	2.060 0	2.070 0	2.080 0	2.090 0	2.100 0
3	3.030 1	3.060 4	3.090 9	3.121 6	3.152 5	3.183 6	3.214 9	3.246 4	3.278 1	3.310 0
4	4.060 4	4.121 6	4.183 6	4.246 5	4.310 1	4.374 6	4.439 9	4.506 1	4.573 1	4.641 0
5	5.101 0	5.204 0	5.309 1	5.416 3	5.525 6	5.637 1	5.750 7	5.866 6	5.984 7	6.105 1
6	6.152 0	6.308 1	6.468 4	6.633 0	6.801 9	6.975 3	7.153 3	7.335 9	7.523 3	7.715 6
7	7.213 5	7.434 3	7.662 5	7.898 3	8.142 0	8.393 8	8.654 0	8.922 8	9.200 4	9.487 2
8	8.285 7	8.583 0	8.892 3	9.214 2	9.549 1	9.897 5	10.259 8	10.636 6	11.028 5	11.435 9
9	9.368 5	9.754 6	10.159 1	10.582 8	11.026 6	11.491 3	11.978 0	12.487 6	13.021 0	13.579 5
10	10.462 2	10.949 7	11.463 9	12.006 1	12.577 9	13.180 8	13.816 4	14.486 6	15.192 9	15.937 4
11	11.566 8	12.168 7	12.807 8	13.486 4	14.206 8	14.971 6	15.783 6	16.645 5	17.560 3	18.531 2
12	12.682 5	13.412 1	14.192 0	15.025 8	15.917 1	16.869 9	17.888 5	18.977 1	20.140 7	21.384 3
13	13.809 3	14.680 3	15.617 8	16.626 8	17.713 0	18.882 1	20.140 6	21.495 3	22.953 4	24.522 7
14	14.947 4	15.973 9	17.086 3	18.291 9	19.598 6	21.015 1	22.550 5	24.214 9	26.019 2	27.975 0
15	16.096 9	17.293 4	18.598 9	20.023 6	21.578 6	23.276 0	25.129 0	27.152 1	29.360 9	31.772 5
16	17.257 9	18.639 3	20.156 9	21.824 5	23.657 5	25.672 5	27.888 1	30.324 3	33.003 4	35.949 7
17	18.430 4	20.012 1	21.761 6	23.697 5	25.840 4	28.212 9	30.840 2	33.750 2	36.973 7	40.544 7
18	19.614 7	21.412 3	23.414 4	25.645 4	28.132 4	30.905 7	33.999 0	37.450 2	41.301 3	45.599 2
19	20.810 9	22.840 6	25.116 9	27.671 2	30.539 0	33.760 0	37.379 0	41.446 3	46.018 5	51.159 1
20	22.019 0	24.297 4	26.870 4	29.778 1	33.066 0	36.785 6	40.995 5	45.762 0	51.160 1	57.275 0
21	23.239 2	25.783 3	28.676 5	31.969 2	35.719 3	39.992 7	44.865 2	50.422 9	56.764 5	64.002 5
22	24.471 6	27.299 0	30.536 8	34.248 0	38.505 2	43.392 3	49.005 7	55.456 8	62.873 3	71.402 7
23	25.716 3	28.845 0	32.452 9	36.617 9	41.430 5	46.995 8	53.436 1	60.893 3	69.531 9	79.543 0
24	26.973 5	30.421 9	34.426 5	39.082 6	44.502 0	50.815 6	58.176 7	66.764 8	76.789 8	88.497 3
25	28.243 2	32.030 3	36.459 3	41.645 9	47.727 1	54.864 5	63.249 0	73.105 9	84.700 9	98.347 1
26	29.525 6	33.670 9	38.553 0	44.311 7	51.113 5	59.156 4	68.676 5	79.954 4	93.324 0	109.181 8
27	30.820 9	35.344 3	40.709 6	47.084 2	54.669 1	63.705 8	74.483 8	87.350 8	102.723 1	121.099 9
28	32.129 1	37.051 2	42.930 9	49.967 6	58.402 6	68.528 1	80.697 7	95.338 8	112.968 2	134.209 9
29	33.450 4	38.792 2	45.218 9	52.966 3	62.322 7	73.639 8	87.346 5	103.965 9	124.135 4	148.630 9
30	34.784 9	40.568 1	47.575 4	56.084 9	66.438 8	79.058 2	94.460 8	113.283 2	136.307 5	164.494 0

附表三：年金终值系数表 3-2

(*F*/*A*, *i*, *n*)

期数	11%	12%	13%	14%	15%	16%	17%	18%	19%	20%
1	1.000 0	1.000 0	1.000 0	1.000 0	1.000 0	1.000 0	1.000 0	1.000 0	1.000 0	1.000 0
2	2.110 0	2.120 0	2.130 0	2.140 0	2.150 0	2.160 0	2.170 0	2.180 0	2.190 0	2.200 0
3	3.342 1	3.374 4	3.406 9	3.439 6	3.472 5	3.505 6	3.538 9	3.572 4	3.606 1	3.640 0
4	4.709 7	4.779 3	4.849 8	4.921 1	4.993 4	5.066 5	5.140 5	5.215 4	5.291 3	5.368 0
5	6.227 8	6.352 8	6.480 3	6.610 1	6.742 4	6.877 1	7.014 4	7.154 2	7.296 6	7.441 6
6	7.912 9	8.115 2	8.322 7	8.535 5	8.753 7	8.977 5	9.206 8	9.442 0	9.683 0	9.929 9
7	9.783 3	10.089 0	10.404 7	10.730 5	11.066 8	11.413 9	11.772 0	12.141 5	12.522 7	12.915 9
8	11.859 4	12.299 7	12.757 3	13.232 8	13.726 8	14.240 1	14.773 3	15.327 0	15.902 0	16.499 1
9	14.164 0	14.775 7	15.415 7	16.085 3	16.785 8	17.518 5	18.284 7	19.085 9	19.923 4	20.798 9
10	16.722 0	17.548 7	18.419 7	19.337 3	20.303 7	21.321 5	22.393 1	23.521 3	24.708 9	25.958 7
11	19.561 4	20.654 6	21.814 3	23.044 5	24.349 3	25.732 9	27.199 9	28.755 1	30.403 5	32.150 4
12	22.713 2	24.133 1	25.650 2	27.270 7	29.001 7	30.850 2	32.823 9	34.931 1	37.180 2	39.580 5
13	26.211 6	28.029 1	29.984 7	32.088 7	34.351 9	36.786 2	39.404 0	42.218 7	45.244 5	48.496 6
14	30.094 9	32.392 6	34.882 7	37.581 1	40.504 7	43.672 0	47.102 7	50.818 0	54.840 9	59.195 9
15	34.405 4	37.279 7	40.417 5	43.842 4	47.580 4	51.659 5	56.110 1	60.965 3	66.260 7	72.035 1
16	39.189 9	42.753 3	46.671 7	50.980 4	55.717 5	60.925 0	66.648 8	72.939 0	79.850 2	87.442 1
17	44.500 8	48.883 7	53.739 1	59.117 6	65.075 1	71.673 0	78.979 2	87.068 0	96.021 8	105.930 6
18	50.395 9	55.749 7	61.725 1	68.394 1	75.836 4	84.140 7	93.405 6	103.740 3	115.265 9	128.116 7
19	56.939 5	63.439 7	70.749 4	78.969 2	88.211 8	98.603 2	110.284 6	123.413 5	138.166 4	154.740 0
20	64.202 8	72.052 4	80.946 8	91.024 9	102.443 6	115.379 7	130.032 9	146.628 0	165.418 0	186.688 0
21	72.265 1	81.698 7	92.469 9	104.768 4	118.810 1	134.840 5	153.138 5	174.021 0	197.847 4	225.025 6
22	81.214 3	92.502 6	105.491 0	120.436 0	137.631 6	157.415 0	180.172 1	206.344 8	236.438 5	271.030 7
23	91.147 9	104.602 9	120.204 8	138.297 0	159.276 4	183.601 4	211.801 3	244.486 8	282.361 8	326.236 9
24	102.174 2	118.155 2	136.831 5	158.658 6	184.167 8	213.977 6	248.807 6	289.494 5	337.010 5	392.484 2
25	114.413 3	133.333 9	155.619 6	181.870 8	212.793 0	249.214 0	292.104 9	342.603 5	402.042 5	471.981 1
26	127.998 8	150.333 9	176.850 1	208.332 7	245.712 0	290.088 3	342.762 7	405.272 1	479.430 6	567.377 3
27	143.078 6	169.374 0	200.840 6	238.499 3	283.568 8	337.502 4	402.032 3	479.221 1	571.522 4	681.852 8
28	159.817 3	190.698 9	227.949 9	272.889 2	327.104 1	392.502 8	471.377 8	566.480 9	681.111 6	819.223 3
29	178.397 2	214.582 8	258.583 4	312.093 7	377.169 7	456.303 2	552.512 1	669.447 5	811.522 8	984.068 0
30	199.020 9	241.332 7	293.199 2	356.786 8	434.745 1	530.311 7	647.439 1	790.948 0	966.712 2	1 181.881 6

附表三：年金终值系数表 3-3

（$F/A,i,n$）

期数	21%	22%	23%	24%	25%	26%	27%	28%	29%	30%
1	1.000 0	1.000 0	1.000 0	1.000 0	1.000 0	1.000 0	1.000 0	1.000 0	1.000 0	1.000 0
2	2.210 0	2.220 0	2.230 0	2.240 0	2.250 0	2.260 0	2.270 0	2.280 0	2.290 0	2.300 0
3	3.674 1	3.708 4	3.742 9	3.777 6	3.812 5	3.847 6	3.882 9	3.918 4	3.954 1	3.990 0
4	5.445 7	5.524 2	5.603 8	5.684 2	5.765 6	5.848 0	5.931 3	6.015 6	6.100 8	6.187 0
5	7.589 2	7.739 6	7.892 6	8.048 4	8.207 0	8.368 4	8.532 7	8.699 9	8.870 0	9.043 1
6	10.183 0	10.442 3	10.707 9	10.980 1	11.258 8	11.544 2	11.836 6	12.135 9	12.442 3	12.756 0
7	13.321 4	13.739 6	14.170 8	14.615 3	15.073 5	15.545 8	16.032 4	16.533 9	17.050 6	17.582 8
8	17.118 9	17.762 3	18.430 0	19.122 9	19.841 9	20.587 6	21.361 2	22.163 4	22.995 3	23.857 7
9	21.713 9	22.670 0	23.669 0	24.712 5	25.802 3	26.940 4	28.128 7	29.369 2	30.663 9	32.015 0
10	27.273 8	28.657 4	30.112 8	31.643 4	33.252 9	34.944 9	36.723 5	38.592 6	40.556 4	42.619 5
11	34.001 3	35.962 0	38.038 8	40.237 9	42.566 1	45.030 6	47.638 8	50.398 5	53.317 8	56.405 3
12	42.141 6	44.873 7	47.787 7	50.895 0	54.207 7	57.738 6	61.501 3	65.510 0	69.780 0	74.327 0
13	51.991 3	55.745 9	59.778 8	64.109 7	68.759 6	73.750 6	79.106 6	84.852 9	91.016 1	97.625 0
14	63.909 5	69.010 0	74.528 0	80.496 1	86.949 5	93.925 8	101.465 4	109.611 7	118.410 8	127.912 5
15	78.330 5	85.192 2	92.669 4	100.815 1	109.686 8	119.346 5	129.861 1	141.302 9	153.750 0	167.286 3
16	95.779 9	104.934 5	114.983 4	126.010 8	138.108 5	151.376 6	165.923 6	181.867 7	199.337 4	218.472 2
17	116.893 7	129.020 1	142.429 5	157.253 4	173.635 7	191.734 5	211.723 0	233.790 7	258.145 3	285.013 9
18	142.441 3	158.404 5	176.188 3	195.994 2	218.044 6	242.585 5	269.888 2	300.252 1	334.007 4	371.518 0
19	173.354 0	194.253 5	217.711 6	244.032 8	273.555 8	306.657 7	343.758 0	385.322 7	431.869 6	483.973 4
20	210.758 4	237.989 3	268.785 3	303.600 6	342.944 7	387.388 7	437.572 6	494.213 1	558.111 8	630.165 5
21	256.017 6	291.346 9	331.605 9	377.464 8	429.680 9	489.109 8	556.717 3	633.592 7	720.964 2	820.215 1
22	310.781 3	356.443 2	408.875 3	469.056 3	538.101 1	617.278 3	708.030 9	811.998 7	931.043 8	1 067.279 6
23	377.045 4	435.860 7	503.916 6	582.629 8	673.626 4	778.770 7	900.199 3	1 040.358 3	1 202.046 5	1 388.463 5
24	457.224 9	532.750 1	620.817 4	723.461 0	843.032 9	982.251 1	1 144.253 1	1 332.658 6	1 551.640 0	1 806.002 6
25	554.242 2	650.955 1	764.605 4	898.091 6	1 054.791 2	1 238.636 3	1 454.201 4	1 706.803 1	2 002.615 6	2 348.803 3
26	671.633 0	795.165 3	941.464 7	1 114.633 6	1 319.489 0	1 561.681 8	1 847.835 8	2 185.707 9	2 584.374 1	3 054.444 3
27	813.675 9	971.101 6	1 159.001 6	1 383.145 7	1 650.361 2	1 968.719 1	2 347.751 5	2 798.706 1	3 334.842 6	3 971.777 6
28	985.547 9	1 185.744 0	1 426.571 9	1 716.100 7	2 063.951 5	2 481.586 0	2 982.644 4	3 583.343 8	4 302.947 0	5 164.310 9
29	1 193.512 9	1 447.607 7	1 755.683 5	2 128.964 8	2 580.939 4	3 127.798 4	3 788.958 3	4 587.680 1	5 551.801 6	6 714.604 2
30	1 445.150 7	1 767.081 3	2 160.490 7	2 640.916 4	3 227.174 3	3 942.026 0	4 812.977 1	5 873.230 6	7 162.824 1	8 729.985 5

附表四：年金现值系数表 4-1

(F/A, i, n)

期数	1%	2%	3%	4%	5%	6%	7%	8%	9%	10%
1	0.990 1	0.980 4	0.970 9	0.961 5	0.952 4	0.943 4	0.934 6	0.925 9	0.917 4	0.909 1
2	1.970 4	1.941 6	1.913 5	1.886 1	1.859 4	1.833 4	1.808 0	1.783 3	1.759 1	1.735 5
3	2.941 0	2.883 9	2.828 6	2.775 1	2.723 2	2.673 0	2.624 3	2.577 1	2.531 3	2.486 9
4	3.902 0	3.807 7	3.717 1	3.629 9	3.546 0	3.465 1	3.387 2	3.312 1	3.239 7	3.169 9
5	4.853 4	4.713 5	4.579 7	4.451 8	4.329 5	4.212 4	4.100 2	3.992 7	3.889 7	3.790 8
6	5.795 5	5.601 4	5.417 2	5.242 1	5.075 7	4.917 3	4.766 5	4.622 9	4.485 9	4.355 3
7	6.728 2	6.472 0	6.230 3	6.002 1	5.786 4	5.582 4	5.389 3	5.206 4	5.033 0	4.868 4
8	7.651 7	7.325 5	7.019 7	6.732 7	6.463 2	6.209 8	5.971 3	5.746 6	5.534 8	5.334 9
9	8.566 0	8.162 2	7.786 1	7.435 3	7.107 8	6.801 7	6.515 2	6.246 9	5.995 2	5.759 0
10	9.471 3	8.982 6	8.530 2	8.110 9	7.721 7	7.360 1	7.023 6	6.710 1	6.417 7	6.144 6
11	10.367 6	9.786 8	9.252 6	8.760 5	8.306 4	7.886 9	7.498 7	7.139 0	6.805 2	6.495 1
12	11.255 1	10.575 3	9.954 0	9.385 1	8.863 3	8.383 8	7.942 7	7.536 1	7.160 7	6.813 7
13	12.133 7	11.348 4	10.635 0	9.985 6	9.393 6	8.852 7	8.357 7	7.903 8	7.486 9	7.103 4
14	13.003 7	12.106 2	11.296 1	10.563 1	9.898 6	9.295 0	8.745 5	8.244 2	7.786 2	7.366 7
15	13.865 1	12.849 3	11.937 9	11.118 4	10.379 7	9.712 2	9.107 9	8.559 5	8.060 7	7.606 1
16	14.717 9	13.577 7	12.561 1	11.652 3	10.837 8	10.105 9	9.446 6	8.851 4	8.312 6	7.823 7
17	15.562 3	14.291 9	13.166 1	12.165 7	11.274 1	10.477 3	9.763 2	9.121 6	8.543 6	8.021 6
18	16.398 3	14.992 0	13.753 5	12.659 3	11.689 6	10.827 6	10.059 1	9.371 9	8.755 6	8.201 4
19	17.226 0	15.678 5	14.323 8	13.133 9	12.085 3	11.158 1	10.335 6	9.603 6	8.950 1	8.364 9
20	18.045 6	16.351 4	14.877 5	13.590 3	12.462 2	11.469 9	10.594 0	9.818 1	9.128 5	8.513 6
21	18.857 0	17.011 2	15.415 0	14.029 2	12.821 2	11.764 1	10.835 5	10.016 8	9.292 2	8.648 7
22	19.660 4	17.658 0	15.936 9	14.451 1	13.163 0	12.041 6	11.061 2	10.200 7	9.442 4	8.771 5
23	20.455 8	18.292 2	16.443 6	14.856 8	13.488 6	12.303 4	11.272 2	10.371 1	9.580 2	8.883 2
24	21.243 4	18.913 9	16.935 5	15.247 0	13.798 6	12.550 4	11.469 3	10.528 8	9.706 6	8.984 7
25	22.023 2	19.523 5	17.413 1	15.622 1	14.093 9	12.783 4	11.653 6	10.674 8	9.822 6	9.077 0
26	22.795 2	20.121 0	17.876 8	15.982 8	14.375 2	13.003 2	11.825 8	10.810 0	9.929 0	9.160 9
27	23.559 6	20.706 9	18.327 0	16.329 6	14.643 0	13.210 5	11.986 7	10.935 2	10.026 6	9.237 2
28	24.316 4	21.281 3	18.764 1	16.663 1	14.898 1	13.406 2	12.137 1	11.051 1	10.116 1	9.306 6
29	25.065 8	21.844 4	19.188 5	16.983 7	15.141 1	13.590 7	12.277 7	11.158 4	10.198 3	9.369 6
30	25.807 7	22.396 5	19.600 4	17.292 0	15.372 5	13.764 8	12.409 0	11.257 8	10.273 7	9.426 9

附表四：年金现值系数表 4-2

($P/A,i,n$)

期数	11%	12%	13%	14%	15%	16%	17%	18%	19%	20%
1	0.900 9	0.892 9	0.885 0	0.877 2	0.869 6	0.862 1	0.854 7	0.847 5	0.840 3	0.833 3
2	1.712 5	1.690 1	1.668 1	1.646 7	1.625 7	1.605 2	1.585 2	1.565 6	1.546 5	1.527 8
3	2.443 7	2.401 8	2.361 2	2.321 6	2.283 2	2.245 9	2.209 6	2.174 3	2.139 9	2.106 5
4	3.102 4	3.037 3	2.974 5	2.913 7	2.855 0	2.798 2	2.743 2	2.690 1	2.638 6	2.588 7
5	3.695 9	3.604 8	3.517 2	3.433 1	3.352 2	3.274 3	3.199 3	3.127 2	3.057 6	2.990 6
6	4.230 5	4.111 4	3.997 5	3.888 7	3.784 5	3.684 7	3.589 2	3.497 6	3.409 8	3.325 5
7	4.712 2	4.563 8	4.422 6	4.288 3	4.160 4	4.038 6	3.922 4	3.811 5	3.705 7	3.604 6
8	5.146 1	4.967 6	4.798 8	4.638 9	4.487 3	4.343 6	4.207 2	4.077 6	3.954 4	3.837 2
9	5.537 0	5.328 2	5.131 7	4.946 4	4.771 6	4.606 5	4.450 6	4.303 0	4.163 3	4.031 0
10	5.889 2	5.650 2	5.426 2	5.216 1	5.018 8	4.833 2	4.658 6	4.494 1	4.338 9	4.192 5
11	6.206 5	5.937 7	5.686 9	5.452 7	5.233 7	5.028 6	4.836 4	4.656 0	4.486 5	4.327 1
12	6.492 4	6.194 4	5.917 6	5.660 3	5.420 6	5.197 1	4.988 4	4.793 2	4.610 5	4.439 2
13	6.749 9	6.423 5	6.121 8	5.842 4	5.583 1	5.342 3	5.118 3	4.909 5	4.714 7	4.532 7
14	6.981 9	6.628 2	6.302 5	6.002 1	5.724 5	5.467 5	5.229 3	5.008 1	4.802 3	4.610 6
15	7.190 9	6.810 9	6.462 4	6.142 2	5.847 4	5.575 5	5.324 2	5.091 6	4.875 9	4.675 5
16	7.379 2	6.974 0	6.603 9	6.265 1	5.954 2	5.668 5	5.405 3	5.162 4	4.937 7	4.729 6
17	7.548 8	7.119 6	6.729 1	6.372 9	6.047 2	5.748 7	5.474 6	5.222 3	4.989 7	4.774 6
18	7.701 6	7.249 7	6.839 9	6.467 4	6.128 0	5.817 8	5.533 9	5.273 2	5.033 3	4.812 2
19	7.839 3	7.365 8	6.938 0	6.550 4	6.198 2	5.877 5	5.584 5	5.316 2	5.070 0	4.843 5
20	7.963 3	7.469 4	7.024 8	6.623 1	6.259 3	5.928 8	5.627 8	5.352 7	5.100 9	4.869 6
21	8.075 1	7.562 0	7.101 6	6.687 0	6.312 5	5.973 1	5.664 8	5.383 7	5.126 8	4.891 3
22	8.175 7	7.644 6	7.169 5	6.742 9	6.358 7	6.011 3	5.696 4	5.409 9	5.148 6	4.909 4
23	8.266 4	7.718 4	7.229 7	6.792 1	6.398 8	6.044 2	5.723 4	5.432 1	5.166 8	4.924 5
24	8.348 1	7.784 3	7.282 9	6.835 1	6.433 8	6.072 6	5.746 5	5.450 9	5.182 2	4.937 1
25	8.421 7	7.843 1	7.330 0	6.872 9	6.464 1	6.097 1	5.766 2	5.466 9	5.195 1	4.947 6
26	8.488 1	7.895 7	7.371 7	6.906 1	6.490 6	6.118 2	5.783 1	5.480 4	5.206 0	4.956 3
27	8.547 8	7.942 6	7.408 6	6.935 2	6.513 5	6.136 4	5.797 5	5.491 9	5.215 1	4.963 6
28	8.601 6	7.984 4	7.441 2	6.960 7	6.533 5	6.152 0	5.809 9	5.501 6	5.222 8	4.969 7
29	8.650 1	8.021 8	7.470 1	6.983 0	6.550 9	6.165 6	5.820 4	5.509 8	5.229 2	4.974 7
30	8.693 8	8.055 2	7.495 7	7.002 7	6.566 0	6.177 2	5.829 4	5.516 8	5.234 7	4.978 9

附表四：年金现值系数表 4-3

$(P/A,i,n)$

期数	21%	22%	23%	24%	25%	26%	27%	28%	29%	30%
1	0.826 4	0.819 7	0.813 0	0.806 5	0.800 0	0.793 7	0.787 4	0.781 3	0.775 2	0.769 2
2	1.509 5	1.491 5	1.474 0	1.456 8	1.440 0	1.423 5	1.407 4	1.391 6	1.376 1	1.360 9
3	2.073 9	2.042 2	2.011 4	1.981 3	1.952 0	1.923 4	1.895 6	1.868 4	1.842 0	1.816 1
4	2.540 4	2.493 6	2.448 3	2.404 3	2.361 6	2.320 2	2.280 0	2.241 0	2.203 1	2.166 2
5	2.926 0	2.863 6	2.803 5	2.745 4	2.689 3	2.635 1	2.582 7	2.532 0	2.483 0	2.435 6
6	3.244 6	3.166 9	3.092 3	3.020 5	2.951 4	2.885 0	2.821 0	2.759 4	2.700 0	2.642 7
7	3.507 9	3.415 5	3.327 0	3.242 3	3.161 1	3.083 3	3.008 7	2.937 0	2.868 2	2.802 1
8	3.725 6	3.619 3	3.517 9	3.421 2	3.328 9	3.240 7	3.156 4	3.075 8	2.998 6	2.924 7
9	3.905 4	3.786 3	3.673 1	3.565 5	3.463 1	3.365 7	3.272 8	3.184 2	3.099 7	3.019 0
10	4.054 1	3.923 2	3.799 3	3.681 9	3.570 5	3.464 8	3.364 4	3.268 9	3.178 1	3.091 5
11	4.176 9	4.035 4	3.901 8	3.775 7	3.656 4	3.543 5	3.436 5	3.335 1	3.238 8	3.147 3
12	4.278 4	4.127 4	3.985 2	3.851 4	3.725 1	3.605 9	3.493 3	3.386 8	3.285 9	3.190 3
13	4.362 4	4.202 8	4.053 0	3.912 4	3.780 1	3.655 5	3.538 1	3.427 2	3.322 4	3.223 3
14	4.431 7	4.264 6	4.108 2	3.961 6	3.824 1	3.694 9	3.573 3	3.458 7	3.350 7	3.248 7
15	4.489 0	4.315 2	4.153 0	4.001 3	3.859 3	3.726 1	3.601 0	3.483 4	3.372 6	3.268 2
16	4.536 4	4.356 7	4.189 4	4.033 3	3.887 4	3.750 9	3.622 8	3.502 6	3.389 6	3.283 2
17	4.575 5	4.390 8	4.219 0	4.059 1	3.909 9	3.770 5	3.640 0	3.517 7	3.402 8	3.294 8
18	4.607 9	4.418 7	4.243 1	4.079 9	3.927 9	3.786 1	3.653 6	3.529 4	3.413 0	3.303 7
19	4.634 6	4.441 5	4.262 7	4.096 7	3.942 4	3.798 5	3.664 2	3.538 6	3.421 0	3.310 5
20	4.656 7	4.460 3	4.278 6	4.110 3	3.953 9	3.808 3	3.672 6	3.545 8	3.427 1	3.315 8
21	4.675 0	4.475 6	4.291 6	4.121 2	3.963 1	3.816 1	3.679 2	3.551 4	3.431 9	3.319 8
22	4.690 0	4.488 2	4.302 1	4.130 0	3.970 5	3.822 3	3.684 4	3.555 8	3.435 6	3.323 0
23	4.702 5	4.498 5	4.310 6	4.137 1	3.976 4	3.827 3	3.688 5	3.559 2	3.438 4	3.325 4
24	4.712 8	4.507 0	4.317 6	4.142 8	3.981 1	3.831 2	3.691 8	3.561 9	3.440 6	3.327 2
25	4.721 3	4.513 9	4.323 2	4.147 4	3.984 9	3.834 2	3.694 3	3.564 0	3.442 3	3.328 6
26	4.728 4	4.519 6	4.327 8	4.151 1	3.987 9	3.836 7	3.696 3	3.565 6	3.443 7	3.329 7
27	4.734 2	4.524 3	4.331 6	4.154 2	3.990 3	3.838 7	3.697 9	3.566 9	3.444 7	3.330 5
28	4.739 0	4.528 1	4.334 6	4.156 6	3.992 3	3.840 2	3.699 1	3.567 9	3.445 5	3.331 2
29	4.743 0	4.531 2	4.337 1	4.158 5	3.993 8	3.841 4	3.700 1	3.568 7	3.446 1	3.331 7
30	4.746 3	4.533 8	4.339 1	4.160 1	3.995 0	3.842 4	3.700 9	3.569 3	3.446 6	3.332 1